숲, 숲으로 가자…

숲, 숲으로 가자

초판 1쇄 인쇄 2023년 3월 15일 **초판 1쇄 발행** 2023년 4월 1일

지은이 윤영균

펴낸이 김용태 **펴낸곳** 이룸나무
편집장 김유미 **편집** 김지현 **마케팅** 출판마케팅센터

주소 경기도 고양시 일산동구 탄중로 403 1202-901(중산동)
전화 031-919-2508 **마케팅** 031-943-1656 **팩시밀리** 031-919-2509
E-mail iroomnamu@naver.com
출판 신고 제 2015-000016 (2009년 9월 16일)
가격 15,000원
ISBN 978-89-98790-83-7 03810
※ 잘못된 책은 구입한 서점에서 바꾸어 드립니다.

컬럼으로 읽는
우리 숲 정책 40년

숲, 숲으로 가자

윤영균 지음

이룸나무

숲으로 가자

내게 글을 쓴다는 것은 두려운 것이었다. 그러나 공직생활 중 많은 글을 썼다. 산림정책을 국민들에게 알리기 위해서 주로 기고문을 썼다. 일하는 만큼 국민들에게 알리는 것 또한 중요하다는 생각에 신문, 잡지 등 각종 언론 매체를 통해서 글을 써왔다. 주로 산림에 대한 정책 기고문이었다.

나의 생각과 이야기도 대다수의 경우는 동료들과 함께 하고 있는 산림 정책을 설명하는 글이었다. 특히 산림청 과장, 국장 그리고 국립수목원장, 북부산림청장, 국립산림과학원장, 초대 한국산림복지진흥원장 등 기관장 시절과 국민대학교 특임교수, 충북대학교 초빙교수 시절에 언론 기고를 많이 한 것 같다. 그래서 이제 그동안의 글을 바탕으로 숲에 대해서 나의 생각을 정리하고자 펜을 잡았다.

공직 기간 중에도 틈틈이 임업인과 일반인들을 대상으로 한 특강과 인천대, 고려대, 서울대, 강원대, 국민대, 충북대 등에서 학생들을 대상으로 산림자원, 산림복지, 산림과학, 산림치유, 산림과 바이오매스 등 산림정책 분야 정기, 부정기적인 특강도 하였다. 강의를 하면서 교재도 만들어보곤 하였다. 사실 글쓰기를 전문으로 하는 시인이나 소설가 등 문인 혹은 글을 쓰고 가르치는 학자, 교수 등 전문가들은 책 쓰기가 일상이지만 나는 그러지 못했다. 오직 행정 수행에만 반 평생을 매달려 왔다.

충북대 산림치유대학원에서 산림복지행정론과 산림치유정책론 강의를 하면서 한국산림복지진흥원 초대 원장 시절 산림휴양복지학회와 산림복지진흥원이 공동으로 편찬한 『산림복지 이해』 책자와 산림복지진흥원 동료들과 함께 편찬한 「이제 산림은 복지 자원이다」라는 자료집, 국립산림과학원 시절 정리한 「산림과학 시계」와 서울신문, 강원일보, 대전일보, 목재신문 등에 연재한 기고문을 토대로 하여 일부 현재 시점에서 통계수치를 최근 자료로 수정하고 문장을 보완하였다.

지난 40년 산림정책을 현장에서 몸으로 체험하면서 동료들과 함께 여행했던 숲에 대한 기록을 남기고 싶었다. 정책(政策, Policy)이란 정치적 행위의 하나이지만 행정의 범주에 속한다. 즉 어떠한 사회적 문제를 해결하기 위해 공신력 있는 국가기관 혹은 지방자치단체, 공공기관 등이 계획 또는 대책을 수립하여 실행하는 것을 말한다. 또한 사회적인 문제뿐만 아니라, 국민적 수요가 있다면 이를 충족하기 위해서 계획을 수립하여 추진하기도 한다.

산림정책 역시 산림의 바람직한 보전과 이용, 산림과 임업 등의 지속적인 발전을 도모하기 위하여 국가나 지방자치단체 등이 산림에 관한 시책을 개발하는 것이라 할 수 있다. 그래서 1970~1980년대에는 황폐된 산지를 녹화시켜야겠다는 것이 국민적 여망이었고 국가적인 당면한 과제였기 때문에 정부는 1973년부터 제1차 치산녹화 계획을 수립하여 추진하였고, 당초 10년 계획을 4년 앞당겨 완료하였다. 이어서 제2차 치산녹화계획도 당초 계획보다 1년 앞당겨 추진하였다. 그 결과는 성공적이었기에 사실상 국토녹화 사업은 1987년에 마무리되었다.

필자가 산림청에서 공직을 시작한 1982년 이후 우리나라는 1980년대 중후반 86아시안 게임과 88올림픽을 성공적으로 개최하면서 경제도 급속하게 성장하였고 국민들의 소득 수준이 높아지고 있었다. 또한 국민들은 정치적인 민주화 요구와 함께 삶의 질을 추구하게 되었고, 이로 인해 쌓여만 가는 국민들의 정치 · 경제 · 사회적 스트레스를 해소하고자 하는 수요가 급증했다.

이에 따라 산림정책도 1980년대 후반부터는 이러한 국민적, 국가 경제 · 사회적 수요에 충당하기 위해서 산지를 자원화하고자 1988년부터 1997년까지 제3차 산지자원화계획을 추진하게 되었고, 1990년대 후반 시작된 제4차 산림기본계획기(1998~2007)는 생태임업(Ecological Forestry)의 수요에 대응한 시기라고 할 수 있다. 제5차 산림기본계획기(2008~2017)는 산림 휴양, 치유, 복지, 교육, 문화 등 사회임업(Social Forestry)의 수요에 대응한 녹색복지국가를 지향하였다. 이제 제6차 산림기본계획기를 맞아 건강한 산림을 자원순환경제의 플랫폼으로 활용하여 질 좋은 일자리를 제공하고, 직·간접적으로 국민들의 삶의 질 향상에 기여하도록 산림을 지속가능하게 관리하여 사람과 산림의 관계를 더욱 중시하는 정책을 추진하여야 할 것이다.

2023. 3

윤영균

C o n t e n t s

Contents

1부

숲, 국민의
복지자원이 되다
산림복지/치유

산림의 공익적 혜택이야말로
산림복지의 근원

해마다 4월 5일 식목일이 되면 산에 나무를 심어왔다. 시간이 지나 울창해진 산림 속에 서 있노라면 정말 나무 심기 잘했다고 느끼게 된다. 무더위에는 시원한 바람과 그늘을 제공해주고 홍수와 산사태를 막아주는 등 산림이 우리에게 주는 혜택은 무척이나 많다. 산림이 우리에게 주는 혜택은 크게 경제적 혜택과 공익적 혜택으로 나뉜다. 경제적 혜택은 나무를 심고 가꾸어 목재를 생산하고, 밤, 호두, 대추와 같은 열매를 얻으며, 버섯을 채취·재배하고 또한 산양삼, 산더덕, 산채(산나물)를 재배하는 등 경제적 소득을 얻는 것을 의미한다. 예전에는 이처럼 생활을 꾸려가기 위한 경제적 혜택이 중요하게 여겨졌지만 최근에는 산림이 주는 공익적 혜택이 더 크게 부각되고 있다.

산림의 공익적 가치를 처음 평가한 것은 1987년으로 당시 평가액은 17조 7천억 원이었다. 하지만 최근 2023년 3월 국립산림과학원에서 평가한 결과에 따르면, 2020년 기준 산림의 공익적 가치는 259조 원에 달했다.

이는 직전 2018년 평가액 221조 원보다 금액으로는 38조 원, 비율로는 16.9%가 증가한 것이며, 1987년보다는 14배 가량이 증가하였다.

이렇듯 우리 산림의 공익적 가치는 국내총생산(GDP) 1,941조 원의 약 13.3%, 농림어업생산액의 8.1배, 임업총생산의 36배, 산림청 예산의 118배에 해당하는데, 이는 국민 1인당 연간 약 449만 원의 산림혜택을 받는 셈이다.

항목별로는 산림의 '온실가스흡수·저장' 기능이 97.6조원으로 가장 높은 가치를 지니고 있고 뒤이어 산림의 '경관가치'가 31.8조원, 숲으로 여행해 휴식공간을 제공해주는 '산림휴양'이 28.4조 원, '산소생산' 기능이 13.1조 원, '산림치유' 기능이 6.7조 원 등 산림복지와 관련된 기능에 대한 가치가 높게 평가되었다.

국제사회에서도 이제 산림을 단순히 경제나 환경의 개념을 넘어 인간의 기본 복리를 위한 중요한 요소로 여기고 있다. 유엔산림포럼(UNFF)에서는 비(非)목재임산물(산림으로부터 생산되는 목재 외의 모든 재화와 서비스)과 생태계서비스, 에코관광, 산림의 문화적 편익 등 비(非)화폐적 산림의 중요성을 강조하고 있다. 2014년 제10차 대회에서는 '산림의 공익가치에 대한 정보와 자료의 수집, 분석, 배포' 및 '다양한 영역에서 산림의 공익가치 측정방법 개발'이 구체적으로 명시된 결정문을 발표했다. 이는 목재 외에도 산림의 공익적 가치를 전 세계적 차원에서 파악하고 이를 국제 산림정책의 기초 근거로 삼으려는 의도로 파악된다.

우리나라는 제2차 세계대전 이후 개발도상국 중 유일하게 산림녹화에 성공한 경험을 바탕으로 산림복지를 정책의 중요한 대상으로 삼고 2013년 7월 산림복지종합계획이 발표되었다. 이 계획에 따라 국민 1인당 산림

::: 그림1. 산림의 공익기능별 평가표

국립산림과학원

복지 수혜일을 연 4일에서 8일로 확대하고, 1인당 도시숲 면적도 7.9㎡에서 8.6㎡로 확충하며, 산림복지 전문인력을 4,545명에서 1만 5천명까지 늘리기로 하였다. 그 결과 산림복지 이용객은 2013년 1,300만 명에서 2015년 1,898만 명으로 46%, 600만 명이 늘었으며, 자연휴양림, 치유의 숲, 사림욕장, 사림교육센터, 유아숲체험원 등 산림복지시설도 345개소에서 429개소로 증가했다. 숲해설가, 유아숲지도사, 숲길등산지도사, 산림치유지도사 등 전문인력 또한 4,167명에서 2019년 9월 기준 26,012명으로 늘어났다.

이와 같이 산림복지는 법과 제도의 뒷받침 아래 산림복지시설 등 인프라 구축이 진행되고 있다. 하지만 수요자 입장에서 보면 아직도 다양한 서비스 정보를 체계적으로 받아보고 이용하기에는 부족한 것이 사실이다. 산림복지 전달체계 구축을 비롯하여 재원 마련, 민간 참여나 투자환경 조성 등 해결해야 할 과제가 남아 있고, 산림복지시설의 과도한 증가로 인한 산림 훼손도 경계해야 한다.

또한 산림복지시설이 대부분 산에 위치해 있는 만큼 접근성 문제로 인하여 일부 취약계층이 산림복지에서 소외되는 일이 없도록 주의를 기울여야 할 것이다. 이제 산림복지는 시대적 과제이다. 국민 모두가 언제나 자유롭게 숲을 이용하고 숲에서 행복을 누릴 수 있는 녹색복지국가가 되기를 기대해본다.

– 서울신문

숲의 혜택을 누리다

숲은 예로부터 우리의 삶에서 매우 중요한 역할을 해왔다. 목재와 땔감을 제공할 뿐만 아니라 다양한 먹거리를 생산하고, 야생동물의 서식지 제공과 공기 중의 이산화탄소를 흡수하는 등 다목적 기능을 발휘하는 매우 중요한 자원이다.

이처럼 초록으로 물든 대한민국을 누구나 당연하게 느끼고 있지만 불과 50년 전만 해도 우리나라 산림의 대부분은 민둥산이었다. 하지만 반세기 동안 국민들이 피땀 흘려 추진한 치산녹화사업으로 초록의 대한민국을 일궈냈다. 이제는 한걸음 더 나아가 우리나라 국토의 64%를 차지하고 있는 산림을 삶의 질 향상을 위한 복지의 자원으로 활용하자는 목소리가 높아지고 있다.

숲은 우리에게 정서적 안정감을 줄 뿐만 아니라 인체의 면역력을 키워주고 정신적 긴장 완화와 스트레스 해소에도 도움을 줘 행복하고 건강한 삶을 위한 필수요소로 자리 잡고 있어 복지자원으로써 활용도가 무궁무진하다.

우리나라는 1980년대 말까지 급속한 경제 발전의 후유증으로 사회적 스트레스와 갈등이 엄청났다. 정부는 이러한 문제의 해소를 위해 다양한 방법을 도입했다. 그중 하나가 1988년 시작한 자연휴양림 사업이다. 휴양림이 생기자 산과 숲을 찾는 인구가 빠르게 늘어나면서 자연스럽게 산림교육과 산림치유라는 개념이 생겨났고, 이외에도 숲태교, 유아숲체험, 산림레포츠, 산림문화 등 산림에 대한 활용법이 다양화되어 이를 아우르는 산림복지라는 개념이 자연스럽게 탄생했다.

이에 산림청은 2018년부터 2022년까지 추진할 산림복지진흥계획을 발표하면서 '숲과 함께 하는 삶, 행복이 더하는 대한민국'을 비전으로 요람에서 무덤까지 생애주기별 맞춤형 산림복지체계를 구축해 국민 누구나 숲의 혜택을 누릴 수 있도록 했다.

또한 산림교육전문가(숲해설가, 유아숲지도사, 숲길체험지도사) 및 산림치유지도사를 국립수목원, 국립자연휴양림 뿐만 아니라 국립숲체원, 국립산림치유원, 유아숲체험원, 산림교육센터 등 다양한 산림복지시설에 배치해 전문적인 숲체험 프로그램을 제공하고 있다.

이제는 숲속에서 단순히 머무르는 것이 아닌, 다양하고 체계적인 프로그램을 통해 숲이 주는 장점을 최대한 활용할 수 있게 된 것이다. 인간은 태초부터 숲에서 태어났고 숲의 품에서 살아왔으며 숲이 없었다면 아마도 인류의 삶은 불가능했을지도 모른다. 여름철 연일 계속되는 도심의 폭염을 피해 바람소리, 새소리, 물소리 가득한 시원한 숲속에 내 몸을 잠시 맡겨보는 건 어떨까?

- 대전일보

이제 산림은 복지자원이다

산림복지는 산림의 공익적 가치를 사람들의 삶의 질 향상과 복지 차원에서 서비스를 제공하는 것이다. 법률적 정의는 「산림복지진흥에 관한 법률」 제2조 제1항에 '국민에게 산림을 기반으로 하는 산림복지 서비스를 제공함으로써 국민의 복리증진에 기여하기 위한 경제적·사회적·정서적 지원을 말한다'라고 규정되어 있다.

국가 경제가 발전하면 할수록 국민들의 복지에 대한 관심은 높아진다. 또한 자연스럽게 복지에 대한 수요도 늘어난다. 하지만 국가는 모든 사람에게 높은 수준의 만족할 만한 복지를 제공하기 어렵다. 정부의 복지예산은 해마다 늘고 있지만 단기간에 많은 사람들이 만족하기에는 부족한 실정이다. 따라서 가급적 모든 국민에게 적은 비용으로 누릴 수 있는 보편적 복지정책이 필요하다.

산림청에서도 '숲속의 대한민국' 만들기를 추진하고 있다. 국토, 산촌, 도시로 이어지는 활력 있는 숲 공간 구축을 목표로 국토·한반도 녹화,

산촌·경제 활성화, 도시·녹색 공간 확충 전략과 함께 산림복지서비스 강화 등 11대 주요 과제를 추진할 계획이다. 이제 산림분야 정책도 민관이 협력해서 만들어야 한다. 산림을 통하여 시대적 어려움을 해결하는 방향으로 추진되어야 한다.

우리 산림은 1970년대 초부터 20~30년간 온 국민이 노력하여 황폐된 국토를 녹화하였다. 이를 토대로 1990년에는 산에서 소득을 높이는 산림자원화 정책을 추진하였다. 당시 산림을 자원화하기 위해서 간벌을 해주고 가지치기와 같은 숲 가꾸기 작업을 하고, 임도를 설치하여 임업의 기계화를 도모했고, 이와 같은 일을 할 임업노동력도 육성하였다. 또한 산림에서 목재 생산뿐만 아니라 수실, 수피, 수액, 산채, 산 약초, 버섯 등의 부산물 생산에도 주력하여 산림의 경제적 가치를 높였다.

하지만 오늘날에는 사회적·환경적 변화에 따라 산림의 국토보전, 수원함양, 환경보호, 교육·휴양·치유를 비롯한 산림복지 등 공익적 가치가 경제적 가치의 수십 배에 달한다. 이에 따라 앞으로는 산림의 공익적 가치를 손상시키지 않는 범위 내에서 산림의 경제적 가치를 증대시키는 시책을 펴나아가야 할 것이다. 즉, 산림의 경제적 가치와 공익적 가치를 조화롭게 증진시키는 정책이 한층 더 요구되고 있다. 이에 잘 가꾸어진 산림을 활용하여 적은 비용으로 많이 사람들이 산림으로부터 혜택을 받을 수 있는 정책이 필요한 시점이다. 이제는 산림복지사업을 통하여 산림녹화의 성공적인 성과를 국민들에게 되돌려주어야 한다. 산림복지는 1980년대 후반 산림휴양에서부터 시작되었고 현재는 산림교육, 산림치유, 산림레포츠, 산림문화를 아우르는 광의의 서비스를 제공하는 것이다.

또한 우리나라는 UN FAO가 주관하는 2021년 세계산림총회(WFC)(전 세계적인 코로나팬데믹으로 인해 2022.5월로 개최 연기)를 유치했다[*]. 앞으로 남은 기간 어떻게 준비하고 무엇을 세계인들에게 알려 줄 것인가? 과거의 치산녹화 성공 사례도 중요하지만, 미래지향적인 산림정책의 모델은 무엇인가? 산림복지, 인간과 숲이 함께하는 정책이다. 바로 산림복지 정책이다.

한국산림복지진흥원은 2016년에 신설된 기관으로서 직원들 또한 다양한 분야에서 공부했고, 사회에서도 여러 분야에서 근무했던 경험자들로 구성되어 있다. 따라서 기관의 미션이 산림복지 진흥을 통한 국민행복 증진에 있고, 비전은 산림을 통해 국민들의 삶의 질을 높이는 국민 공감 파트너이기에 산림의 기본적인 이해를 바탕으로 업무를 추진해야 하기 때문이다.

-『이제 산림은 복지자원이다』서문

---

* 제15차 세계 산림 총회는 2022년 5월 2일부터 6일까지 서울 코엑스에서 개최되었다. 전 세계적인 코로나19 확산에도 불구하고 총 164개국 1만 5,000여 명이 참가하여 역대 최대 규모였다. 5월 6일 폐회식에서 채택된 '서울 산림 선언문'에는 기후변화, 생물 다양성 감소, 토지 황폐와 빈곤 등 전 지구와 인류에게 닥친 위기를 극복하기 위해 산림 분야가 담당해야 할 6개의 주요 과제도 담겨 있다. 이번 대회를 계기로 우리나라는 국제산림협력에 리더십을 발휘하며 국가 위상을 높였다.

산림복지, 녹색선진국의 밑거름이다

국민들의 삶의 질이 높아지면서 '복지'는 우리 사회의 중요한 화두가 되었다. 복지를 이야기할 때 우리는 건강과 행복을 자주 언급한다. 숲이 주는 여러 가지 기능 중 휴양 기능은 사회적으로 큰 역할을 요구받고 있다. 행복호르몬인 '세르토닌', 건강을 지켜주는 '피톤치드'는 숲에서 활성화된다.

숲에서 건강과 행복을 찾으려는 국민의 시대적 욕구는 산림분야에서 새로운 정책을 만들어낸다. 숲이 복지가 되는 시대가 된 것이다. 산림청에서도 2010년부터 전(全)생애에 걸친 산림복지체계(Green Welfare 7 Project)를 정책에 반영하여 산림현장에 작동시키고 있다.

생애주기별 그린서비스는 수요자 중심의 맞춤형으로 제공하고 있다. 출생기에는 숲 태교프로그램, 유아기에 숲유치원, 소년기에 산림교육 및 숲체험, 청년기에 산악레포츠, 장년기에 휴양림과 숲길, 산림치유, 노년기에 산림요양촌, 회년기에는 수목장림 등이 대표적 모델이다.

구슬이 서말이라도 꿰어야 보배이듯 이러한 그린서비스의 모델도 산림 현장에서 활성화되지 않으면 공염불이 되고 만다. 이제 우리 국민의 91% 가 도시에 산다. 또한 주 생활권인 수도권과 강원 영서지역의 국유림 현장은 새로운 산림정책을 시범적으로 선보이고, 이를 선도하는 국민 최접점에 해당한다. 그렇기 때문에 산림복지모델의 현장 적용 테스트와 적합한 모델 개발 등 정책의 현장 실용화에 많은 정성을 들여야 한다.

특히 숲의 건강자산으로의 활용에 국민적 관심이 집중되면서 중장년층을 대상으로 '산림치유'와 '숲 길'이 큰 이슈가 되고 있다. 2010년 산림치유에 관한 내용이 「산림문화·휴양에 관한 법률」에 입법화되면서 제도화되었다. 2011년에는 숲 길의 정의, 조성 및 운영관리에 관한 내용이 제도화되어 숲을 건강자산으로 활용할 수 있는 기반이 마련되었다. 그 중에서 '치유의 숲'은 인체의 면역력을 높이고 건강을 증진시키기 위해 산림의 다양한 요소를 활용할 수 있도록 조성한 숲이다. 2011년 우리나라는 처음으로 전국 국유림에 '치유의 숲' 3개소를 조성하였다. 경기도 양평 산음휴양림, 강원도 횡성 청태산, 전라남도 장성 축령산 편백숲이다.

2012년 개장한 강원도 청태산 치유의 숲(현재 국립횡성숲체원)은 건강측정실과 황토방, 물치유실 등을 갖춘 포레스트힐링(Forest Healing)센터를 중심으로 치유의 숲과 연계하여 운영할 계획이다. 산림치유 활동을 식물, 물, 운동, 기후, 정신 및 식이요법 등 6개 영역으로 구분해 다양한 프로그램을 개발하고, 숲의 치유효과에 대한 임상결과를 지속적으로 축적해 나가고 있다.

북부지방산림청에서도 강원 영서·수도권 국유림을 활용한 숲길은 비교적 걷기 편하고 다양한 산림문화를 체험할 수 있는 노선을 발굴하는데 심혈을 기울였다. 국토 최북단 DMZ지역의 평화, 안보자원과 특수 지형을 연계한 DMZ 펀치볼둘레길 42km를 개통하였고, 또한 강원 영서 북동부 백두대간 지역의 산재된 13개의 약수(藥水)를 따라가는 약 260km의 둔가리 약수 숲길도 연차별로 조성하고 있다.

사람들은 생활에 지치고 피곤하면 할수록 숲을 찾는다. 왜냐하면 우리 인간이 숲속에서 태어났고 자연 속에서 살아가도록 최적화되어 있기 때문이다. 생애주기별 산림복지체계가 우리 사회의 녹색생활 전반으로 확산되어 녹색선진국인 우리나라의 국격을 향상시키는 밑거름이 될 수 있기를 기대해 본다.

– 녹색소리

숲에서 찾는 국민행복

영국의 공영방송 BBC는 '행복'과 관련한 다큐멘터리 제작을 위해 심리학자, 경영컨설턴트, 자기계발 전문가, 사회사업가 등으로 구성된 '행복위원회'를 만들고 '행복헌장'을 정했다. '행복헌장'은 행복을 위한 지침 17가지를 제시하고 있다. 그 내용은 친구·일자리·사랑·가정·음식·건강·운동·휴식·웃음·미소 등인데, 그중 음식·운동·휴식·웃음 같은 몇몇 항목은 다른 지침 중 하나인 '건강'을 충족시키는 요소이기도 하다. 심신의 건강은 우리가 생각하는 행복한 생활의 기본이자, 중심에 있는 것이다.

최근 정신적, 신체적 건강증진을 목적으로 숲 방문객의 수가 지속적으로 증가하고 있는 경향도 이와 같은 맥락에서 볼 수 있다. 과거 우리 숲은 일제강점기와 6·25전쟁을 거치며 심하게 황폐해졌다. 그 이후 1970~80년대에 성공적으로 녹화사업이 이뤄졌고 1980~90년대에 지속적인 숲 가꾸기 작업 결과, 2000년대에 들어 비로소 현재의 모습에 이르렀다.

1960년대 초 불과 10㎥/ha이던 임목축적(나무의 양)이 한창 자연휴양림 조성을 시작하던 1992년에는 42㎥/ha로 늘었고, 2002년 67㎥/ha에 달하는 등 선진국과 같은 그린 인프라(Green Infra)를 갖추게 됐다. 2010년 임목축적은 126㎥/ha인 것으로 조사*됐는데, 이는 1960년대와 비교할 때 숲이 12배 이상 성장했음을 의미한다. 이를 통해 현재 우리가 누리고 있는 쾌적한 자연환경과 혜택을 '숲 복지'라고 한다.

2013년 4월 국립산림과학원이 조사한 결과에 따르면, 우리나라 국민의 81.6%가 연 1회 이상 숲을 찾고 있으며 연간 누적 산행 인구는 4억 1400만 명에 이른다. 숲에서 하는 활동도 경관 감상, 등산을 넘어 숲길 걷기, 숲 치유, 캠핑, 숲 해설 등으로 다양화되고 있기 때문에 그 대상층의 폭도 넓어지는 추세이다.

이렇듯 사람들이 꾸준히 숲을 찾는 데에는 무의식적으로 느끼는 심리적·감정적 변화도 크게 작용했을 것으로 여겨진다. 숲에서는 안정적 뇌파인 알파파의 증가, 혈중 스트레스 호르몬인 코티솔(cortisol)의 감소 등이 일어나기 때문에 걱정과 근심이 줄어들고 안정감을 얻게 된다. 숲에서의 활동이 긍정적인 기분 상태를 유지하는 데 도움을 주며 우울증 완화에도 효과가 있다는 것은 이미 다수의 연구에서 밝혀진 사실이다. 일례로 미국의 한 연구에서 숲이 있는 양로원과 숲이 없는 양로원 노인들의 행복감 및 건강 상태를 비교해 봤더니, 숲이 있는 양로원의 노인들이 심리적으로 훨씬 행복감을 느꼈고 실제로 아파서 병원을 찾는 횟수도 적었다고 한다. 또한 신체적으로도 숲이 많은 지역에 사는 사람들은 도심에 사는 사람들에 비해 알레르기 비염, 아토피 피부염에 대한 면역력이 높고 폐기능도 좋은 것으로 나타났다. 지난 여름 산림과학원에서도 천식이

---

* 2020년 기준 165㎥ha로 늘어남(산림청)

나 아토피를 앓고 있는 어린이를 대상으로 3박 4일 동안 경기도 양평군 산음리 숲속에서 캠프를 진행했다. 그 결과 염증 수치 감소, 면역반응 증가, 긍정적 심리상태 등 아이들의 증상 완화 효과가 있었다. 이외에도 유방암 수술 후 회복기에 있는 환자가 숲 활동을 했을 때, 병원에서 치료만 받는 것보다 더욱 좋은 회복력을 보였다는 연구결과도 있다.

이처럼 숲에서는 심리적·육체적 건강 증진을 위한 다양한 활동이 가능하다. 태교의 숲, 산림욕장, 자연휴양림, 치유의 숲, 도시숲, 학교 숲, 숲속 야영장, 산림공원 등을 통해 온갖 형태의 산림복지 서비스를 누릴 수 있다. 숲을 찾는 방문객이 늘고 있는 현실을 감안, 전문가들이 만든 세대별·계층별 맞춤형 숲 프로그램을 마련한다면 보다 적극적인 참여를 유도할 수 있을 것이다. 그러면 현재 세계 100위권에 머물고 있는 국민행복지수도 한층 높아지지 않을까.

이와 맥락을 같이해 숲을 국민의 일터·쉼터·삶터로 재창조한다면 희망의 새 시대를 앞당길 수 있을 것이다. 다만 이를 실현하기 위한 전제조건으로 숲을 건강하게 가꾸는 것과 더불어 임업을 진흥시켜서 국민들도 행복해지고 함께 산주들도 행복해지는 방안이 마련되었으면 좋겠다. 우리 숲의 지속가능한 관리를 위해서는 무엇보다 최소한 숲과의 약속을 지키려는 국민적 노력과 지원이 중요하다.

– 서울신문

숲의 사회적 가치를 창출한다

　최근 국민소득이 증가하고 여가시간이 늘어나면서 행복추구와 삶의 질 개선을 위한 복지 수요도 다양해지고 있다. 특히, 복지정책이 과거 경제적·물질적 영역에서 이제는 정신적 영역까지 범위가 확대되면서 숲의 향기·경관·피톤치드 등을 활용한 산림복지서비스가 각광을 받고 있다.

　그러나 산림복지 혜택을 누구보다 먼저 누려야 할 기초생활수급자, 차상위계층, 장애인 등 사회적 약자들은 경제적·신체적인 이유로 산림복지 혜택을 누리기 어려운 실정이다.

　이에 한국산림복지진흥원은 국민 누구나 차별 없이 산림복지서비스를 받을 수 있도록 다양한 민관 협력사업을 추진하고 있다. 정부 부처 및 민간기업과 함께 보호대상아동, 취약계층, 장애인 등 우리 주변 사회적 약자에게 효과적인 산림복지서비스를 제공하고 있다.

　먼저 9개 정부 부처와 협력하여 도움이 필요한 보호관찰 청소년, 감정

노동자, 도박중독자, 성폭력피해 여성 등을 대상으로 맞춤형 산림치유 프로그램을 운영 중이다. 또한 정부 부처 이외에 현대차정몽구재단, 한국타이어나눔재단, 기아자동차, 대상㈜, KEB하나은행 등 민간기업과 함께 국민들을 위한 다양한 산림복지 협력사업을 추진 중이다.

특히 보호대상아동의 자립역량을 키우기 위해 6년 전부터 정몽구재단, 보건복지인력개발원과 함께 '나의 꿈을 찾는 숲속 힐링교실' 사업을 진행하고 있다. '보호대상아동'이란 보호자가 없거나 아동을 양육할 능력이 없는 경우를 말하며, 현재 전국에 3만 명이나 된다.

이들은 만 18세가 되면 보호 조치가 종료되어 사회로 나오게 된다. 이에 산림복지진흥원에서는 건강한 사회구성원으로 성장할 수 있도록 자립역량 강화 프로그램과 정서적 안정을 돕는 산림치유 프로그램을 연계하여 제공하고 있다.

그동안 총 4만 5,264명의 보호아동이 캠프에 다녀갔으며, 2019년에도 약 8,000여 명의 아이들이 산림치유 캠프에 참가할 예정이다.

2018년 국립산림과학원과 함께 보호아동의 자립역량강화 산림치유 프로그램 효과를 검증한 결과 청소년들이 어려운 상황에서 이를 극복하는 회복탄력성이 11%, 대인관계 정도가 8%, 자립준비 수준이 10% 증가한 것으로 나타났다. 이를 통해 숲이 아이들의 정서적 안정 회복에 도움이 되는 것을 알 수 있다.

사실 우리 인간은 본래 숲에서 태어나 늘 숲을 그리워하고, 숲으로 돌아가려는 심성의 DNA(유전자의 본체)가 있다고 한다. 이것을 미국 하버드대학 에드워드 윌슨 교수는 바이오필리아(Biophlia) 작용이라고 했다. 이처럼 숲은 인간의 치유와 회복, 먹거리 생산, 일자리 창출, 사회통합 등 다양한 사회적 가치를 생산할 수 있는 무궁무진한 자원이다.

앞으로도 많은 국민들이 숲을 마음껏 누릴 수 있도록 정부 부처와 민간 기업이 힘을 합친 협력사업을 확대해 숲을 통한 사회적 가치 실현에 앞장 서 나갈 것이다.

– 대전일보

녹색의 복지가 더 필요한 시대

샤토브리앙(Chateaubrind, 1768~1838)은 19세기 프랑스의 정치가이자 위대한 작가다. 그는 젊은 나이에 북미의 원시 대자연을 여행하고 돌아와 단편소설 '아탈라'를 출간했다. 이 책은 미시시피강을 배경으로 치열한 사랑과 종교적 성찰을 다루고 있다. 출간과 동시에 대성공을 거둔 이 작품은 후세에 전기 프랑스 낭만주의의 대표 걸작으로 평가받고 있다. 샤토브리앙은 자연 속에서만 인간 본연의 감정을 찾을 수 있다고 생각했다. 이 때문에 당시 산업혁명으로 급속한 공업화와 도시화가 진행되는 유럽의 모습을 매우 안타깝게 생각했다. 유럽에서는 필요한 연료 중 상당 부분을 나무로 충당하다 보니 산림벌채가 성행했고 이는 대규모 숲 파괴로 이어졌다. 그가 남긴 "문명 앞에 숲이 있고, 문명 뒤에 사막이 남는다"는 말을 통해 그의 심정을 조금이나마 가늠해 본다.

우리나라도 유럽과 마찬가지로 숲이 심각하게 파괴된 시기가 있었다. 1910년부터 35년간 진행된 일제강점기의 목재 수탈과 1950년에 발발한

6·25 전쟁의 복구 과정에서 대부분의 산이 민둥산이 됐다. 산림황폐화로 인한 잦은 산사태와 홍수는 국민들의 생존권을 위협하기까지 했다. 또 산림생태계 및 경관의 파괴에 따른 경제적 피해와 정신적 황량함은 심각한 사회 문제로 대두되기도 했다. 이때부터 전 국가적 차원의 국토 녹화 노력이 시작됐다.

우리나라의 국토 녹화 사업은 성공적이었다. 산림의 울창한 정도를 나타내는 임목축적이 1960년 10㎥/ha에서 2020년에는 165㎥/ha까지 늘었다. 이는 OECD 평균인 121㎥/ha와 미국의 116㎥/ha를 웃도는 수치다. UNEP의 아킴 슈타이너(Achim Steiner) 사무총장은 2008년 '제10차 람사르총회'에서 "한국의 녹화 성공은 세계적 자랑거리"라고 말하기도 했다.

최근에는 산림을 활용해 국민복리를 증진시키기 위한 움직임이 활발히 진행되고 있다. 2000년대 중후반부터 '산림치유'와 '산림교육' 등의 서비스가 활성화되기 시작했고, 2013년에는 '산림복지로 국민행복 시대 실현'을 비전으로 하는 '산림복지종합계획'이 발표됐다. 국민의 노력으로 산림을 녹화하고 녹화된 산림을 다시 국민복리 증진에 활용하는 셈이다. 그렇다면 우리나라는 샤토브리앙이 염려한 '문명 뒤의 사막'을 완전히 극복한 것일까?

하지만 우리나라 1인당 생활권의 도시숲 면적은 8㎡에 불과하다. 아직도 WHO의 권고 수준인 9㎡에 못 미치는 수준이다. 이는 국민 대부분이 일상생활에서는 숲이나 산림생태계를 접하지 못하고 있으며, 생활권 내에 필요한 녹지의 최소 면적도 충족되지 않고 있다는 것을 나타낸다.

우리나라의 도시화율은 2005년 이후 90%를 넘어섰다. 전체 인구의 대부분이 도시에 살고 있다는 것이다. 게다가 2000년에는 65세 이상 인구 비율이 7%인 고령화 사회, 2017년 65세 이상 인구 비율이 14%인 고령사회가 됐다. 오는 2026년에는 65세 이상 인구가 20% 이상인 초고령화 사회로 진입할 것으로 전망되고 있다. 도시 생활의 스트레스를 해소하기 위해 숲속에서 몸과 마음을 치유할 필요성이 커지는 것과 함께 산이나 숲으로의 이동에 따른 부담 역시 높아지고 있는 것이다.

결국 우리에게 필요한 것은 가까운 생활권에서 건강을 증진하고 삶의 질을 높이는 '녹색의 복지'다. 먼 곳이 아닌 내가 사는 집 근처에서 숲길을 산책하고, 우리 아이들은 숲 유치원을 다니며 고령자와 취약계층을 포함한 모든 이가 부담 없이 산림치유를 받을 수 있어야 한다. 이를 위해서는 우선 도시 내에서도 사람들이 수목 속에서 무리 없이 활동할 수 있는 공간을 마련해야 한다. 2015년 기준 조성된 도시숲은 2,310개소에 달하지만 평균 면적은 1.3ha에 불과하고 숲의 생태적 건강성도 미흡한 실정이다. 지금보다 녹색의 복지를 더 누릴 수 있도록 도시숲의 규모를 넓히고 도시 외곽 숲과의 연결성을 강화해야 한다.

이를 통해 사람과 산림이 상생할 수 있는 '숲속의 도시, 도시 속의 숲'을 실현해야 한다. 이러한 삶의 모습은 국민에게 쾌적한 환경뿐만 아니라 정신적 풍요로움을 가져다 줄 것이다. 현재 우리의 최고 국정 목표인 '국민행복'을 달성하기 위해 도시 녹지의 확충과 지속가능한 이용에 더욱 힘써야 할 때다.

- 서울신문

생애주기별 맞춤형 산림복지시대를 맞아

'요람에서 무덤까지' 이 말은 1942년 영국 윈스턴 처칠(W. Churchill)이 당시 저명한 경제학자인 베버리지(W. Beveridge)로 하여금 발표하게 한 사회보장제도에 관한 보고서에서 유래한다. 보편적 복지를 이상으로 삼던 이 보고서는 제2차 세계대전에 지쳐있던 영국인들의 마음을 울렸고 보고서 중 한 글귀인 '요람에서 무덤까지'는 이후 선진국 사회보장제의 최고의 목표이자 이상이 되었다. 이러한 전 생애에 걸쳐 제공되는 복지 서비스를 생애주기별 복지라고 하는데, 이는 인간이 살아가는 동안 생의 단계별로 필요로 하는 복지 욕구를 사회적으로 적절히 해결해주는 방식을 말한다.

생애주기별 복지의 핵심은 예방적 접근에 있다. 쉽게 말해 성인기의 정신 건강 문제를 해결하기 위해 드는 비용과 노력에 비해 영 · 유아기에 건강한 애착 관계 형성을 지원하는 것이 훨씬 더 효과적이라는 것이다. 이러한 점에서 건강한 산림환경을 기반으로 제공되는 산림복지서비스는 예방적 차원에서 매우 적합하다고 볼 수 있다. 또한 산림의 다양한 가치 활용은 국민적인 휴양 수요와 함께 급격히 늘고 있고 최근에는 치유, 보건, 문화, 교육의 공간이자 복지 자원으로 이용할 수 있는 체계적인 전략이 필요하게 됐다.

이러한 산림복지의 필요성 및 수요 증가에 발맞춰 산림청은 '생애주기별 산림복지 체계'를 수립하고, 유아부터 노인까지 맞춤형 복지서비스를 제공함으로서 온 국민이 숲에서 행복을 누릴 수 있는 정책을 추진하고 있다. 생애주기별 산림복지 체계란 출생부터 사망까지 숲을 통해 휴양, 문화, 보건, 교육 등의 다양한 혜택을 국민들에게 제공하기 위한 체계화된 프로젝트이다. 생애주기별로 지원되는 대표적인 서비스로는 탄생기(숲태교), 유아기(숲유치원), 아동·청소년기(산림교육), 청년기(산악레포츠), 중·장년기(산림휴양), 노년기(산림치유), 회년기(수목장림) 등이 있다.

또한, 2016년 4월 산림복지를 진흥하고 체계화하기 위해 「산림복지진흥에 관한 법률」이 시행되었고 전문기관으로서 한국산림복지진흥원이 설립되어 본격적으로 생애주기별 맞춤형 산림복지서비스 제공을 추진하고 있다. 한국산림복지진흥원은 이러한 복지서비스를 제공하기 위해 현재 다양한 산림복지시설을 운영하고 있는데, 장단기 산림치유 프로그램을 위한 '국립산림치유원(영주)'과 단기 산림치유 프로그램을 위한 국립 치유의 숲 2곳(횡성, 장성), 맞춤형 산림교육 제공을 위한 국립 산림교육센터 3곳(횡성, 장성, 칠곡), 회년기의 장묘서비스를 지원하기 위한 국립 하늘숲추모원(양평) 등이 해당된다.

또한, 2020년까지 치유의 숲 7곳, 숲체원 4곳, 숲속야영장 등 꾸준히 시설을 확대하여 운영할 계획이다. 특히, 대전숲체원(유아숲), 나주숲체원(산림문화), 춘천숲체원(산림레포츠)은 생애주기별 산림복지서비스에 맞게 특화 조성하여 점차 체계적으로 산림복지서비스 시설들을 운영할 계획이다.

현재 제공되는 프로그램은 일반인 대상 프로그램을 기본적으로 운영하고 있으며, 특수대상 및 심화 프로그램 등 다양한 프로그램을 개발하고 있다. 진행중인 프로그램은 유아와 청소년 대상으로 한 산림교육 프로그램과 중·장년기를 위한 산림치유 프로그램 등이 대표적이다. 향후 숲태교 및 산림레포츠 관련 프로그램 등을 확대, 개발 할 예정이다.

그 외에도 산림복지전문업 제도를 통해 그 동안 단기일자리였던 숲해설가 등과 같은 산림복지전문가에게 장기일자리를 제공하여 고용지원을 돕고 있다. 또한 산림복지서비스 이용권* 제도를 운영하여 2016년에는 시범사업으로 6월부터 인당 10만원씩 9,100명에게 발급하였고, 2017년에는 15,000명에게 발급하여 소외계층에게도 산림복지 혜택을 제공할 계획이다. 이는 산림복지서비스 수혜자가 증가함에도 불구하고 혜택을 받지 못 했던 기초생활수급자 등 저소득층에게도 생애주기별 복지혜택을 제공하기 위한 지원제도로 볼 수 있다.

오늘날 우리는 숲과 나무 그늘 밑에서 편안히 쉴 수 있게 되었다. 이것은 지난 반세기동안 어려운 여건 속에서도 온 국민이 국토의 65%나 되는 산에 나무를 심고 가꾸고 잘 보호해 왔기 때문에 가능한 것이다. 2017년은 산림청이 개청한 지 50주년이 된다. 이제 잘 가꾼 산림의 가치를 국민들에게 행복으로 돌려주어야 할 때이다.

---

* 산림복지서비스 이용권 발급 현황

2016년 9,100명→ 2017년 1만5,800명 → 2018년 2만5,500명 → 2019년 3만명 → 2020년 4만명 → 2021년 4만4,000명으로 확대되고 있다.

보다 나은 삶의 질, 숲에서 찾자

힐링 푸드, 힐링 축제, 힐링 여행, 힐링 인테리어, 힐링 산책, 힐링 독
서, 힐링 음악 등 전국적으로 '힐링(Healing, 치유) 열풍'이 불고 있다고 해
도 과언이 아니다. 많은 기업들은 제품 및 서비스 홍보에 힐링이라는 단
어를 앞세우고 있다. 실제로도 힐링이라는 단어가 붙어 있으면 다른 제
품과 차별화되는 느낌을 얻을 때도 많다. 물론 심리적인 효과가 크겠지
만 말이다.

얼마 전까지는 몸과 마음의 건강을 내세운 '웰빙(Well-being, 참살이)'이
각광받은 데 반해 이제는 마음의 안정과 위로를 위한 '치유'가 삶의 중요
한 부분으로 자리 잡고 있다. 이는 그만큼 일과 생활에 지친 사람이 많아
졌고, 그로 인한 스트레스도 상당해졌다는 것을 의미하기도 한다.

사실 우리나라는 빠른 경제 성장으로 선진국 지위에 오르긴 했지만 삶
의 질, 건강, 행복 등 인간의 삶과 밀접한 관계를 맺고 있는 지수들은 비
례적인 성장을 하지 못했다. 이런 이유 때문인지 우리 국민들이 느끼는

전반적인 삶의 질은 낮은 편이다. 이는 경제협력개발기구(OECD)가 회원 국인 34개 국가와 러시아, 브라질을 대상으로 조사, 발표한 '2014년 더 나은 삶의 지수(Better Life Index 2014)'에서 여실히 드러났다. 조사 결과 우리나라는 교육과 안전 부문을 제외한 삶의 만족도, 일과 생활의 균형, 시민참여, 소득, 커뮤니티, 건강, 환경, 주거안전, 고용 부문에서 전체적으로 낮은 수준을 기록했다. 특히 '삶의 만족도' 부문에서는 10점 만점에 4.2점으로 조사돼 조사 대상국 중 25위에 그쳤다. '일과 생활의 균형 부문'에서는 4.2점으로 34위를, 환경 부문에서는 5.3점으로 30위를 기록해 하위권에 머물렀다.

삶의 질을 높이기 위한 방법은 없는 것일까? 그 해답은 우리 주변에서 흔히 볼 수 있는 숲과 나무에서 찾을 수 있다. 우리나라의 도시민 1인당 생활권도시림 면적은 7.78㎡로 국제보건기구(WHO) 권고 기준인 9㎡에는 미치지 못하는 수준이다. 하지만 우리나라 어느 지역에나 그 지역을 대표하는 숲이 자리 잡고 있으며 숲을 이용하는 인구 또한 지속적으로 늘고 있다.

숲과 나무가 주는 심리적 위안은 숲을 상상하는 것만으로도 충분한 작용을 하는 것으로 보인다. 국립산림과학원이 경증 우울환자를 대상으로 '산림치유'를 실시한 결과 27.3%가 숲을 바라보기만 해도 긍정적인 감정이 상승한다고 답했다. 또 71.4%는 숲길을 20분간 걷는 것만으로도 부정적인 기분이 감소한다고 응답했다. 특히 산림치유 후 우울환자의 28.9%가 우울감이 낮아졌고 스트레스 호르몬 코티솔(cortisol)은 27.4% 감소했다. 청소년의 경우 자아존중감이 11.9% 상승했으며 충동성, 과잉 행동, 부적응 문제 행동 등은 감소한 것으로 나타났다. 또 동일 강도의 운동이라도 숲에서의 운동이 실내에서보다 더 높은 효과를 낸다는 결과가 나왔다.

산림치유는 산림휴양이나 삼림욕보다는 한 단계 발전된 개념으로, 산림의 다양한 환경 요소를 활용해 치유를 강조한 전문 프로그램이다. 산림청은 산림치유를 위해 2009년 경기 양평군 단월면 산음 자연휴양림과 강원 횡성군 청태산, 전남 장성군 축령산 등 3곳을 '치유의 숲'으로 지정했다. 치유의 숲 담당자에 따르면 치유의 숲 프로그램을 이용하려는 방문자는 매년 늘고 있고, 조사 결과 대부분의 방문객이 재방문을 고려 중이라고 한다.

산림치유는 발전을 거듭하고 있다. 그동안 산림치유는 숲에서의 건강 증진효과를 규명하는 것에 치중해 왔다. 최근에는 의학, 한의학, 보건학, 공학 등 여러 학과 간의 연구를 통해 산림치유의 메커니즘을 규명하기 위한 연구를 진행하고 있다. 또 치유의 숲에서의 효과적인 산림치유를 위해 운영 및 전달 체계에 대한 연구도 지속적으로 추진 중이다.

숲이 단순한 녹지의 공간을 넘어 모든 국민의 지친 몸과 마음을 쉬게 할 수 있는 치유의 공간이 되길 바란다. 더 나아가 숲이 보다 나은 삶을 영위하기 위한 공간으로써의 역할을 다해주길 기대한다. 우리는 숲을 지키고 활용하면서 신체와 정신이 건강해지는 방법을 찾아야 할 것이다.

– 한국일보

산림으로 국민복지3.0 실현

등산은 우리나라에서 가장 인기 있는 여가 활동 중 하나다. 2012년 문화체육관광부의 생활체육 종목 선호도 조사해서 당당히 1위를 차지하기도 했다. 실제로 산을 찾는 인구는 연간 4억 6,000만 명에 달한다고 한다. 이는 홀로 하는 산책부터 연인과의 데이트, 가족 나들이, 학생들의 소풍 그리고 회사 워크숍까지 등산을 다양하게 활용할 수 있기 때문이다. 가끔 등산을 '삼림욕(森林浴)'이라고 부르기도 하는데, 그만큼 등산 가면 기분이 좋고 심신이 건강해지는 느낌이 들어서일 것이다.

그런데 만약 산에 나무가 없다면? 우리나라의 산이 지금과 달리 헐벗은 민둥산의 모습이라면 많은 사람들이 지금처럼 등산을 즐길까? 우리의 일상생활이 어떻게 달라질지 궁금해진다.

이를 알아보려면 우리나라의 50~60년 전 모습을 살펴보면 된다. 과거 우리나라의 산림은 1910년부터 시작된 일제강점기의 수탈과 1950년에 발발한 6·25전쟁을 거치면서 급속도로 황폐해졌다. 전쟁 준비 및 전

후 복구를 위해 목재를 사용했을 뿐만 아니라 부족한 연료를 충당하기 위해 국민들이 땔감을 수집함에 따라 당시 우리나라 산림은 일부 오지를 제외하고 모두 민둥산으로 변했다. 당시 국토 경관이 황폐되고 자연생태계가 파괴되면서 국민 정서의 불안감과 함께 정신적 황량함이 심각한 사회 문제로 대두되었다. 토사 유출과 잦은 산사태, 수자원 함양 기능 상실로 인한 홍수와 가뭄의 반복 등은 경제적인 피해 뿐만 아니라 국민의 생존권 자체를 위협했기 때문이다.

그래서 정부는 국가적 차원에서 산림복구 정책을 추진하였다. 이를 통해 1960년대에 9.6㎥ 불과하던 임목축적량(1ha 당 나무의 양)은 2020년 165㎥로 늘어났다. 이는 2010년 기준 OECD 평균 104.5㎥와 미국의 115.9㎥를 넘는 수치다.

이 같은 성과에 대해서 아힘 슈타이너(Achim Steiner) 유엔환경계획(UNEP) 사무총장은 2008년 제10차 람사르 총회에서 "한국의 조림 성공은 세계적 자랑거리"라고 말하기도 하였다. 최근 국립산림과학원은 2018년 한 해를 기준으로 탄소저장, 산림경관, 산림휴양, 산림치유, 수원함양, 토사유출 방지 등의 산림 공익 기능 가치를 평가했는데 그 결과 연간 221조 원의 가치를 지닌 것으로 평가되었다. 이는 우리 국민 한 사람이 1년 동안 산림으로부터 약 428만 원의 편익을 제공받는 것을 의미한다.

2013년 터키 이스탄불에서 전 지구 차원의 산림의제를 논의하는 유엔 산림 포럼(UNFF) 제10차 대회가 열렸다. 회의에서는 국제산림협정에 전체 프레임을 어떻게 결정할지에 대한 논의와 함께 비 목재 임산물, 생태계 서비스, 관광 문화적 편익 등과 같은 비화폐적 산림 가치의 중요성이 강조되었다. 무엇보다 UNFF 제10차 대회는 시기적으로 중요한 시점에 개최되었다고 볼 수 있다. 국제사회가 2012년 RIO+20(리우+20, 유엔 지속가능 발전 정상회의) 최종 성명인 '우리가 원하는 미래(The Future We Want)'의 구체적 실현 방안을 준비하고 있기 때문이다. 또 내년에 '유엔 새 천년 개발 프로젝트'가 종료됨에 따라 산림 분야 역시 새로운 유엔 발전의제에 대비해야 하는 상황이다. 제10차 UNFF 대회에서 2주에 걸친 회의 끝에 내놓은 최종 의제 결정문에서는 산림 가치 관련 정보와 자료의 수집 분석 보고 및 배포와 다양한 영역에서의 산림 가치 측정 방법론 개발이 구체적 실행 사항으로 포함되었다. 이는 목재 이외에도 산림의 광범위한 생산물과 생태계 서비스의 가치를 전 세계적 차원에서 파악하고, 이를 향후 국제산림 정책의 기초 근거로 삼으려는 의도로 파악된다. 이제 산림은 국제사회에서도 단순히 경제나 환경의 개념을 넘어서서 인간의 기본 복리를 위한 중요한 요소로 인식하고 있는 것이다.

이러한 상황에서 우리나라는 전 세계적으로 유일하게 산림복지(Forest Welfare)를 정책 대상에 포함시키거나 학술 용어로 활용하고 있다. 2009년에는 산림청이 생애 주기별 산림복지 체계 구축 계획을 수립하고 개인의 출생부터 사망까지 각 생애 주기에 적합한 산림복지 서비스를 제공하기 위해 노력하였다. 이 계획은 생애 주기를 7단계로 구분하고 산모와 태아를 위한 '태교의 숲'부터 유아기 아이들의 체험 활동을 위한 '유아 숲 체험' 그리고 아동 청소년기를 위한 '방과 후 숲 교실' 청년기를 위한 '트레킹 숲길' 중장년을 위한 '치유의 숲' 노년기에 '산림 요양'시설을 거쳐 회년기를 위한 '수목장님'을 제공하는 것을 골자로 하였다.

이후 2013년 7월 24일에는 '산림복지 종합계획'을 발표했다. 이 계획에서는 국민 1인당 산림복지 수혜일을 연간 4일에서 8일로 확대하고, 1인당 생활권 도시숲 면적을 7.9㎡에서 8.6㎡로 확충하였다. 그리고 산림복지 전문 인력을 현재 4,545명에서 1만 5,000명까지 늘리는 것을 목표로 설정하였다. 이는 산림이 국민의 복리 증진을 위해 기여할 수 있는 방식과 정도를 명확하게 밝힌 것이다.

성공적인 국토 녹화, 국민 인식 및 참여율 그리고 산림복지 종합 계획 등의 제도적 여건을 봤을 때 우리나라 산림복지 여건 조성은 비교적 좋은 성과를 만들어가는 것으로 보인다. 하지만 산림복지 관련 정책의 제도적 정착, 산림 복지 전달 체계 구축, 재원 마련과 민간 참여 및 투자 활성화 유도 등 해결해야 할 과제들이 많이 남아 있다. 역으로 산림복지 정책이 산림에 과도한 이용 압력으로 작용할 가능성과 산림에 대한 접근성 문제로 일부 취약계층이 산림복지에서 소외되는 위험성도 경계해야 한다.

과거 산림휴양으로 출발했던 정책과 개념이 이제는 산림복지로 확대되므로 산림의 이용과 보존에 따른 의사결정 과정 역시 더욱 복잡해질 것이다. 이는 국민의 복리 증진에 산림의 필요성이 더욱 높아졌기 때문이다. 또한 앞으로 산림복지를 통한 국민 행복 추구 및 산림복지의 실현을 위해서는 범 국가적인 노력이 지속적으로 이뤄져야 한다는 것을 의미하기도 한다.

- 국토시론

국민 모두가 숲을 누리다

숲세권 아파트라는 신조어가 있다. 한동안 아파트를 구할 때 역과 가까운 역세권을 선호하던 현상이 이제는 숲과 인접한 자연친화적인 주거환경을 선호하게 된 상황에서 만들어진 단어이다.

4차 산업혁명시대가 진전되면서 국민소득이 늘어나고 여가시간 또한 늘고 있어 숲을 이용하려는 사람들이 급증하고 있다. 특히 숲교육에 대한 국민들의 관심과 수요가 높아지고, 숲체험의 필요성에 대해 사회 전반적으로 공감대가 증대되고 있는 실정이다.

이러한 수요에 발맞춰 산림청에서는 산림교육전문가(숲해설가, 유아숲지도사, 숲길체험지도사) 및 산림치유지도사를 수목원, 자연휴양림 뿐만 아니라 숲체원, 산림치유원, 유아숲체험원, 산림교육센터 등 다양한 산림복지시설에 배치하여 보다 전문적인 숲체험 프로그램을 제공하고 있다.

더 나아가 2018년부터 2022년까지 추진할 산림복지진흥계획을 발표하면서 '숲과 함께 하는 삶, 행복이 더하는 대한민국'을 비전으로 요람에서 무덤까지 생애주기별 맞춤형 산림복지체계를 구축해 국민 누구나 숲의 혜택을 누릴 수 있도록 했다.

한편, 2016년 4월 개원한 한국산림복지진흥원은 복권수익금인 녹색자금을 활용해 사회·경제적 취약계층을 대상으로 숲체험·교육사업의 일환으로 '나눔의 숲 캠프'를 운영하고 있으며, 진흥원이 보유하고 있는 숲체험교육 및 산림복지서비스와 관련된 전문성과 노하우를 활용하여 보다질 높은 서비스를 취약계층과 유아·청소년들에게 제공하고 있다.

한국산림복지진흥원은 국립산림치유원(경북 영주·예천), 국립횡성숲체원, 국립칠곡숲체원, 국립장성숲체원, 국립대관령치유의숲, 국립양평치유의숲, 파랑새유아숲체험원(세종)등 전국 권역별로 총 7개 시설을 운영하고 있으며, 춘천, 나주 및 대전 유성구 성북동에 2019년 준공을 목표로 숲체원*을 조성하고 있다.

이 같은 숲체험 교육사업은 2016년부터 사회취약계층 9만 5천여 명을 대상으로 진행한 바 있으며, 올해도 7만여 명의 취약계층에게 산림복지서비스를 제공하여 이들의 정서순화와 건강 증진, 청소년 사회문제 해소에 기여할 예정이다.

산림복지진흥원이 운영하는 '나눔의 숲 캠프'가 숲이 우리 주변의 소외된 이웃의 일상 속으로 한걸음 더 다가가 누구나 차별 없이 숲의 혜택을 누릴 수 있게 되길 소망한다.

– 대전일보

---

* 대전숲체원(2019년), 춘천숲체원(2021년), 나주숲체원(2021년) 개장 되었음

행복을 안겨주는 나눔숲

　최근 도심 자투리땅도 나무를 심어 국민들에게 휴식공간을 제공하고 생활환경을 개선해주는 도시숲이 국민복지의 영역으로까지 확대되고 있다. 특히 녹지면적이 부족한 대도시와 사회·경제적 취약계층이 거주하는 사회복지시설의 경우 도시숲은 거주자들에게 심신의 안정과 지역공동체를 활성화하는 효과까지 유발하고 있다.

　하지만 이러한 성과에도 불구하고 산림복지가 사회적 약자층의 주거환경 개선까지는 미치지 못하고 있는 실정이다. 이에 일반 시민을 위한 규모 있는 도시숲은 산림청과 지방자치단체가 주로 조성·관리하고 있지만, 국가예산이 미치지 못하는 복지사각지대에는 산림청 산하 공공기관인 한국산림복지진흥원이 담당하여 산림복지가 보편화되도록 노력하고 있다.

　한국산림복지진흥원은 복권수익금으로 조성된 복권기금 녹색자금으로 낙후된 생활권역과 사회복지시설에 나눔숲을 조성함으로써 국민의 삶의 질 향상에 기여하고 있다. 지난 2006년부터 10여 년간 총 1,647억 원을 투입하여 사회·경제적 약자층이 주로 이용하는 사회복지시설 및 낙후된 생활권역 835곳에 나눔숲을 조성하였고, 올해에도 61곳에 56억 원을 투입할 계획이다.

또한 그동안 조성한 나눔숲을 점검·보완하는 등 지속적인 사후관리를 진행하여 '나눔숲 조성사업'을 체계적으로 관리하고 있다. 특히 사회복지시설 나눔숲은 인근 지역주민들에게 개방하여 지금까지의 기피시설이라는 인식에서 벗어나 이웃과 자연스럽게 여가문화를 공유하고 온전히 휴양과 안식을 누리는 산림복지공간으로 거듭나고 있다.

나눔숲 조성사업은 소외계층이 거주·이용하는 복지시설에 수목 식재 또는 실내공간 등에 목재를 이용하여 환경을 개선함으로써 정서적 안정 및 신체건강의 증진에 기여하고자 한다. 아울러 교통약자를 포함해 누구나 편리하고 안전하게 숲을 체험·이용할 수 있도록 무장애나눔길 등을 설치하여 산림체험의 불평등 격차 해소에 기여하고 있다.

이러한 나눔숲 조성을 통해 인근 주민들에게 개방한 대부분 시설들은 지금까지의 기피시설이라는 아픔을 벗어나 이웃과 자연스러운 소통을 통해 계층 간 갈등이 해소되는 등 이른바 '소통, 나눔, 공유, 통합'을 위한 활력이 넘치는 지역명소로 거듭나고 있다. 매일매일 나눔숲은 산책하면서 눈에 보이는 풀 한 포기, 나무 한 그루가 국민들에게 삶의 희망과 행복으로 조금씩 다가오고 있다는 생각을 해본다.

– 충청투데이

우리나라는 빠른 경제성장으로 2017년 기준 1인당 국민총소득(GNI)이 2만 9,745달러, 경제규모는 세계 10위권에 접어들었다. 하지만 경제협력개발기구(OECD)가 발표한 삶의 질 지표에 따르면 조사 대상 38개국 중 29위에 그쳤다. * 1인당 국민소득 : 1953년 66달러에서 2021년 기준 35,000달러로 증가

이에 정부에서는 국가적으로 국민의 삶의 질 개선을 최우선 국정과제로 채택했으며, 일자리 확대와 주거안정, 취약계층의 생활여건 개선 등 다양한 복지정책을 펼치고 있다. 특히 노인, 아동, 장애인 등 취약계층의 복지증진과 삶의 질 개선을 위해 전국적으로 약 2만여 곳의 사회복지시설이 운영 중이다. 이러한 복지시설의 수나 규모의 양적 팽창도 중요하지만 운영예산과 유지관리의 질적 수준이 무엇보다 강조되고 있다. 예를 들어 복지시설의 녹지공간이 부족해 이용자들이 쉬거나 야외활동을 기회가 적고, 실내공간도 바닥재와 벽재 등이 노후화되었거나 일반화학재로 만들어져 있어 이용자의 안전과 건강에 도움이 되지 못하는 실정이다. 나눔숲 조성사업은 숲과 나무가 주는 혜택을 실내·외에서 누릴 수 있도록 하였고, 사회복지시설을 이용하는 소외계층이 직접적으로 숲을 느끼고 체험할 수 있도록 한다는 점에서 사회복지시설로부터 많은 관심을 받고 있다. 전국의 사회복지시설에 숲이 주는 건강과 행복이 짙게 녹음(綠陰)되어질 수 있도록 나눔숲 조성사업이 복지사회 실현에 마중물 역할이 되길 기대해본다.

– 대전일보

숲과 함께하는 한국산림복지진흥원
민관 협력사업

봄이 오면 어김없이 찾아오는 불청객, 바로 미세먼지다. 국민들의 건강 및 환경에 대한 관심이 커짐에 따라 미세먼지 대책 마련에 대한 목소리도 커지고 있다. 이에 따라 미세먼지 등 대기오염물질을 흡수하는 데 큰 역할을 하는 산림에 사람들의 이목이 집중되고 있다.

최근 한국산림복지진흥원은 민관협력사업의 일환으로 식목기념행사를 열었다. 2018년 3월 27일 청계광장에서 열린 대상(주)과 함께한 '희망의 나무나누기' 행사, 그리고 3월 31일 국립하늘숲추모원에서 KEB하나은행 및 숲사랑소년단과 함께 '제73회 식목일 기념 나무심기' 행사를 개최했다.

민관협력사업이란 정부, 민간기업, 비영리기관등이 업무를 분담해 협력해 보다 효율적인 공공서비스의 실현을 위해 진행되는 프로젝트이다. 한국산림복지진흥원은 우리나라 국토의 63%를 차지하고 있는 산림을 활용해 정부 및 기업과 함께 숲을 활용한 다양한 산림복지 협력사업을 진행하고 있다.

산림복지 협력 사업은 장애인, 저소득층, 보호대상아동 등 미처 살피지 못한 주변의 사회적 약자에게 효과적인 산림복지서비스를 제공하고자 마련됐다. 산림 분야는 민관협력사업의 선두주자다. 과거 치산녹화사업의 성공은 정부와 기업 그리고 국민들의 협력이 있었기에 가능했다. 현재는 더 나아가 산림을 복지자원의 하나로써 산림청 한국산림복지진흥원은 여러 기업들과 함께 산림복지서비스를 국민에게 제공하고 있다.

한국산림복지진흥원은 공공 및 기업 산림복지협력사업으로 ▲자유학년제 연계 산림교육(교육부), ▲숲으로 가는 행복열차(교육부), ▲방과 후 아카데미 연계 산림교육(여성가족부), ▲가정폭력 등 피해여성 대상 산림치유프로그램(여성가족부), ▲위기 및 인터넷 중독 청소년 숲캠프(여성가족부), ▲보호관찰 청소년 산림교육(법무부), ▲도박중독자 대상 산림치유프로그램(문화체육관광부), ▲세종시 유아숲교육프로그램(행정중심복합도시건설청), ▲자립역량강화 프로그램(보건복지부), ▲틔움버스와 함께하는 나눔의 숲(한국타이어나눔재단), ▲나의 꿈을 찾는 숲속 힐링교실(현대차정몽구재단), ▲청정숲 가족캠프(대상(주)) 등 정부 6개 부처 및 3개 기업과 협력하여 12개 사업을 추진했다.

한국산림복지진흥원은 전국에 국립산림치유원(경북 영주·예천), 국립횡성숲체원(강원 횡성), 국립칠곡숲체원(경북 칠곡), 국립장성숲체원(전남 장성), 국립대관령치유의숲(강원 강릉), 국립양평치유의숲(경기 양평), 파랑새유아숲체험원(세종) 등을 운영하며, 공공 및 기업 산림복지협력사업 참가자를 대상으로 맞춤형 산림복지프로그램을 제공하고 있다. 한국산림복지진흥원은 앞으로도 국가와 기업의 사회공헌활동과 연계한 사람 중심 산림복지 거버넌스를 구축해 국민의 건강증진과 삶의 질 향상을 위해 다채로운 산림복지서비스를 제공할 수 있도록 노력할 것이다. - 충청투데이

사회구성원을 배려하는 '무장애 숲길'

사람은 누구나 태어나서 걸음마 과정을 거쳐 청소년과 성인이 되고, 나이를 먹는다. 또한 질환과 사고 등 후천적 영향으로 장애를 갖기도 한다. 즉, 누구나 신체적, 정신적 장애인이 약자가 될 수 있다는 것이다.

현재 우리나라에서 교통약자로 분류되는 장애인을 비롯하여, 고령자, 임산부, 어린이 등의 인구는 1,500만 명(29%)으로, 2017년 대비 25만 여명이나 증가했다. 앞으로 고령화 사회가 진전될수록 이러한 교통약자의 비중은 더욱 높아질 전망이다.

이에 따라 장애인을 비롯한 교통약자들도 안전하고 편리하게 살아갈 수 있도록 '장벽 없는 설계(Barrier free)'나 장애의 유무와 상관없이 모든 사람이 무리 없이 이용할 수 있는 '보편적 설계(Universal design)'가 확산되고 있다.

이러한 가운데, 숲속에서의 활동은 어린이들의 사회성 증진과 임산부, 장애인의 심신 안정뿐만 아니라 노인들의 면역력 증진과 치매 예방에 효과가 있다는 다양한 연구결과들이 나타나면서 이들의 숲속 활동에 대한 필요성이 더욱 증가되고 있다.

하지만 현실적으로 자연지형을 가진 숲의 특성상 혼자 스스로 움직이기 어려운 장애인이나 임산부, 어린이, 노약자들이 숲으로 찾아와 활동하기에는 힘든 실정이다. 한편, 미국 산림청에서는 이미 1980년대부터 접근성을 고려한 '숲길 조성 가이드라인'을 수립해 장애인과 일반인 누구나 이용할 수 있도록 했다.

한국산림복지진흥원에서도 지난 2016년부터 노약자, 장애인 등 사회적 교통약자들 누구나 안전하고 편리하게 숲을 체험하고 이용할 수 있도록 무장애 나눔길 조성사업을 지원하고 있다.

무장애 나눔길이란 거동이 불편한 장애인이나 어린이, 임산부, 노약자들이 안전하고 편리하게 숲길을 이용할 수 있도록 만든 자연, 환경 친화적인 산책시설이다. 이 시설은 숲에 경사가 7~8% 이하의 완만한 목재 데크로드를 설치하거나 보행턱과 계단을 없애서 휠체어와 유모차도 편하게 다닐 수 있으며, 또한 일정 구간마다 쉼터나 편의시설이 설치되어 있어 누구나 부담 없이 숲길을 체험할 수 있다.

숲이 주는 맑은 물과 피톤치드, 음이온이 포함된 깨끗한 공기, 아름다운 경관 등 환경적, 공익적인 효과를 누구나 평등하게 누릴 수 있도록 교통약자들을 위한 무장애 숲길 조성을 더욱 확대해 이들을 배려할 수 있는 공동체 문화로 정착하길 소망한다.

– 대전일보

심신의 평온을 전하는 편백 향이 가득한 숲

인류 문명사의 과정을 돌이켜보면 숲에서 시작하여 들과 강으로 확대되었다. 확장된 도시의 현대사회는 지금도 급속하게 변하고 있으며, 인간은 그 속에서 늘 보편적으로 편리함과 빠름을 추구하고 있다.

하지만 이로 인해 많은 사회적 갈등과 환경적 오염 등 부작용을 겪고 있으며, 이를 해소하고자 많은 사람들은 '느림의 미학'과 '무구함', '순수함'이 남아있는 숲을 다시금 찾고 있는 것이다.

전남 장성에 위치한 축령산 편백나무 숲 역시 지금의 모습을 갖추기까지는 더디었지만 결국 장엄한 모습으로 많은 이들이 찾고 있다. 그리고 숲의 역사와 함께한 춘원 임종국 선생의 이야기는 숲을 찾는 이들에게 '자연의 정직함'을 깨닫게 해준다.

1915년 전북 순창에서 출생한 임종국 선생은 6·25전쟁이 끝난 지 얼마 지나지 않은 1956년부터 조림에 선구자적 역할을 하였던 인물이다. 곤궁했던 시절임에도 숲의 가치를 깨달은 그는 전 재산을 투자하여 20여년간 헐벗은 산 570ha에 280만여 그루의 삼나무, 편백나무를 우직하게 심었다.

결국 이 숲은 매년 3만 명 이상의 방문객이 찾는 우리나라 최대의 편백숲으로 자리잡아 '자연은 배신하지 않는다'라는 당연한 교훈을 남기고 있다.

희생이 담긴 역사를 보상하듯 축령산 편백나무 숲은 방문객들에게 많은 것들을 선물한다. 그 중 하나가 숲에 충만한 편백향이다. 이 향기를 통해 사람들은 후각을 자극함으로써 심리적 안정과 정서적 평안을 찾고 치유를 받는 곳이 이 숲이다.

무엇보다 편백나무 숲이 선물하는 가장 대표적인 것은 '피톤치드'라 할 수 있다. 피톤치드는 나무가 해충과 상처로부터 스스로를 지키기 위해 생성하는 물질로, 사람이 흡수하면 강력한 항균작용을 하면서도 기존의 항생제와는 다르게 내성이 없어 안전한 천연자원으로 잘 알려져 있다.

또한 피톤치드가 인간에게 면역력 강화, 스트레스 해소, 긴장완화, 피부미용 등 다양한 기능을 제공한다는 연구결과가 나타나면서, 편백나무를 원료로 만든 다양한 제품들이 쏟아져 나와 피톤치드의 효과를 많은 이들이 경험하고 있다.

산림치유 전문가들은 축령산 편백나무 숲에서 좀 더 효과적으로 자연치유를 경험하기 위해서는 기존의 도시 생활패턴을 벗어나 신체의 리듬을 전환하는 시간을 가지기를 권장한다.

축령산에 방문하는 국민이 피톤치드를 충분히 마시고 숲을 온전히 느끼도록, 적어도 그 순간만큼은 가족과 함께 여유를 가지며 명상과 요가를 통해 심신에 활력을 얻기를 바란다. 느리지만 정직한 역사의 숲은 개인의 삶에도 큰 위로를 선물할 것이다.

– 대전일보

초록이 주는 즐거움 '산림복지서비스이용권'

　최근 국민소득이 증가하고 여가시간이 늘어남에 따라 국민들의 행복추구와 삶의 질 개선을 위한 복지수요가 다양해지고 있다. 정부에서는 국민 모두가 누리는 포용적 복지국가라는 국정과제 아래 정책의 모든 분야에서 국민행복을 위한 다양한 정책을 개발하고 이를 실행하고자 노력하고 있다. 특히 복지정책이 과거의 경제적 · 물질적 영역에서 정신적 영역까지 범위가 확대되면서 산림의 다양한 환경요소를 활용해 숲을 체험하는 산림복지서비스가 각광을 받고 있다.

　숲에서 발생하는 음이온과 피톤치드 등 산림의 치유인자와 연계한 숲 체험 프로그램은 정신적 스트레스 완화와 집중력 향상, 인체의 면역력 증진 효과가 다양한 연구결과를 통해 입증되면서 많은 국민들이 숲을 찾고 있다. 그러나 삶의 질 개선을 위해 누구보다 최우선적으로 산림복지 혜택을 누려야할 노인, 장애인 등 취약계층은 경제적 · 신체적인 이유로 산림복지 혜택을 누리기 어려운 실정이다.

이에 산림청 산하 공공기관인 한국산림복지진흥원에서는 「산림복지진흥에 관한 법률」에 따라 2016년부터 산림복지 혜택을 누리기 힘든 이들에게 산림치유원, 숲체원, 자연휴양림, 치유의 숲 등 산림복지시설을 체험할 수 있도록 '산림복지서비스이용권(바우처) 지원 사업'을 추진하고 있다. 지원 대상자는 기초생활수급자와 장애(아동)수당 수급자는 물론 사회복지시설에서 이들과 함께 생활하는 차상위 계층까지 해당된다. 대상자로 선정되면 1인당 10만원의 이용권(바우처) 카드가 지급되며 산림복지시설 내에서 제공하는 숙박, 식사, 숲체험 프로그램 등을 이용할 수 있다.

또한 이용자 유형별로 맞춤형 산림복지서비스를 제공하고 바우처 데이(Day)를 지정해 산림복지시설까지 이동을 지원하는 등 이용자 편의를 위한 다양한 서비스도 제공하고 있다.

실제 지난해 이용권 사용자의 83%가 처음으로 산림복지 혜택을 누렸다고 답했으며, 96%가 다시 사용하고 싶다는 의사를 밝혔다. 이에 더 많은 취약계층이 산림복지서비스를 누릴 수 있도록 지난해 1만 5천명에서 올해 2만 5천명으로 수혜인원을 확대하였으며, 앞으로 더욱 확대할 계획이다. 특히 올해에는 행정자치부와 보건복지부 등 유관부처 행정정보와 연계해 신청서류를 대폭 간소화 하였고, 이용권 카드를 사용할 수 있는 산림복지시설을 확대하는 등 이용자 편의를 위한 서비스를 더욱 강화할 예정이다.

이처럼 '산림복지서비스이용권 지원사업'은 산림복지 혜택을 누리지 못하는 취약계층에게 맞춤형 산림복지서비스를 제공하여 숲을 통한 정신적·육체적 건강증진에 기여할 것이다. 숲과 함께 하는 삶, 행복이 더하는 대한민국을 위해 산림복지 사각지대에 놓인 취약계층의 지원을 더욱 확대하여 초록이 주는 즐거움을 누릴 수 있길 기대해 본다. - 충청투데이

행복한 삶의 해답, 숲에서 찾다

최근 젊은이들 사이에서 '하나뿐인 인생'을 의미하는 욜로(YOLO, You Only Live Once)와 '일과 삶의 균형'을 의미하는 워라밸(Work-Life Balance)이 유행처럼 번지고 있다. 이러한 유행어는 이제 우리 국민들도 '행복한 삶'을 우선하고 있다는 의미이다. OECD 국가 중 세 번째로 많은 근무시간, 세계에서 가장 짧은 휴가일수 등 '일 중심' 사회에서 지친 우리들은 점차 물질적 욕구보다 삶의 질을 높이는데 더 많은 관심을 갖기 시작한 것이다.

특히 숲속에서의 활동이 성별이나 직업에 관계없이 사람들에게 심리적, 생리적으로 긍정적인 역할을 한다는 다양한 연구결과가 나타나면서 많은 사람들이 행복하고 건강한 삶을 찾기 위해 숲을 찾고 있다.

국립산림과학원 연구결과에 의하면 '숲은 사람들의 정신 건강 뿐만 아니라 자라나는 학생들에게는 지적능력, 공감인지 능력 향상에 긍정적 도움을 준다'고 한다. 그래서 산림복지진흥원은 숲을 찾는 국민들에게 요람에서 무덤까지 전 생애주기에 걸쳐 숲태교, 유아숲체험, 산림교육, 산악레포츠, 산림휴양·산림치유, 수목장림에 이르기까지 숲에서 다양한 복지서비스를 제공하고 있다.

이러한 서비스를 제공하기 위해 경북 영주에 위치한 국립산림치유원을 비롯해 국립숲체원 4개소, 국립치유의숲 3개소 등 전국에 10여 개의 산림복지시설을 운영하고 있으며, 더 많은 국민들이 숲속 활동을 즐길 수 있도록 도시생활권에도 지역 특성에 맞는 나눔숲을 조성하고 있다.

2019년 개원한 국립대전숲체원은 유아와 어린이들이 산림에 대한 올바른 지식을 습득해 창의성을 높이고, 정서를 함양할 수 있는 숲 체험 교육과 놀이공간을 제공하며, 강원도 춘천의 국립춘천숲체원은 학업스트레스를 받는 청소년과 과중한 업무에 시달리는 직장인들을 위한 산림레포츠 활동과 숲속 야영 공간으로 조성된다. 또한 국립나주숲체원도 호남 지역의 풍부한 역사문화 자원을 활용해 중·장년층과 노년층을 대상으로 산림치유와 전통문화를 체험할 수 있는 공간으로 조성될 예정이다.

산림복지는 영어로 'Forest Welfare', 복지(Welfare)는 행복한 삶 또는 만족스러운 삶을 말하며, 산림복지란 '산림을 활용해서 행복하고 만족스러운 삶을 영위하려는 사회 구성원의 공통된 가치관·지식·규범과 생활양식'이라 할 수 있다. 한마디로 표현하면 '숲에서 행복하고 만족스러운 삶을 찾겠다'는 의미다. 유아부터 상수(上壽)를 바라보는 노인까지 각박한 도시를 벗어나 숲속에서 건강하고 행복한 삶을 찾아보는 건 어떨까?

— 대전일보

산림복지의 첫 시작, 숲태교

오래전부터 저출산 문제는 국가의 미래와 운명이 걸린 중차대한 사안이자 시급히 해결해야 할 국가적 당면 현안이다. 최근 발표된 통계 자료에 의하면 2017년 출생아 수는 2016년보다 11.9%(4만 8,500명) 감소한 35만 7,700명으로, 1970년 통계 작성 이래 가장 낮은 것으로 발표돼 저출산 문제에 대한 사회적 우려가 갈수록 커지고 있다. 또한 여성 한 명이 평생 낳을 것으로 예상되는 출생아 수를 뜻하는 합계출산율*은 1.05명으로 경제협력개발기구(OECD) 국가 중 꼴지라고 하니 가히 충격적이다.

이 같은 추세가 지속되면 우리나라 경제활동인구가 매년 줄게 되어 곧 국가 경제 위기에 당면하게 된다. 이는 우리 사회가 건강한 발전과 국민의 행복한 삶을 영위하는데 심각한 위협을 받을 수 있다는 불안한 예상이 밀려온다.

---

* 합계 출산율(한 여자가 가임기간 15~49세 동안에 낳을 것으로 기대되는 평균 출생아 수)
－ 2015년 : 1.24 명, 2016년 : 1.17 명, 2017년 : 1.05 명, 2018년 : 0.98 명, 2019년 : 0.92 명

이러한 상황에서 숲이 어떤 기여를 할 수 있을까? 어느 저명한 산부인과 의사는 신혼부부나 젊은이들이 숲에서 활동하면 임신할 확률도 높아지고 임신한 산모도 건강한 아이를 낳을 수 있다고 주장한다. 실제 임신이 안되어 고민하던 어느 신문 기자 부부가 강원도 횡성에 위치한 국립횡성숲체원에서 숲태교 프로그램을 체험한 후 건강한 아이를 임신했다고 한다.

우리나라의 전통문화인 태교를 기본으로 경관, 향기, 소리, 피톤치드, 음이온 등의 숲의 청정한 환경요소를 활용해 자연 속에서 엄마와 태아가 함께 정서적, 신체적으로 교감하는 활동을 바로 숲태교 프로그램이라 한다.

산림청에서는 2010년 숲태교 프로그램 시범운영을 시작하여, 국립 치유의 숲 뿐만 아니라 지역 보건소로 범위를 확대하여 숲태교 프로그램을 제공하고 있다. '취약계층 임신부부를 위한 숲태교 교실'을 운영하여 2017년 2,735명의 임신부부가 숲태교 프로그램에 참가 했다. 갈수록 숲을 활용한 태교 프로그램이 인기가 높아짐에 따라 오랫동안 주류를 이룬 학습태교의 대안으로 숲태교가 더욱 부각되고 있다.

이와 함께 생애주기별 산림복지서비스를 통한 국민의 건강과 행복 증진을 위해 한국산림복지진흥원에서는 임신부 스트레스 완화, 정서 안정 등을 위한 숲태교 프로그램을 제공하여 건강한 출산 문화 조성에 기여하고 있다. 더 나아가 지역의료기관 및 미혼모 보호기관 등과 연계한 프로그램을 운영하여 우리나라 국민들의 행복한 삶을 영위하고 건강한 국가 발전을 도모하는 등 공공기관으로서 최선의 노력을 다하고 있다. 이제 어느덧 봄이 다가와 새싹이 움트는 3월의 시작이다. 새싹과 같은 새 생명의 건강한 탄생을 기원하는 '숲태교' 운영에도 건강한 푸르름이 가득하길 기대해 본다.

- 대전일보

아이들 웃음꽃이 피어나는 숲

숲에서는 비가 와도 색다른 놀이공간이 된다. 나무 아래에서 빗소리를 듣거나 풀 향기를 더 진하게 맡을 수 있다. 심지어 아이들은 찰방찰방 흙 탕물 위를 걸으면서 물의 느낌과 흐름을 관찰할 수 있다.

숲에서 눈이 오면 아이들은 더 신이 난다. 얼굴이 발갛게 달아오를 정도로 뛰어놀다 보면 두꺼운 겉옷을 벗어 버린다. 이때 추위는 문제가 되지 않는다. 이처럼 숲에서 나쁜 날씨는 없다.

최근 유아 보육정책이 무상보육으로 바뀌면서 2011년 40%이던 어린이집 이용률이 지난해 53%까지 치솟았다. 이 때문에 아이들이 놀 수 있는 공간과 보육교사 부족으로 유아교육은 주로 실내에서 이루어지고 있다. 한창 뛰어놀며 성장해야 하는 아이들뿐만 아니라 교사, 학부모 등 모두의 스트레스가 높아지고 있는 실정이다.

반면에 숲에서는 어떠한 장애물도 없다. 아이들이 소리 지르며 마음껏 뛰어놀 수 있다. 교사들도 갇힌 실내공간에서 아이들을 돌보는 것보다 숲에서의 활동이 더 좋다고 한다. 이처럼 유아들의 야외활동에 대한 필요성이 증가하면서 요즘 아이를 키우는 엄마들 사이에선 유아 숲교육이 대세로 떠오르고 있다.

유아숲교육은 이미 1950년대 중반 덴마크에서 숲유치원 형태로 시작되어 스웨덴, 독일, 스위스 등 유럽 선진국에서 활발하게 운영되고 있다. 독일에서는 유아숲이 1,000여 개에 이를 정도이다. 이처럼 유아숲교육에 대한 큰 관심은 결코 우연이 아니다.

아이들에게 숲이라는 공간은 자연의 놀이터이다. 숲활동은 억제되었던 욕구를 마음껏 분출하며 정서적, 신체적으로 안정된 자아를 형성한다. 자연의 놀잇감은 고정된 형태가 아니라 자신의 생각대로 변형시켜 놀이를 할 수 있어 아이의 사고가 확장됨과 동시에 창의력도 키워준다.

이처럼 유아는 숲체험을 통해 닫힌 공간으로부터 자유를 만끽할 수 있고, 문제해결력과 창의력을 향상시킬 수 있으며, 사회적 또래 관계를 형성해 전인적 성장을 하게 된다. 자연(自然)이란 '스스로 그러하다'라는 뜻으로, 사람의 힘이 더해지지 않고 스스로 존재하거나 저절로 일어나는 현상을 말한다.

계속되는 주입식 교육이 만연하고 있는 현대사회에 유아숲교육은 오감을 활용해 숲속을 경험하고 체험함으로써 아이들이 자연스럽게 삶의 지혜를 스스로 깨닫고 배울 수 있다. 이것이 바로 우리 아이들이 숲을 찾아야하는 가장 중요한 이유이다. 주위를 둘러보면, 숲은 항상 우리들 곁에 있다. 아이들의 웃음소리가 숲속에 울려 퍼질 때 우리는 빛나는 미래를 기대할 수 있을 것이다.

- 대전일보

#숲은 유아를 유아답게 발달시킬 수 있는 가장 훌륭한 공간이다. 숲에서의 활동은 유아의 내부에 숨겨진 감성을 일깨우고, 생명의 소중함을 깨닫게 한다. 또한, 숲은 모든 생물을 사랑할 수 있는 방법을 배울 수 있는 공간이기도 하다. 유아의 숲활동은 창의성 발달, 과학적 탐구 능력, 주의집중력과 공간인지능력에서도 긍정적인 영향을 미치고, 숲 활동을 체험한 유아가 커서도 자연환경을 더 선호하고 생명에 대한 존중, 동식물에 대한 호기심이 더 높게 나타났다.

유아숲체험원은 자연 그대로인 숲에서 아이들이 마음껏 뛰놀고 활동하며, 만지고, 보고 느끼는 오감을 통해 스스로 배울 수 있는 자연체험 학습 공간이다. 이렇듯 자연 속에서 오감을 통해 배우게 하는 자연주의 체험교육의 장으로써 유아숲체험원은 유아들의 전인적 성장발달을 도모하기 위해 운영된다.

"숲은 세상에서 가장 훌륭한 교실이자 교과서이다."

어린 시절에 획득한 자연에 대한 태도와 지식은 이후의 사고에 많은 영향을 주고 유아기의 직접적인 숲 체험 활동은 자연에 대한 인식과 태도를 형성하기 때문에 유아기는 자연관을 형성하는 적기라고 볼 수 있다.

숲과 함께 자라나는 아이들(1)

풀벌레를 관찰하고 자연을 배울 수 있는 곳, 새소리와 바람소리가 한 소절의 음악이 되는 숲은 아이들에게 행복 놀이터이다. 하지만 동네 뒷산을 누비며 뛰어놀던 어릴 적 기억이 별로 없는 요즘 아이들에게 숲은 책과 TV를 통해 알게 된 상상 속의 공간이 돼버렸다.

미국 아동발달과학협회 고문이자 저널리스트인 리처드 루브*는 아이들이 이처럼 자연과 동떨어진 환경에서 살기 때문에 비만, 주의력 결핍장애, 우울증 등 '자연결핍장애'(Nature Deficit Disorder)가 나타난다고 지적한 바 있다. 덴마크, 독일, 스위스 등 유럽에서는 이미 산림교육의 중요성을 깨닫고 오래전부터 유아 및 청소년을 대상으로 산림교육이 활발하게 이뤄지고 있다.

산림청에서도 유아가 숲에서 맘껏 뛰놀고 오감을 통해 자연과 교감하

---

* 리처드 루브 : 2005년 '자연에서 멀어진 아이들'(Last Child in the Woods : Saving Our Children from Nature Deficit Disorder)이란 책에서 자연결핍장애라는 용어를 처음 사용하게 됨.

는 전인적 성장을 돕기 위해 유아숲체험원을 지난 2012년 8곳을 시작으로 2017년까지 전국적 146곳이 조성하였다.

유아숲체험원은 유아가 산림의 다양한 기능을 체험함으로써 정서를 함양하고 전인적(全人的)성장을 할 수 있도록 지도하는 시설이다. 시설 위주의 하드웨어적 접근 보다는 '숲을 만나고', '숲을 발견하고', '숲과 하나가 되는' 체험 위주의 소프트웨어적 접근이 보다 중요하다. 숲에서 아이들은 자연이 주는 가르침을 배우며 꿈을 키워나가고 있습니다. 그래서 자연을 최고의 선생님이고, 숲을 최고의 교실이라 한다.

유아숲체험원을 이용한 아이들에게 산림교육의 효과는 긍정적으로 나타나고 있다. 특히 창의성 발달에 영향을 미쳤으며, 숲 활동은 유아들의 과학적 탐구 능력, 주의 집중력과 공간인지능력에서도 긍정적인 영향을 미치는 것으로 알려져있다.

숲 활동을 체험한 유아들이 자연환경을 더 선호하고 생명에 대한 존중, 동식물에 대한 호기심이 더 높아졌다. 놀이의 유형도 개인놀이에서 협동놀이로 변화를 보였으며, 신체적 능력 향상 및 아토피피부염 등 염증반응 감소 등의 효과를 보였다.

유아기부터 숲의 기능과 자연환경을 체득하는 것이 정서함양과 전인적 성장에 도움이 된다는 공감대가 전국적으로 형성되었기에 앞으로 산림교육에 대한 수요는 더욱 늘어날 전망이다.

한국산림복지진흥원은 국민의 건강과 행복 증진을 위해 세종특별자치시 내에 유아숲체험원을 2017년부터 운영해 신도시의 유아들에게 숲을 체험할 수 있는 기회를 제공하고 있다. 앞으로 행복도시건설청에서 세종시 전월산과 괴화산에도 총 3곳의 유아숲체험원을 추가 조성할 계획이고, 조성이 완료되면 산림복지진흥원에서 운영할 계획이다. 이 같은 산림복지서비스가 전국에서 다양하고 체계적으로 활발히 제공돼 산림을 통한 국민건강과 행복이 증진될 수 있도록 노력할 계획이다.

회색빛 콘크리트의 빌딩숲과 자동차 매연 속에서 억눌렸던 우리 아이들이 숲에서 정서적인 안정을 느끼며 튼튼한 몸과 마음을 키우기를 기대해 본다.

- 대전일보

숲과 함께 자라는 아이들(2)

독일의 교육자이자 유치원의 창시자인 프리드리히 프뢰벨(Friedrich Wilhelm August Fröbel)은 "어린이들을 숫자와 글자가 아닌 자연 속에서 뛰놀게 하라"고 가르침을 주었고, 지금도 세계 여러 나라 아이들은 숲에서 마음껏 뛰어놀고 있다. 성경에 인간이 최초로 생활한 곳이 '에덴동산'이었듯이 숲은 태초부터 인류에게 삶의 공간이요, 놀이의 공간이었던 것이다.

호주, 네덜란드, 일본에서도 일찍부터 숲교육의 중요성을 인식하고, 유아기부터 자연친화적인 교육 프로그램을 진행하고 있다. '자연을 벗 삼아 잘 노는 것이 최고의 교육'이라는 것을 알고 있기 때문이다.

나날이 산업화와 시멘트화 되어가는 현대사회 환경 속에서 아이들은 신체적·정신적으로 타고난 순수함을 발달시켜나가기 어려운 상황이 되었다. 스마트폰이나 게임중독, 아토피 등은 이제 도시 아이들에게 매우 익숙한 단어이다. 반면, 아이들이 맑은 하늘에 떠있는 구름과 미세먼지

없이 깨끗한 공기, 새소리가 들리는 숲속의 싱그러움을 경험할 기회는 점점 줄고 있다.

숲은 이렇게 삭막한 환경에서 사는 아이들에게 싱그러운 휴식과 색다른 즐거움을 주는 교육의 장소이다. 자연 속에서 아이들은 서로 소통하고 이해하는 법을 배우며, 체력과 창의력도 키운다. 우리의 미래세대인 아이들이 서로를 이해하여 상대방과 마주할 수 있으며, 기발하고 독특한 상상력을 펼칠 수 있도록 해주어야 한다.

지난 2014년 산림청에서는 「산림교육의 활성화에 관한 법률」을 제정하였고 산림의 가치를 보편적으로 향유하여 국민의 삶의 질 향상에 이바지하고자 산림복지서비스 제공을 체계화하고 있다. 이에 따라 산림복지진흥원이 운영하고 있는 산림교육 전문시설인 국립횡성숲체원은 국가 제1호 산림교육센터로 지정되었으며, 국내 최초 산림복지단지인 국립산림치유원과 칠곡숲체원, 장성숲체원도 아이들에게 다양한 산림복지서비스를 제공하고자 산림교육센터를 운영하고 있다.

또한, 세종시 파랑새 유아숲체험원은 2017년 3개월 시범운영 기간 동안 4,500여 명의 유아들이 다녀간 데 이어 2018년 3월부터 6월 말 현재까지 1만여 명의 유아들이 숲을 찾았다. 이렇듯 폭발적인 호응을 얻고 있는 것은 많은 시민들이 어린이 숲교육에 대한 가치와 기능을 충분히 인식했기 때문이라고 생각한다.

숲은 아이들의 생태적 감수성을 키울 수 있는 좋은 곳이다. 숲은 내리쬐는 태양을 막아 몸을 시원하게 해주고, 푹신한 낙엽은 마음을 편안하게, 향기는 기분을 좋게 해준다. 지난해 숲교육에 대한 효과성을 조사한 결과 산림교육을 체험한 후 아이들의 신체적·심리적 안정은 높아졌고 또한 건강 증진뿐만 아니라 스트레스가 감소하여 집중력이 높아진 것으

로 확인되었다. 또한, 생명존중과 긍정적인 태도로 심리 변화가 일어나
며, 대인관계 능력이 향상되는 것으로 나타났다.

우리 아이들이 무한경쟁 속에 사로잡혀 밤낮없이 이 학원, 저 학원을
바삐 전전하는 도시 생활에서 잠시나마 벗어나 숲에서 하늘 높이 쭉쭉 뻗
은 잣나무, 소나무, 편백나무와 함께 놀며, 튼튼한 몸과 함께 저마다의
소중한 감정을 느끼는 건강한 인성을 갖기를 기대해본다.

- 대전일보

숲속 아이들의 놀이터 '유아숲체험원'

우리 아이들은 예로부터 술래잡기, 땅따먹기, 고무줄놀이 등 집밖에서 친구들과 직접 몸으로 부대끼며 놀았다. 하지만 요즘에는 이러한 모습을 찾아보기 어렵게 되었다. 아무래도 과거와 달리 도시가 발전하고 산과 들이 사라지면서 마음껏 뛰어 놀 수 있는 자연공간이 실내로 바뀌었기 때문이다.

우리나라는 1991년 유엔 아동권리협약에 가입했다. 아동권리협약이란 아동을 단순한 보호대상이 아닌 존엄성과 권리를 지닌 주체로 보고 이들의 생존, 발달, 보호, 참여에 관한 기본 권리를 명시한 협약이다. 이 협약이 1989년 11월에 제정된 것이니 우리도 상당히 빨리 가입한 아동권리 선진국이라고 할 수 있다.

그러나 이러한 협약 가입에도 불구하고 2011년 유엔 아동권리위원회는 협약 제31조 '놀 권리'를 침해한다고 우리 정부에 시정을 권고한 바 있다. 실제로 그런 것이 주위를 둘러보면 우리 아이들이 놀 수 있는 시간적 여유는 물론 공간 역시 충분하지 않은 것이 현실이다.

아이들의 놀이에 있어 중요한 것은 자유롭게 놀 수 있는 장소를 확보하는 것이다. 독일의 경우, 유아들이 매일 숲으로 등원해 하루 일과를 보내는 숲유치원이 1,500여 개에 달하며, 일반 유아교육기관에서도 일주일에 한번 정도는 '숲의 날'을 정해 숲교육을 실천하고 있는 추세이다.

숲에서 아이들은 봄에는 도롱뇽알 찾기, 여름에는 오디 먹기, 가을에는 낙엽꽂이, 겨울에는 얼음썰매 타기 등 계절별로 다양한 체험활동을 하면서 자유롭고 즐거운 놀이를 통해 몸속 에너지를 최대한 발산하면서 자신감을 키울 수 있다.

한국산림복지진흥원에서도 유아숲교육을 활성화시키기 위하여 세종시 원수산 일대에 위치한 파랑새유아숲체험원과 경북 칠곡에 위치한 국립칠곡숲체원 내 토리유아숲체험원 등 유아숲체험원 2곳을 운영 중이다. 그중 세종시에 위치한 파랑새 유아숲체험원은 연간 1만 5,000여 명의 유아들이 방문하여 숲체험을 하였다. 특히 온종일 숲에서 신나게 노는 '포이랑 숲에서 놀자'라는 종일형 프로그램을 통해 숲에서 스스로 놀이를 찾아서 놀며 행복을 성장시키고 있다.

2019년에는 유아, 어린이를 대상으로 수준별 맞춤형 숲체험 기회를 더 많이 제공할 수 있도록 세종시 연기면에 전월산유아숲체험원과 대전시 유성구 성북동에 국립대전숲체원에도 유아숲체험원을 개장하여 도심의 아이들이 숲을 접할 수 있는 기회를 더욱 확대할 예정이다.

숲에서 아이들은 스스로 놀이를 만들어간다. 숲속 정기를 받으며 호연지기(浩然之氣)를 키울 수 있는 유아숲체험원이 갈수록 확대되어 많은 아이들이 숲을 누릴 수 있기를 기대한다.

– 대전일보

삶의 쉼표, 숲

희망찬 2019년 기해(己亥)년 새해가 시작되었다. 새해 인사는 모두 건강하고 행복하게 지내길 기원한다. 하지만 매일 매일 바쁘게 돌아가는 일상 때문에 우리의 삶은 늘 지쳐있다. 이제 우리의 삶에도 쉼표가 필요하다.

그동안 우리 사회는 '더 빨리, 더 많이' 일하는 문화가 우리에게 물질적 풍요를 가져다주었다. 하지만 우리 삶의 지표는 그렇지 못하다. 2017년 기준 OECD 31개국 중 삶의 만족도는 최하위, 자살률은 1위를 기록하는 등 '일 중심'사회에서 지쳐버린 우리들은 점차 삶의 질을 높이는데 더 많은 관심을 갖기 시작했다. 또한, 주 52시간 근무제 도입으로 일과 삶의 균형(Work-life balance, 워라밸)을 지향함에 따라 건강한 여가문화를 즐기기 위해 많은 국민들이 숲을 찾고 있다.

산림청 통계에 따르면 2017년 숲을 찾은 국민이 연간 2천만 명을 돌파하였다. 왜 사람들은 숲을 찾는 것일까? 숲속에서의 활동은 성별이나 직이 되고, 굳이 힘들게 주말마다 도시를 빠져나가지 않고도 숲에 온 듯한 휴양 효과를 누릴 수 있게 될 것이다. 도시숲은 심리적 안정감과 스트레스 저항력, 건강지수를 높이는 것은 물론 많은 환경적 편익을 창출한다. 도시숲을 통해 도시 열섬현상이 줄어들고 대기오염 완화, 방음 및 정서 함양뿐만 아니라 동식물의 서식 공간까지 마련되기 때문이다. 또한, 도시숲은 여름 한낮의 평균 기온을 3~7도 낮추고 평균 습도는 9~23% 높혀 주어 쾌적한 생활환경을 유지시킨다.

도시에서 흔히 보는 양버즘나무(플라타너스)는 하루 평균 가정용 에어컨 8대를 5시간 가동하는 것과 같은 효과를 나타낸다.

또한 녹색의 숲을 15분 정도 바라보는 것만으로도 스트레스 호르몬인 코티솔(cortisol) 농도는 15.8%, 혈압은 2.1% 정도 낮아진다고 한다. 그래서 세계보건기구(WHO)는 1인당 생활권 도시숲 면적을 9㎡로 권고하고 있다. 하지만, 아직도 우리나라의 1인당 도시숲 면적은 7.9㎡에 불과하다. 특히 서울은 4㎡로 파리 13㎡, 뉴욕 23㎡, 런던 27㎡와 큰 차이를 보인다. WHO가 1인당 도시숲 면적 기준을 정한 이유는 최소한의 녹지가 국민복지, 즉 산림복지와 직결돼 있다고 판단해서이다. 도시숲의 가장 큰 장점은 누구든 언제나 생활권에서 쉽게 숲을 찾을 수 있다는 것이다. 일반인뿐만 아니라 숲을 자주 찾기 어려운 노약자들도 도시숲에서 숲 체험을 비롯한 산림교육, 숲 태교, 숲길 걷기, 산림 치유와 같은 맞춤형 산림복지 서비스를 누릴 수 있을 것이다. 또한, 어린이를 위한 숲 유치원, 청소년 자연학습, 인성교육 장소인 학교 숲, 사회복지시설의 '녹색 나눔 숲', 자투리 시간을 보낼 수 있는 골목 '쌈지 숲', 산림욕장, 산림공원, 숲길 등 모두가 도시민들에겐 심신 단련에 좋은 산림복지 서비스 공간이 될 것이다. 국립산림과학원은 도시숲을 효율적으로 조성하고 활용업에 관계없이 사람들에게 심리적, 생리적으로 긍정적인 역할을 한다. 인체의 면역력을 높여주고, 정신적 긴장 완화와 스트레스 해소에 도움을 준다. 최근 국립산림과학원의 연구결과에 따르면 숲은 사람들의 정신 건강뿐만 아니라 자라나는 학생들에게 지적 능력, 공감인지 능력 향상에 긍정적 도움을 준다.

그러나 삶의 질 개선을 위해 누구보다 최우선적으로 혜택을 누려야 할 취약계층은 경제적·신체적인 이유로 인해 숲이 주는 다양한 혜택을 누리기 어려운 실정이다. 이에 한국산림복지진흥원에서는 복권기금 녹색자금을 활용해 경제적·신체적 어려움으로 숲이 주는 혜택을 누리기 힘든 취약계층을 대상으로 숲체험 교육사업인 '나눔의 숲 캠프'를 운영하고 있다. 또한 산림복지시설과 전문가의 지도를 통해 양질의 숲 체험과 교육 기회를 제공하고 있다.

'나눔의 숲 캠프'는 국립산림치유원을 비롯해 국립숲체원 4곳, 국립치유의숲 3곳, 유아숲체험원 1곳 등 전국 8곳에서 운영하고 있으며, 더 많은 숲체험 교육 기회를 제공하기 위해 올 해에는 하반기 개장을 목표로 추진하고 있는 대전 숲체원을 비롯하여 춘천, 나주 등 국립숲체원 3곳을 조성하고 있으며, 예산, 곡성, 제천, 김천 등 국립치유의숲 4곳을 2019년 중에 일반인들이 이용할 수 있도록 개원할 예정이다.

이 같은 숲 체험 교육사업은 지난 2016년부터 2018년까지 사회취약계층 18만여 명을 대상으로 진행했으며, 올해도 사회적 불평등 격차를 해소하기 위해 10만여 명의 취약계층에게 숲 체험 기회를 제공할 것이다. 이를 통해 청소년들의 정서순화와 건강증진, 사회문제 해소에 다소나마 기여할 수 있을 것으로 기대하고 있다.

새해에는 숲이 우리의 일상 속으로 한걸음 더 다가가 국민 누구나 삶의 쉼표를 숲에서 찾고, 숲으로 건강하고 행복하고 풍요로운 삶을 누릴 수 있게 되기를 소망해본다.

- 대전일보

도시숲에서도 산림복지 혜택을 누려야

　도시를 벗어나지 않고도 쾌적한 환경에서 이 무더운 여름을 보낼 수 있는 방법은 없을까. 유례 없이 길었던 장마가 끝나면서 본격적인 무더위와 함께 여름 휴가철이 시작되었다. 매년 이맘때쯤이면 수많은 도시민이 더위를 피해 산과 바다로 향한다. 올해 국민을 대상으로 여름철 휴가 계획에 대한 설문조사를 실시한 결과, 62.7%가 '여름휴가를 다녀왔거나 다녀올 예정'이라고 답했다. 하지만 '여행계획이 없다'는 응답자 또한 37.3%에 달했는데, 그 이유 중 1위는 '여가 및 마음의 여유가 없어서'였다. 이 조사에서 보듯 많은 도시민이 재충전의 시간을 갖지 못한 채 무더운 여름을 나고 있다. 도시에서 자연을 체험하고 편히 쉴 수 있는 공간, 즉 도시숲이 그 해답이 될 수 있다. 도시숲이 잘 조성되면 청주의 플라타너스 길, 담양의 메타세쿼이아 길, 광릉 숲이나 울진의 소광리 숲과 같은 자연풍경을 서울과 같은 대도시에서도 즐길 수 있을 것이다. 우리 생활 주변에서도 유럽의 여느 도시 부럽지 않게 다람쥐가 뛰노는 모습이 일상하고자 다양한 연구를 진행해 왔다. 그중 도시숲에서의 산림치유 활동은 NK(Natural Killer)세포 및 항산화효소 분비 활성화를 이끌어 인체의 면역력을 향상시킴으로써 고령화 사회에 진입한 우리에게 더욱 중요해졌다. 이처럼 도시숲을 통해 산림복지 서비스를 확대한다면, 국가 의료비 지출을 줄이고 새로운 일자리 창출에도 기여할 수 있다. 말 그대로 도시숲이 국민행복을 위한 '일터, 쉼터 그리고 삶터'가 되는 것이다. 이처럼 다양한 혜택을 제공하는 도시숲의 기능이 제대로 발휘되려면 생태적인 숲 조성과 함께 관리에도 관심을 기울여야 한다. 특히, 좁은 면적의 녹지도 소홀히 여기지 않고 각종 새와 곤충이 같이 서식할 수 있는 공간(비오톱;biotop)으로 만드는 것이 중요하다. 동식물이 공존하는 숲다운 숲을 만들어 간다면 우리가 바라는 '숲속의 도시, 도시 속의 숲'은 결코 먼 얘기가 아닐 것이다. 생활 속에서 자연을 배우며 사색하는 공간, 모든 국민이 어울려 가볍게 산책하거나 쉴 수 있는 공간이 절실히 필요하다. 집 앞길에서부터 도시 외곽 산림까지 걷기가 가능한 도시숲이 만들어진다면 진정한 산림복지 실현의 첫걸음이 아닐까 생각해 본다.

- 서울신문

'숲세권' 아파트가 더 가치 있는 도시

5월 중순부터 한여름 같은 무더위가 시작되었다. 서울·경기지역에는 '폭염주의보'도 발령되었다. 5월에 폭염주의보가 발령되기는 이번이 처음이다. 폭염주의보는 하루 최고 기온이 33℃ 이상인 상태가 2일 이상 계속될 것으로 예상될 때 발령되는데 지난 5월에 벌써 5일 이상 계속되었다. 이 또한 처음이라고 한다. 국민안전처에서도 지난해보다 빨리 폭염 대응대책을 발표하였다. 한반도 뿐만 아니다. 지구 전체가 더워져 7개월째 이상고온으로 비상이다. 최악의 엘리뇨와 지구온난화의 영향으로 고온 현상이 지속되면서 가뭄 또한 심해져 농작물 생산 감소와 캐나다, 미국에서 발생한 최악의 산불도 이상고온이 원인이라고 한다.

무더위를 어떻게 하면 시원하게 보낼 수 있을까? 매년 이맘때쯤 되면 많은 시민들이 무더위를 피해 도시를 떠나게 된다. 하지만 시간에 쫓겨 혹은 마음의 여유가 없어서 도시를 떠나지 못한 채 무더운 여름을 도시에서 보내야 하는 시민들도 많다. 이들에게도 도시에서 자연을 체험하고 편히 쉴 수 있는 공간이 필요하다. 이것이 바로 도시숲이다. 도시숲이 잘 조성되면 경기도 포천의 광릉 전나무 숲, 경북 울진 소광리의 금강소나무 숲, 전남 장성의 편백나무 숲, 인제 원대리 자작나무숲과 같은 자연풍경을 서울과 같은 대도시에서도 즐길 수 있을 것이다.

도시숲은 심리적 안정감과 스트레스 저항력, 건강지수를 높이는 것은 물론 많은 환경적 편익을 우리에게 준다. 도시숲을 통해 도시의 열섬현상이 줄어들고 미세먼지를 흡수하여 대기오염을 완화하며, 방음 및 정서 함양뿐만 아니라 동식물의 서식 공간까지 마련되기 때문이다. 또한 도시숲은 여름 한 낮의 평균 기온을 3~7℃ 낮추고 평균 습도는 9~23% 높인다. 녹색의 숲을 15분 정도 바라보는 것만으로도 스트레스 호르몬인 코티솔(Cortisol) 농도는 15.8%, 혈압은 2.1% 낮아진다고 한다. 그래서 세계보건기구(WHO)에서는 1인당 도시숲의 면적을 최소한 9㎡이상을 확보하라고 권장하고 있다. 하지만 우리나라 1인당 생활권의 도시숲 면적은 8.3㎡ 정도이고, 특히 8개 특·광역시는 7.1㎡에 불과하다. 아직도 WHO의 권고 수준에도 못 미치는 실정이다. 이는 도시민 대부분이 일상생활에서는 숲 생태계를 접하지 못하고 있으며, 생활권 내에 필요한 녹지의 최소 면적도 충족되지 않고 있다는 것을 나타낸다.

우리나라의 도시화율은 2013년 기준 92%를 넘어섰다. 전체 인구의 대부분이 도시에 살고 있다는 것이다. 게다가 2000년에는 65세 이상 인구 비율이 7%인 고령화 사회가 됐다. 2026년에는 65세 이상 인구가 20% 이상인 초고령화 사회로 진입할 것으로 전망되고 있다. 도시 생활의 스트레스를 해소하기 위해 숲속에서 몸과 마음을 치유할 필요성이 커지는 것과 함께 멀리 있는 숲으로의 이동이 부담되는 것이다.

결국 우리에게 필요한 것은 가까운 생활권에서 건강을 증진하고 삶의 질을 높이는 '녹색의 복지'다. 먼 곳이 아닌 내가 사는 아파트나 집 근처에서 숲길을 산책하고, 우리 아이들은 숲 유치원을 다니며 고령자와 취약계층을 포함한 모든 이가 부담 없이 산림치유를 받을 수 있어야 한다. 이를 위해서는 우선 도시 생활권에서도 사람들이 숲속에서 무리 없이 활동할 수 있는 공간이 필요하다. 현재까지 전국에 조성된 도시숲은 3,010개소에 4,279ha에 달하지만 평균 면적은 1.4ha에 불과하고 숲의 생태적 건강성도 미흡한 실정이다. 지금보다 녹색의 복지를 더 누릴 수 있도록 도시숲의 규모를 넓히고, 숲의 건강성도 높이며, 도시 외곽 숲과도 연결성을 강화해야 한다. 이제는 도시의 아파트 단지도 '역세권'이 아닌 '숲세권'이 훨씬 더 가치 있는 시대이기 때문이다.

산림청에서도 정책적으로 '숲속의 도시, 도시 속의 숲'을 실천하고 있다. 이러한 녹색 삶의 모습은 국민에게 쾌적한 환경뿐만 아니라 정신적 풍요로움을 가져다 줄 것이다. 현재 우리의 최고 국정 목표인 '국민행복'을 달성하기 위해서도 도시숲의 확충과 지속가능한 이용에 더욱 힘써야 할 때다. 다행히 최근에는 숲을 활용해서 국민복리를 증진시키기 위한 움직임이 활발하다. 2000년대 후반부터 '산림치유'와 '산림교육' 등의 서비스가 활성화되기 시작했고, 2013년에는 '산림복지로 국민행복 시대 실현'을 비전으로 하는 '산림복지종합계획'이 발표됐다. 과거 국민의 노력으로 황폐했던 산림을 녹화했고, 이제는 녹화된 산림을 다시 국민복리 증진에 활용하는 셈이다.

– 서울신문

폭염피해를 줄이려면 도시숲을 늘려야

올해는 예년보다 이른 더위가 찾아오면서 숲을 찾는 사람들이 더 많아졌다. 에어컨 바람에 익숙해졌다고는 하지만, 나무 그늘에 앉아 시원한 자연 바람을 맞고 있노라면 신선이 따로 없다는 기분이 들기도 한다. 하지만 시간을 따로 내야 숲을 찾을 수 있는 도시민들은 여름이 벌써부터 두렵기만 하다. 중국에서는 지난달 폭염으로 인한 사망자가 발생했고, 우리나라도 올 여름 기온이 평년보다 더 높을 것으로 예상됨에 따라 6~8월에 다가올 폭염에 단단히 대비해야할 필요가 있다.

폭염은 농촌보다 도시에서 더 두드러지게 나타난다. 심지어 도시민의 건강과 생명을 위협하기도 한다. 국립기상연구소 조사결과에 따르면, 최근 100년 동안 발생한 기상재해 중 '폭염'이 가장 많은 사상자를 발생시켰으며, 특히 1994년에는 폭염으로 인한 사망자 수가 3,400여명에 달했다.

고려대 조용성 교수팀은 폭염으로 인한 취약계층의 사망률 변화 연구에서 "1인당 녹지면적은 폭염으로 인한 사망률을 낮추는데 병·의원수

보다 효과적이다"라는 결과를 발표했다. 이 연구에 따르면 우리나라에서 최고온도와 열지수가 높은 지역은 대구이지만, 1인당 의료비용은 서울·광주·대전·부산 등이 더 높았다. 대구는 최고기온과 열지수가 높은 반면, 도시공원 면적이 서울과 대전보다 넓고 여가복지시설도 서울보다 많았기 때문인 것으로 분석됐다.

무더위로부터 도시민의 건강과 생명을 지킬 수 있는 방법 중의 하나가 '도시숲'이다. 도시숲은 도시민에게 직, 간접적인 영향을 미치는 모든 숲과 공원녹지로, 길거리의 가로수도 포함된다. 나무는 뿌리에서 물을 끌어 올려 잎에서 내뿜는다. 물은 주변에서 에너지를 끌어 들여 기체가 되어 '증산작용'을 통해서 공기 중으로 방출된다. 이 과정에서 나뭇잎과 나무 주변의 기온은 상대적으로 낮아진다. 또한 나뭇잎은 시원한 그늘을 만들어 사람에게 내리쬐는 직사광선을 피하게 함으로써 '그늘효과'를 발휘하여 체감온도를 낮춰준다.

최근 국립산림과학원에서는 6~9월까지 대구에서 나지(裸地), 가로수, 도시숲을 대상으로 기온 저감효과를 실험했다. 이 결과에 따르면, 가로수의 기온 저감효과는 1℃ 이하였지만, 도시숲에서는 최대 4℃까지 낮게 나타났다. 특히 35℃가 넘는 열대야가 있는 날에도 도시숲은 최대 4℃ 정도까지 기온을 낮춰 주었다.

도로 양 옆과 도로 중앙의 나무들은 자동차 소음의 약 75%를 막아준다. 가슴속이 답답해지는 도심에서 느티나무 한그루가 1년간 만들어내는 산소는 성인 7명이 연간 필요로 하는 산소량에 해당할 정도다. 숲을 걸으면 피로도 풀리고 몸도 거뜬해진다. 이것은 알파피텐(α-pinene)이라는 물질이 집중력을 높여 운동량을 증가시켜 주기 때문이다. 도시숲의 아름다운 휴식공간은 스트레스는 물론 보는 것만으로도 심리적 안정

도시숲 효과

1. **기후 완화** : 여름 한낮 평균기온 3~7℃ 완화, 습도 9~23% 상승
2. **소음 감소** : 도로변에 침엽수림을 조성할 경우 자동차 소음 75% 감소
3. **대기 정화** : 나무 1그루는 연간 이산화탄소 2.5 톤을 흡수하고,
   산소 1.8 톤을 배출
4. **미세 먼지** : 나무 1그루는 연간 미세먼지 35.7g 흡수,
   도시숲 1ha는 168kg 오염물질 제거
5. **휴식 공간** : 휴식 공간, 심리적인 안정, 정서 함양

감을 준다.

현재 도시숲의 면적은 우리나라 전체 산림면적 637만 ha의 17%(108만 ha)를 차지한다. 그러나 정작 생활 속에서 휴식과 산책을 즐기거나 기후조절 같은 직접적인 환경기능 개선에 기여할 수 있는 생활권 도시숲은 3.3%(3만 6천ha)에 불과하다. 우리나라 국민 1인당 생활권 도시숲 면적은 평균 8.0m²이며, 서울 4.0, 대구 5.7, 광주 8.8, 로 상해 18.1, 파리 11.5 보다도 작다.

또한 1975년부터 2006년까지의 서울시 녹지연결성을 분석한 결과 북한산, 관악산, 남산 등 대규모 숲은 남아 있지만 소규모 숲은 줄어들어, 녹지 연결성은 점차 낮아지고 회색 도시가 커졌다. 녹화 사업으로 서울 외곽의 대규모 숲은 비교적 울창해졌으나, 생활권 주변의 소규모 숲은 크게 감소했음을 의미한다.

도시 속의 무더위를 식히기 위해서는 더 많은 도시숲이 필요하다. 산림청은 대규모 숲도 중요하지만 녹색쌈지숲, 학교숲, 마을숲 등을 시민과 함께 조성하고, 골목마다 화단을 만들거나 꽃나무를 심는 도시녹화운동을 추진하고 있다. 사막의 오아시스와 같이 무더위 속 도시의 오아시스

역할을 해 줄 수 있는 것이 바로 도시숲이기 때문이다.

건강보험심사평가원 자료에 따르면 최근 6년간 평균 폭염 환자 수는 13,787명으로 매년 평균 1,151명씩 증가했다. 특히 최근 폭염 사망자 64% 이상이 65세 이상 노인이라는 점을 감안할 때, 고령화 사회에 접어든 우리나라의 폭염 문제는 더욱 주목된다. 또한 무더위를 피할 수 있는 냉방 장치나 샤워 시설을 제대로 갖추지 못한 경제적 취약계층도 폭염으로 인한 피해를 입을 가능성이 높다. 도시숲이 더욱 간절해질 수밖에 없는 상황이다.

폭염으로 인한 피해는 충분히 예방할 수 있는 자연재해이다. 우리는 무더위 속의 오아시스인 도시숲을 잘 가꾸어서 폭염에 취약한 노년층과 어린이, 그리고 경제적 취약계층에게 그 혜택이 돌아가도록 해야 한다. 폭염을 안고 사는 회색 도시에서 초록 도시숲은 시민에게 건강한 그늘막이 되어줄 것이다.

- 서울신문

미세먼지 푸른 신호, 나눔숲

2019년 4월 5일 식목일은 24절기 중 다섯 번째인 청명(淸明)과 같은 날이다. 이때부터 날이 풀리기 시작해 하늘이 차츰 맑아진다. 예로부터 '청명에는 부지깽이를 꽂아도 싹이 난다'는 속담이 있을 정도로 생명력이 충만하여 농가에서는 이 무렵부터 논밭의 흙을 고르는 가래질을 시작하며 농사를 준비하였다.

그러나 최근 청명이라는 말이 무색할 만큼, 미세먼지의 기승으로 인해 일상생활에 불편을 겪고 건강에도 커다란 위협이 되고 있다. 미세먼지 문제는 이제 국가가 지켜내야 할 난제로 급부상하였고, 정부에서는 미세먼지 저감 특별법까지 제정하여 차량 2부제, 대규모 미세먼지 배출 사업장 운영 조정, 오래된 경유차의 폐차 권장 등 미세먼지 비상저감 조치를 취하고 있는 실정이다.

산림청 자료에 따르면 나무 한 그루는 연간 미세먼지 35.7g를 흡수하고, 경유차 1대의 연간 미세먼지 해결에는 약 47그루 나무가 필요하다고 한다. 이에 산림복지진흥원에서는 환경 개선을 위한 다양한 사회공익사업을 실행하고 있는데 그 중 하나는 미세먼지 관리 사각지대인 노인요양시설, 어린이집 등 사회복지시설을 대상으로 한 '복지시설 나눔숲'을 조성하고 있다.

이 사업은 복권기금 녹색자금을 활용하여 비영리 사회복지시설 내에 숲을 조성하는 사업이다. 미세먼지에 민감한 영유아의 면역력 증진에 기여하고 더불어 이동이 불편한 노인·장애인 등 보행약자와 시설 이용객이 쉴 수 있는 녹지공간을 제공하는 것이다. 특히 지난 10년간 전국 사회복지시설과 생활권 녹지취약지역 944곳을 조성해 소외계층의 가장 가까운 삶의 터전에 뿌리를 내렸으며, 2019년 올해도 총 40억 원 규모로, 전국 39곳의 사회복지시설에 나눔숲을 조성 중이다.

이처럼 사회복지시설 내에 숲을 조성하는 것은 장기적이고 친환경적으로 미세먼지를 줄이는 방법일 뿐만이 아니라 숲을 이용하는 주민과 시설이용객들에게 정서안정과 생태감수성, 체력증진의 효과가 있어 전국의사회복지시설로부터 큰 관심을 얻고 있다.

독일의 문학가이자 자연과학자 괴테는 자연의 중요성을 강조하며 '자연과 가까울수록 병은 멀어지고, 자연과 멀수록 병은 가까워진다'라는 말을 남겼다. 오늘날 우리는 대기환경에 대한 심각성을 체감하고 있고, 이제 내 가족과 자녀, 그리고 미래세대의 건강을 위하여 미세먼지 줄이는 나무 한그루 심고 가꾸는 일은 가장 중요한 사회적 가치임을 깨닫게 되었다. 이제는 산림을 국민의 복지자원으로 활용하는 것이 새로운 사회적흐름이 되었다. 이러한 측면에서 복지시설 나눔숲 조성사업은 우리네 일상의 청명(淸明)과 건강의 청신호를 되찾아줄 것이다.

- 대전일보

산림테라피, 치유의 숲

숲은 다수의 생물체로 구성된 '생명'의 집합체이며 균형 잡힌 생태계이다. 식물의 잎, 줄기나 뿌리에서는 '테르펜(Terpene)'으로 구성된 피톤치드(Phytoncide, 식물이 내뿜는 항균 물질)가 생성되고, 계곡의 물가나 폭포 등 물 분자가 격렬하게 운동하는 곳에서는 음이온이 발생한다. 이러한 숲속에 들어가게 되면 인간은 자연치유능력인 면역기능이 활발해진다. 스트레스가 해소되고 건강해진다. 건강은 단지 질병에 걸리지 않거나 허약하지 않은 상태뿐만 아니라, 정신적, 육체적, 사회적으로 온전히 행복한 상태를 말한다.

현대인들은 건강에 대한 관심이 높아지면서 숲의 활용에 대한 관심이 높아지고 있다. 갈수록 만성 환경성질환이 급증하면서 산림치유에 대한 수요도 크게 증가되고 있다. 아토피, 비만, 알코올 중독, 주의력결핍 · 과잉행동장애(ADHD), 인터넷 중독, 우울증 등의 치료에 숲의 효과를 검증받았다. 이외에도 가정폭력 피해자, 성폭력피해자, 암환자 등 정신적인 고통을 받고 있는 사람들, 교통사고 재활 환자들도 숲 치유로 도움을 받고 있다.

산림치유가 가능한 이유는 피톤치드와 음이온, 자연경관, 소리 등 다양한 환경요소 때문이다. 숲의 영상으로부터의 위안효과, 감촉효과, 진정효과, 상쾌효과, 먹을거리효과 등 오감을 자극해 건강을 증진시킨다. 치유의 숲은 건강을 증진시키기 위해 산림의 다양한 요소를 활용할 수 있도록 조성한 숲으로서, 기존의 산림욕장이나 자연휴양림과 구별된다. 산을 오르기도 하고, 숲에서 명상을 하거나 나무를 보고 만지는 것 또는 치유목적에 맞는 여러 활동을 하는 것으로 등산과도 차이가 있다.

2009년 한국갤럽조사에 의하면 일반국민의 82%, 질환환자 79%가 산림치유 효과를 인정하고 있으며, 질환자중 77%는 장기체류를 위한 산림치유시설 설치를 요구하고 있는 것을 나타났다.

숲치유에 대한 외국 사례에 대해 살펴보면, 독일의 경우 1800년대 중반부터 숲과 온천을 중심으로 자연치유가 활성화되고 지금은 산림치유가 의료보험과 연계하여 운영되고 있다. 일본의 경우 삼림욕의 생리적 효과를 과학적으로 규명하기 위해 2004년부터 국가프로젝트를 시작했다. 삼림세라피 기지가 42개소 있으며, 지역경제 활성화를 위해 치유의 숲을 중심으로 한 병원, 숙박시설 등의 클러스터를 구축하여 운영하고 있다.

우리나라는 전국적으로 국유림에 치유의 숲*이 3개소가 조성되어 있다. 경기 양평 산음휴양림, 강원도 횡성 숲체원, 전남 장성 축령산 편백 숲이 그것이다. 양평과 장성의 치유의 숲은 이미 개장하여 운영중에 있고, 북부지방산림청에서 조성한 횡성 치유의 숲은 2012년 6월말 개장을 했다.

---

* 치유의숲 운영현황(2021년 기준) : 총 38개소(국립 10, 공립 26, 사립 2)

횡성 치유의 숲은 포레스트힐링(Forest Healing)센터를 중심으로 숲체원내 치유의 숲과 연계하여 운영할 계획이다. 또한 산림치유 활동을 식물, 물, 운동, 기후, 정신 및 식이요법 등 6개 영역으로 구분해 다양한 프로그램을 개발하고 숲의 치유효과에 대한 임상결과를 지속적으로 축적해 나갈 계획이다.

또한 북부지방산림청은 2011년부터 치유의 숲 등 국유림내 휴양문화자원을 고부가가치 의료관광사업과 원활하게 연계하기 위해 강원 영서지역 6개 관계기관과 웰니스 의료관광도 공동추진하고 있다.

이제 국민 누구나 저렴한 양질의 산림복지서비스를 누릴 권리가 있다. 숲을 응용해 건강과 행복을 찾기 위한 산림치유인프라가 확대되면, 지역경제 활성화에도 큰 도움이 될 것이다.

– 강원도민일보

여행과 휴식은 '숲캉스'

봄이 지나 어느덧 초록의 옷을 갈아입은 숲을 보니 벌써 여름이 오는 듯한 느낌이다. 무엇보다 계절의 변화는 숲을 통해 가장 잘 느낄 수 있다. 숲을 바라보는 것만으로도 인간은 심리적으로 편안함을 느껴 일상생활 속에서 만족스런 삶을 살 수 있다. 이것은 미국 사회생물학자인 에드워드 오즈본 윌슨(Edward Osborne Wilson, 1929~2021)의 바이오필리아(Biophilia) 가설과 일치한다. 이 가설은 태초부터 인간이 자연과 함께 살아왔기 때문에 DNA 속에는 자연과 함께 할 때 심리적으로 편안함을 느끼고, 자연에 대한 애착과 회귀 본능이 내재되어 있다는 것이다.

5월은 여행하기 가장 좋은 계절이다. 이 계절에 우리 인간에게 많은 혜택을 주는 숲에서 여행 하면 어떨까? 한국산림복지진흥원은 정부 100대 국정과제인 관광복지와 관광산업 활성화를 위해 지난해 기존의 관광이나 일반적인 여행과는 달리 자연과 밀착하여 바쁜 일상에서 벗어나 휴식을 취할 수 있는 산림관광 상품을 개발하고 있다.

산림관광은 산림복지시설을 거점으로 자연과 지역명소 등 관광자원을 연결해 그 지역의 문화와 매력, 역사와 삶의 향기를 살린 산림복지서비스 중 하나이다. 그래서 국민들에게 여가활동 기회를 제공함과 동시에 지역주민 주도의 사업으로 지역경제 활성화와 일자리 창출에도 도움을 준다.

아울러 숲까지 접근하기 어려운 취약점을 보완하여 올해는 코레일관광개발과 산림복지시설 중심으로 주변 관광 명소를 방문하고 체험할 수 있는 코스를 발굴하였다. 특히 각 지역을 대표하는 즐길거리를 함께 구성하여 산림관광 상품의 매력도를 한 단계 높였다.

최근 휴가를 관광명소가 아닌 호텔에서 즐기는 사람들이 늘고 있는데 이를 '호캉스'라고 한다. 호캉스는 호텔(Hotel)과 바캉스(Vacance)의 합성어이다. 이처럼 진정한 휴가를 여행이 아닌 휴식으로 생각하는 사람들이 늘어나고 있다.

이런 가운데 산림관광은 휴식과 함께 산촌지역에서만 느낄 수 있는 특별한 여행으로 아름다운 자연경관, 그 지역의 특산품, 임산물 그리고 다양한 먹을거리를 즐길 수 있다. 올해에는 여행과 휴식을 동시에 할 수 있도록 가족들과 함께 숲에서 건강과 행복을 함께 누리는 산림관광 '숲캉스'를 떠나보는 건 어떨까?　　　　　　　　　　　　　　　　　－ 대전일보

휴가(休暇)의 의미를 한자로 풀어보면 사람(人)이 나무(木) 옆에서 느긋하게 쉬면서 지내는 것을 말한다. 특히 여름휴가는 '더위를 피한다'는 뜻의 피서(避暑)란 용어로도 사용된다. 한자말에서도 볼 수 있듯이 사람은 모름지기 나무 옆에서 쉬는 것이 가장 편안한 모양인가 보다. 올해는 나무그늘 아래에서 온 가족이 지친 심신을 달래면서 치유를 할 수 있도록 산림복지시설로 떠나보자　　　　　　　　　　　　　　　　－ 충청투데이

사람이 숲을 가꾸지만, 숲은 사람을 키운다

최근 사회적 화두의 하나는 '학교폭력 근절'이다. 대구 중학생 자살사건을 계기로 지난 2010년 2월 6일에는 정부가 '학교폭력 근절 종합대책'을 발표했다. 학교폭력에 대한 교사의 권한과 역할, 책임을 강화하고 학교폭력 피해학생을 실질적으로 보호하며 가해학생은 엄중히 처벌한다는 내용이 골자이다. 더불어 학생들의 인성 및 체육·예술 교육을 활성화하고 폭력적 게임에 학생들이 중독되지 않도록 제도를 개선하기로 했다.

교육에 대한 열의가 그 어느 때보다 높은데도 불구하고, 학교폭력이 근절되지 않은 원인은 무엇일까? 아마도 생명에 대한 존중과 사랑을 배우고 몸에 익히지 못했기 때문일 것이다. 급속한 첨단정보사회에서 사실상 우리아이들은 게임, 컴퓨터 등 매스미디어에 유괴되었다. 어릴 때부터 자연으로부터 마음의 평화를 얻지 못했고, 생명사랑을 익히지 못한 것이다.

어려서부터 숲은 마음의 평화와 안정을 가져다주고 생명에 대한 소중함을 일깨워준다. 몸과 마음을 치유해주는 자연을 자주 접할 수 있도록 하는 것은 우리아이들의 미래를 위해 기성세대가 반드시 실천해야 하는 과제다. 또한 인성과 창의성의 중요성이 커지면서 숲을 활용한 산림교육의 필요성이 더욱 커지고 있다

숲에서 맘껏 뛰노는 아이들은 몸과 마음과 생각이 유연해진다. 보고, 만지고, 듣고, 느끼면서 발달된 오감은 자기감정을 조절하는 능력을 키우는데 도움이 된다. 스스로 판단하고 결정하면서 성취감과 자립심이 생긴다. 숲에 대한 다양한 체험으로 삶의 지혜를 배우게 된다. 아이들의 왕성한 활동은 건강한 육체와 강한 정신력, 창의력을 키워준다. 숲은 아이들에게 최고의 교육현장이고 스승이다.

독일, 일본, 미국 등 주요 선진국은 유아부터 성인에 이르기까지 소중한 산림을 올바르게 인식하고 제대로 활용할 수 있게 하는 산림교육이 활성화 되어 있다.

일찍이 숲교육을 실시해온 독일은 숲유치원을 정식 유치원으로 인정해 1,000여개가 운영 중이고, 일본은 산림교육을 임업교육과 환경교육으로 구분해 시행한지 오래다.

세계가 인정하는 녹화 성공국인 우리나라의 산림교육의 현실이 어떤지 생각해 볼 때다. 세계적 수준에 있는 우리산림의 가치를 제대로 알고 관심을 가지는 국민은 그리 많지 않은 편이다.

2012년부터 주5일 수업제가 시작되었고, 2011년 제정된 「산림교육의 활성화에관한 법률」이 7월부터 시행되는 등 본격적인 산림교육이 제도권에서 진행될 수 있는 사회적 여건이 조성되었다. 산림청에서도 주5일 수업제를 대비하여 1교1숲, 방과 후 숲 교실, 토요숲교실, 주말산림학교, 유아숲체험원 등 산림교육 확대를 올해부터 현장에서 차근차근 실행해 나

가고 있다.

'세살버릇 여든까지 간다'는 말이 있듯 어려서 숲을 통해 체험한 생명사랑에 대한 기억은 평생의 가치관으로 정착할 확률이 높다. 사람이 숲은 가꾸지만 숲은 사람을 키운다. 결국 인성도 자연이 키우는 것이다.

지금 학교폭력이 문제라고 당장의 제제와 지도가 필요하겠지만, 보다 근본적이고 지속적인 치유가 필요하다. 어려서부터 숲을 통해 가르치고 뛰놀게 함으로써 생명사랑을 키우는 것은 교육백년지계의 한걸음이다. 학교폭력에 대한 차유의 일환으로 산림교육에 대한 활성화를 기대한다.

- 강원도민일보

산림치유, 숲길 따라 건강 따라

"지금 당신은 건강하십니까?" "행복하십니까?"

복지가 우리사회의 큰 이슈가 된 지 오래다. 건강과 행복은 복지를 말할 때 항상 언급되는 단어다. 숲에서는 웬지 마음이 편안해진다. 행복호르몬인 '세르토닌(serotonin)'과 건강을 지켜주는 '피톤치드(phytoncide)'가 숲에서 활성화 되기 때문이다.

우리나라는 이혼율과 자살률이 경제협력개발기구(OECD) 국가들 가운데 가장 높은 수준이다. 게다가 '학교폭력'은 이미 심각한 사회문제가 되었다. 인터넷에 자살 충동사이트까지 있다는 것이 현실이다. 이러한 여건속에서 지속가능한 사회를 위한 산림의 역할이 증대되고 있다.

산림환경은 각종 질병의 원인인 스트레스 해소를 통한 심리적 안정에 효과적이라는 연구사례들이 계속 소개되고 있다. 도시환경보다 산림 등 자연환경에서 혈압, 심박동율, 근육의 긴장 등이 저하되고 면역체계가 강화된다는 것이다. 숲이 주는 여러 가지 휴양기능은 이제 사회적으로 큰 역할을 요구받고 있다.

산림을 국민건강 증진 목적으로 활용해야 한다는 필요성 및 국민수요가 계속 증가되고 있다. 2009년 한국갤럽에서 산림치유에 대한 인식조사 결과, 일반국민의 90.7%는 산림치유에 대한 수요가 많아질 것으로 전망하고 있다.

산림치유(Forest Therapy)는 향기, 경관 등 자연의 다양한 요소를 활용하여 인체의 면역력을 높이고 스스로 건강을 증진시키는 활동이다. 휴식기능보다는 치유기능이 강조된다는 점에서 산림휴양과 차이가 있고 삼림욕보다 한단계 발전된 개념이다. 산림치유에 대한 국내외 동향은 살펴보면 독일은 이미 1800년 중반부터 숲과 온천을 중심으로 자연치유 활동이 활성화되었다. 현재 자연치유요법에 대해 건강보험 등이 적용되고 있다.

일본은 삼림세라피를 국가 프로젝트로 추진하여 산림의학으로 발전방안을 모색하고 있다. 또한 지자체, 민간단체가 중심이 되어 삼림세라피 인증제도 운영 등을 통해 지역경제를 활성화하고 인구 유입을 촉진시키고 있다.

우리나라는 산림이 지닌 치유기능을 활용하여 현재 전국적으로 국유림에 치유의 숲 3개소가 운영되고 있다. 강원도 횡성 청태산, 전남 장성 축령산, 경기도 양평 산음휴양림이다. 2011년까지 치유의 숲 방문자는 151천명이었다. 올해는 강원도 강릉 등 8개소에서 치유의 숲이 신규 조성되고 있다.

북부산림청에서 2011년 개장하여 운영하고 있는 강원도 횡성 청태산 치유의 숲(현재는 국립 횡성숲체원으로 운영)은 포레스트 힐링(Forest Healing)센터를 중심으로 치유숲길과 연계하여 운영하고 있다. 개장 이후 현재까지 천여명이 산림치유프로그램에 참여하였고 올해부터 스트레스 치유 전문 치유의 숲으로 특화시켜 운영할 방침이다. 특히 강원지역 의료관광사업과 원활한 연계를 위하여 강원 영서지역 6개 관계기관과 웰니스 의료관광도 공동 추진하고 있다.

국유림에 조성된 치유의 숲에서 산림치유 프로그램을 운영하고 있으나, 전문화된 산림치유서비스 제공에 대한 요구는 계속 높아지고 있다. 따라서 산림청에서는 전문화된 산림치유서비스를 위해 2011년 산림치유지도사 자격제도를 도입·시행하여 2013년부터 치유의 숲에 배치한다.

산림치유에 대한 관심과 수요가 증가하면서 국민들이 보다 좋은 산림치유 서비스를 이용하도록 하는 정책추진과 치유인프라 확대를 위한 사회 각계각층의 관심과 협력이 필요한 때이다.　　　　– 강원도민일보

숲은 인간에게 아낌없이 베푼다. 옛부터 숲이 갖고 있는 수많은 생명들은 인간의 먹을거리가 되었고, 숲이 키워낸 나무로는 집을 짓고 난방과 취사를 해왔다. 또한 화석연료 사용으로 나타난 지구온난화와 사막화 등 지구의 열을 식히는 탄소흡수원으로서의 그 역할을 다하고 있다. 이런 고마운 숲이 현대 도시인들에게는 휴식과 치유의 공간으로 더욱 사랑받고 있다. 심리적 안정과 정신적 편안함을 제공하는 숲은 가족, 동료들과 여가를 즐기며 삶을 재충전하기에 충분하다.

세상이 나날이 편리해지고 있지만 일상은 나날이 팍팍해지고 있어서 누구의 삶이든 삶의 무게는 결코 만만치 않다. 그래서 현대인들에게 숲은 더욱 중요한 의미를 갖는다.

특히, 자라는 아이들에게 있어서도 숲은 인성을 강화하는 대안으로 떠오르고 있다. 이에 맞물려 산림청에서는 청소년 학교폭력 예방·근절에 기여하고, 산림교육 활성화 차원에서 "숲으로 가자!"라는 운동을 전개하고 있다.

학교폭력이 문제라고 당장의 제제와 지도가 필요하겠지만, 보다 근본적이고 지속적인 치유가 필요하다. 어려서부터 숲을 통해 가르치고 뛰놀게 함으로써 생명사랑을 키우는 것은 교육백년지계의 한걸음이다. 학교폭력에 대한 치유의 일환으로 아이들이 맑고 밝고 깊은 영혼을 되찾을 수 있게 "숲으로 가자" 운동에 대한 국민적 공감대 확산이 필요한 때다.

— 강원도민일보

숲의 정기, 피톤치드의 비밀

9월이 되자 아침 저녁으로 제법 쌀쌀한 가을 바람이 분다. 하지만 지난 여름도 무척이나 더웠다. 며칠씩 계속되는 열대야 때문에 도시민들이 잠 못 이루는 밤이 많았다. 무더위를 피해 숲으로 떠났다. 숲속으로 들어가 니 무척이나 시원했다. 이것은 첫째 무성한 나무 잎이 따가운 햇볕을 막 아주어 숲속의 기온을 낮춰졌기 때문이며, 둘째 숲속의 나무와 풀들이 수분 증산 작용을 통해 열을 빼앗아갔기 때문이다. 그런데 조금 더 숲속 으로 들어가니 시원함과 함께 상쾌함을 느꼈다. 그 이유는 무엇일까? 숲 이 갖고 있는 물소리, 새소리, 아름다운 경관, 음이온 그리고 나무들이 내뿜는 피톤치드 등이 종합적으로 방출되기 때문이다. 그 중 산림치유에 도 가장 효과가 크다고 하는 것이 바로 피톤치드이다.

「피톤치드(phytoncide)」란 한 마디로 말해서 숲에서 나는 향기로서 전문 적으로는 식물체에서 추출된 항균 알렐로 화학적 휘발성 유기 혼합물을 말한다(Antimicrobial allelochemic volatile organic compounds). 이 말은

'식물에 의해 박멸된'이라는 의미를 가지고 있는데, 러시아 생화학자 토킨(Boris P. Tokin) 박사가 1928년에 만들어낸 말이다. 그는 식물들이 썩거나 곤충과 동물에게 먹히지 않도록 자신을 방어하는 활성 물질을 내뿜는다는 사실을 발견했다. 즉 피톤치드는 식물 자신을 공격하는 유기체의 성장을 방해하는 작용을 한다.

피톤치드라는 용어는 식물을 의미하는 「phyto」와 죽인다는 뜻 「cide」의 합성어로서 「식물에 함유되어 있는 물질로서 미생물의 번식이나 생장에 영향을 주는 모든 물질」이라 할 수 있다. 결국 피톤치드는 식물이 발산하는 살균작용을 하는 물질이다. 피톤치드의 효능이 알려지면서 일본에서는 산림욕이라는 이름으로 붐을 일으키게 되었고, 우리나라에는 1980년대 초부터 알려지기 시작하였다.

그러나 숲과 접촉할 기회가 많지 않은 현실에서는 숲의 향기라고 말 하더라도 마음에 와 닿지 않을지도 모른다. 하지만 최근 들어 피톤치드가 더욱 주목 받는 배경에는 그럴만한 이유가 있는 것이다.

인간은 이미 수 천 년 전부터 오리엔트나 중국에서 식물로부터 향료를 얻어 종교의식과 화장품용으로 사용하였다. 고대 바빌로니아에서는 기원전 1500년경 종교행사나 질병 및 악령 퇴치 시 향료를 신전에 바치거나 향로에서 태웠다고 하는 기록이 있다. 또한 기원전 2000년경에 쓰여 진 이집트의 파피루스 책에는 몰약, 육계, 풍자향(galbanum) 등 몇 종의 향료가 언급되어 있으며, 투탕카멘왕의 묘에서는 향을 발하는 식물정유가 담긴 항아리가 발견되기도 하였다. 또 고대 중국에는 이미 기원전 1500~2000년경 하(夏)나라 시대 종교의식에 향료나 향주(香酒)가 사용되었으며 이 무렵의 동식물에 대한 지식을 망라한 『신농본초경』은 향료를 최초로 기록한 고대 중국의 귀중한 자료이다.

이와 같은 역사적 사실을 기초로 하여 향료는 향목(香木)이나 수지(樹脂)를 주체로 하는 분향식 향료(incense)에서 정유의 형태로 사용되기에 이르렀고, 또 향초(香草, 허브)나 꽃 향 등을 원료에 첨가하면서 점차 범위를 넓혀서 오늘날의 화장품 향료(perfume)로 발전한 것이다. 또한 향이나 냄새를 뜻하는 한자어로는 훈(薰), 향(香), 취(臭)가 있는데 이 중 훈과 향은 좋은 냄새, 취는 좋지 않은 냄새를 표현하는 것으로 여겨진다. 미국에서는 odor, 영국에서는 odour로 쓰며 이것은 모든 냄새를 의미하고, aroma, fragrance는 좋은 냄새를, smell은 취의 의미에 가까운 것으로 생각된다. 일반적으로 화장품, 향수, 목욕용품 등에는 fragrance, purfume, 그리고 식품에는 flavor라는 용어를 사용하고 있다.

누구나 숲속에서 산책하거나 명상하며 걸을 때 스트레스가 풀리고 몸과 마음을 안정되고 새로워지는 경험해보았을 것이다. 푸르름과 생명력 넘실대는 숲속으로 들어서면 상쾌한 공기와 풋풋한 내음을 맡을 수 있을 것이다. 이런 효과를 주는 향기의 정체가 바로 피톤치드이다. 산림식물, 주로 수목 자신이 만들어 발산하는 휘발성물질로서 그 주성분은 테르펜(terpene)이라고 하는 유기화합물이다.

피톤치드는 우리들의 몸을 쾌적하게 해주는 데 그치는 것이 아니고 항균, 방충, 소취 등 다양한 기능을 제공한다. 나무향에 지나지 않는다고 무시할 수 없는 것이 피톤치드이다. 숲속이나 나무에는 신비하고 불가사의한 매력이 숨겨져 있다. 이것을 일컬어 숲의 정기(精氣)라 해도 좋을 것이다. 그러므로 피톤치드를 잘 활용하여 우리들의 생활을 건강하고 윤택하게 해 줄 필요가 있는 것이다.

국립산림과학원에서는 숲속에서 자라고 있는 각종 수목으로부터 피톤치드인 정유물질을 탐색하고 이를 산업화할 수 있는 산림식물 정유은행을 설립한다고 한다. 이와 함께 산림식물로부터 얻을 수 있는 향료자원을 발굴하고 정유물질 용도 개발을 위한 종합연구를 추진한다고 한다. 산림과학원의 노력이 화장품, 의약품, 기능성식품, 생활용품 등 관련 산업이 함께 발전할 수 있는 계기가 되기를 기대해본다. 이것이 창조농업의 모범 사례가 될 것이다.

- 서울신문

숲은 자연이 선사하는 초록병원

영국의 BBC 방송은 행복을 위한 17가지 지침을 제시했다. 그 내용을 살펴보면 친구, 일자리, 사랑, 가정, 음식, 건강, 운동, 휴식, 웃음, 미소 등으로 나타난다. 이 중 '음식, 운동, 휴식, 웃음' 같은 몇몇 항목은 근본적으로 '건강'을 충족시키는 요소이기도 하다. 결국 많은 돈이나 큰 집보다 심신(心身)의 건강이 행복을 결정짓는 가장 기본적이며 필수적인 요건임을 알 수 있다.

그렇다면 심신의 건강은 어떻게 지킬 수 있을까? 가장 쉬운 방법 중의 하나는 가까운 숲을 찾아 거니는 것이다. 최근 신체적, 정신적 건강 증진을 목적으로 숲을 찾는 사람들이 크게 증가하고 있다. 우리 국민의 81.6%가 연 1회 이상 숲을 찾고 있으며 연간 누적 산행 인구는 4억 1400만 명에 이른다. 숲에서 하는 활동도 단순히 경관감상, 등산을 넘어 숲치유, 캠핑, 숲 해설 등으로 다양화되고 있다. 이 때문에 숲을 즐기는 대상도 어린 아이부터 청소년, 중장년층, 노년층까지 전 세대를 아우르는 추세이다.

사람들이 꾸준히 숲을 찾는 데에는 무의식적으로 느끼는 심리적·감정적 변화도 크게 작용했을 것이다. 공기가 좋고 경관이 아름다운 것과 함께 우울하고 불안했던 기분이 좋아지는 경험을 했다는 사람들이 많다. 실제로 숲에서는 마음을 안정시키는 뇌파인 알파파가 활성화되고, 혈중 스트레스 호르몬인 코티솔(cortisol)이 감소하는 등 생리적인 작용이 일어난다. 이 때문에 숲을 거닐면 걱정과 근심이 줄어들고 심리적 안정감을 얻게 되는 것이다. 한마디로 숲은 자연에서 무료로 선사하는 '초록병원'이다.

숲에서의 활동이 긍정적인 기분상태를 유지하는 데 도움을 주며 우울증 완화에도 효과가 있다는 것은 이미 다수의 연구에서 밝혀진 사실이다. 미국에서 숲이 있는 양로원과 숲이 없는 양로원을 대상으로 흥미로운 조사를 했다. 각 양로원 노인들의 행복감 및 건강 상태를 비교해봤더니, 숲이 있는 양로원의 노인들이 심리적으로 훨씬 행복감을 느꼈고 실제로 아파서 병원을 찾는 횟수도 적었다고 한다.

또한 신체적으로도 숲이 많은 지역에 사는 사람들은 도심에 사는 사람들에 비해 알레르기 비염, 아토피 피부염에 대한 면역력이 높았고 폐기능도 좋은 것으로 조사됐다. 천식이나 아토피를 앓고 있는 어린이를 대상으로 3박 4일 동안 숲속에서 캠프를 진행한 결과, 이들 어린이들에게 염증 수치 감소, 면역반응 증가, 긍정적 심리상태 등의 효과가 나타났다. 이외에도 유방암 수술 후 회복기에 있는 환자가 숲 활동을 했을 때, 병원에서 치료만 받는 것보다 더욱 빠른 회복력을 보였다는 연구결과도 있다. 이는 숲에서의 활동이 암세포를 직접 파괴하는 NK면역세포를 활성화시키기 때문이다.

이와 같이 숲에서는 신체적, 정신적 건강 증진을 위한 다양한 활동이 가능하다. 우리는 태교의 숲, 산림욕장, 자연휴양림, 치유의 숲, 도시숲, 학교 숲, 숲속야영장, 산림공원 등에서 숲 태교부터 휴양·체험·산악레포츠·산림교육 등 숲이 주는 다양한 서비스를 누릴 수 있다. 이러한 점을 감안해 세대별·계층별 맞춤형 숲 프로그램을 잘 구축한다면 시민들이 보다 적극적으로 숲을 즐기며 건강한 삶을 누릴 수 있을 것이다. 숲에서 찾는 건강, 그것은 삶의 행복으로 이어질 수 있다. 올봄에는 숲속을 거닐며 행복을 찾아보자.

- 국립산림과학원장

학교폭력을 예방하는 또 하나의 방법, 숲치유

1. 숲치유 프로그램은 무엇인가?

숲(산림)치유는 숲이 가지고 있는 피톤치드, 음이온, 경관, 소리 등 다양한 환경 요소를 활용하여 인체가 스스로 면역력을 높혀서 건강을 증진시키고 심신을 치유하는 활동이다.

숲(산림)치유는 치료하고는 다른 개념으로서, 치료는 의사들이 병원에서 병을 낫게 하는 의료행위이지만, 숲치유는 숲이 갖고 있는 자연인자들를 이용해 스스로 면역력을 높이는 것이다. 프로그램은 명상, 맨발체험, 숲속 걷기, 나무와 이야기하기 등 숲의 환경요소를 직접체험을 통해 심신을 건강하고, 안정시킬 수 있는 체험활동으로 구성된다.

2. 숲치유, 숲교육 프로그램의 효과는 어떤게 있는지?

숲속에 들어가게 되면 인간은 자연치유능력인 면역기능이 활발해지고, 스트레스가 해소되어서 건강해짐. 이러한 숲의 효능 때문에 최근 숲에서 심신의 건강을 찾을 수 있는 것이 장점이다.

숲에서 맘껏 뛰노는 아이들은 몸과 마음과 생각이 유연해지며, 자기감정을 조절하는 능력을 키우게 되고, 스스로 판단하고 결정하면서 성취감과 자립심이 생김. 숲속에서 자연으로부터 배우며 호연지기(浩然志氣)를 키울 수 있음. 숲교육프로그램을 통한 아이들의 왕성한 활동은 건강한 육체와 강한 정신력, 창의력을 키워주기 때문에 숲은 아이들에게 최고의 교육현장이고 스승이다. 사람은 숲을 가꾸지만 숲은 사람을 키운다.

3. 숲치유의 장점은 무엇이 있나?

숲을 걸으면 왠지 마음이 차분해지고 오히려 피로가 풀리면서 몸도 거뜬해짐. 이것은 숲에 있는 식물의 잎, 줄기나 뿌리에서는 '테르펜'으로 구성된 피톤치드가 생성되고, 계곡의 물가나 폭포 등 물 분자가 격렬하게 운동하는 곳에서는 피로회복과 피를 맑게 만들어주는 음이온이 발생하기 때문이다.

따라서 숲속에 들어가게 되면 사림은 자연치유능력인 면역기능이 활발해지고 스트레스가 해소되고 건강해짐. 이러한 숲의 효능 때문에 숲에서 심신의 건강을 찾을 수 있는 것이 숲 치유의 장점이다.

4. 숲치유의 어떤부분 때문에 학교폭력 예방대책으로 활용될 수 있나?

교육에 대한 열의가 그 어느 때보다 높은데도 불구하고, 학교폭력이 근절되지 않은 원인 중에 하나는, 학생들이 생명에 대한 존중과 사랑을 배우고 몸에 익히지 못했기 때문일 것이다. 요즘 첨단정보사회에서 사실상 우리 아이들은 게임, 컴퓨터 등 매스미디어에 빠져서, 어릴 때부터 자연으로부터 마음의 평화를 얻지 못했고, 생명사랑을 익히지 못한 것이다.

어려서부터 숲은 평화와 안정을 가져다주고 생명에 대한 소중함을 일깨워주기 때문에, 몸과 마음을 치유해주는 자연을 자주 접할 수 있도록 하는 것이 학교폭력 예방대책으로 필요하다.

5. 학교폭력 포함 청소년을 위한 숲치유 프로그램 계획은?

'세살버릇 여든까지 간다'는 말이 있듯 어려서 숲을 통해 체험한 생명사랑에 대한 기억은, 평생의 가치관이 될 것이다. 사람이 숲은 가꾸지만 숲은 사람을 키우는 것이다. 즉 인성도 자연 키우는 것이다. 인성과 창의성의 중요성이 커지면서 숲을 활용한 산림교육의 필요성이 더욱 커지고 있다. 또한 자연을 벗삼아 정체성의 뿌리를 튼튼하고 실하게 다지고 안정되고 성숙한 인성을 키우는 것이 무엇보다 필요하다.

주5일 수업제 도입에 따라 주말마다 학원의 폐쇄된 공간에 몸을 맡기기 보다는 자연과 벗하며 호연지기를 기를 수 있도록 주말 산림학교, 어린이 숲교실 등 산림교육 프로그램을 숲치유 프로그램과 연계하여 확대할 계획이다.

– YTN 사이언스

위드 코로나 ^{with corona}와 산·림·욕 Forest Bathing

2년 넘게 코로나 팬데믹이 이어지면서 국민들의 피로도가 높아지고 경제가 크게 위축되면서 말 그대로 코로나와 공존하는 시대 '위드 코로나 (with corona) 시대'가 사회적 분위기로 대두되고 있다. 정부 방역 당국에서도 지난 11월 중순부터 단계적 일상 회복 이른바 '위드 코로나'를 시작하겠다고 발표하였다. 전문가들은 코로나 바이러스를 인류와 역사를 같이 해 온 200여 종이 넘는 감기 바이러스의 대표적인 바이러스 중 하나라고 한다. 하지만 COVID19, 사스, 신종플루, 메르스와 같은 바이러스는 20세기까지는 발생하지 않았다. 21세기 들어 새로운 현상인 바이러스에 의한 종간 감염의 벽이 무너지면서 이번에는 박쥐의 코로나 바이러스가 유전자 변이를 통해 사람에 감염이 되면서부터 치명적인 문제가 된 일종의 신종 바이러스 질환이라고 한다.

2020년 2월 우리나라에서도 첫 감염자가 발생한 후 급속도로 감염자 수가 늘어나면서 정부도 사회적 거리두기를 급속하게 강화하면서 시민들의 가정, 학교, 직장 등 일상생활이 크게 위축되었다. 하지만 이러한 코로나 바이러스가 기승을 부리던 2020년 5~6월 국립공원이나 자연휴양림, 도시공원의 방문객은 오히려 이전보다 증가하였고, 숲이라는 공간에서의 활동이 시민들의 사회 · 심리적 스트레스 해소에 도움을 주었다는 연구결과가 발표되면서 코로나 시대에 있어 숲의 치유 기능에 대해 많은 사람들이 더욱 주목하게 되었다.

물론 코로나19가 완전히 종식되면 가장 바람직할 것이나 앞으로도 코로나 바이러스는 지속적으로 변이가 발생할 것이라고 하며 아울러 코로나와 유사한 바이러스도 자연 발생할 가능성이 높다고 전문가들은 예측하고 있다. 이제 코로나 완전 종식은 아니더라도 예방하면서 일상으로 회복하는 '위드 코로나' 상황에서 우리는 숲이 갖고 있는 면역력 강화와 스트레스 해소에 도움을 주는 숲속 명상, 숲속 호흡, 숲속 스트레칭, 숲속 걷기와 같은 '숲 치유'의 대표적인 '산림욕' 활동을 더욱 강화해야 할 것이다.

'산림욕'이란 무엇인가?

산림욕은 산림(山林), 즉 나무와 풀이 우거진 숲에서 목욕(沐浴) 한다는 의미로 일광욕(Sun Bathing), 해수욕(Sea Bathing)과 유사하게 사용된다. 이와 같이 산림욕은 영어로 'Green Shower' 또는 'Forest Bathing'이라고 표현한다. 하지만 용어 그대로 목욕하는 것이 아니라 모든 감각을 통해 자연을 경험하는 것이다. 즉 숲이라는 환경 안에 둘러싸이는 것이다. 이러한 산림욕은 영어 표기에서도 알 수 있듯이 목욕 문화가 발달한 일본인에게 친근감을 주기 위해서 만든 말이다. 1982년 토모히데 아키야먀 前 일본 임야청 장관이 일본인들의 정서를 고려해 최초로 '삼림욕(森林浴,

Shinrin-yoku)'이라는 용어를 사용했다. 이렇게 일본에서 시작된 삼림욕은 우리나라에 1983년 중앙일보와 산림지에 처음 소개되었고, 우리도 산림욕이 숲속의 다양한 인자들을 통해 건강 증진을 도모한다는 점에서 의미 있게 활용되고 있다. 「산림문화·휴양에 관한 법률」에 규정된 '산림욕장'이란 국민의 건강 증진을 위하여 산림 안에서 맑은 공기를 호흡하고 접촉하며 산책 및 체력단련 등을 할 수 있도록 조성한 산림을 말한다.

'산림욕'을 통해 얻을 수 있는 효과는?

숲에는 깨끗하고 풍부한 산소, 음이온, 피톤치드, 소리, 아름다운 경관 등 수없이 많은 건강에 도움을 주는 요소들이 있다. 이 효과를 밝히기 위해 일본 미야자키 교수 연구팀은 최초로 산림욕의 생리·심리 효과 실험을 수행했다. 숲에서 40분 동안 보행하면서 산림욕을 실시한 결과, 심리적인 측면에서 '긴장–불안', '피로'의 감정척도 점수가 감소했고 '활기'는 상승했다. 또한 생리적인 측면에서는 스트레스 호르몬인 코르티솔 농도가 낮아지는 경향을 밝혔다. 이후 산림욕 효과 측정 연구가 활발해지면서 혈당치 저하, 암 면역 세포인 NK세포 활성도 증가, 편안한 상태일 때 나오는 뇌파(α파) 등 다양한 생리적 효과를 확인할 수 있었다. 이외에 신원섭 충북대 산림학과 교수(前 산림청장)는 산림욕을 통해 얻을 수 있는 효과와 방법 등을 다음과 같이 소개한 바 있다.

- 산림욕의 효과
☞ 산림욕은 건강한 심장과 체중 조절, 유연한 몸과 체력을 유지시킨다.
☞ 산림욕은 피부 호흡을 원활하게 하고 혈액 순환에 도움을 준다.
☞ 산림욕은 가족 및 친구와의 관계를 돈독히 해준다.

☞ 산림욕은 비만, 당뇨, 골다공증, 천식, 아토피, 고혈압 등 많은 질병을 예방하고 치유하는데 큰 도움을 준다.

☞ 숲속 호흡에서 마시는 맑은 공기는 도시의 오염물질에 찌들던 폐를 깨끗이 씻어준다.

☞ 숲길 걷기는 몸을 움직여 유산소 운동의 효과를 준다.

'산림욕'의 효과적인 방법

– 산림욕은 처음에 얼마나 해야 할까?

☞ 육체적으로 얼마나 튼튼한지, 여유시간이 얼마나 있는지, 숲길의 상태가 어떤지 등에 따라 달라질 수 있다. 초보자라도 평소 여러 운동으로 단련된 몸을 갖고 있으면 오랫동안 산림욕을 해도 무리가 없다. 일반적으로 운동을 많이 하지 않은 사람에겐 한 시간 정도의 산림욕으로 시작하는 것이 좋다. 몸이 산림욕에 익숙해지면서 점점 시간과 거리를 늘리도록 한다.

– 산림욕은 몇 번 해야 할까?

☞ 다른 운동과 마찬가지로 산림욕도 꾸준히 하는 것이 중요하다. 초보자일 때는 매일 숲에 가는 것이 지루할 수도 있다. 이럴 땐 이틀에 한번씩 산림욕을 하여 몸을 쉬게 하는 것도 좋다. 얼마 후엔 몸이 익숙해져 매일 해도 쉽게 적응할 수 있다.

– 산림욕을 할 때 빨리 걷는 것이 효과적인가?

☞ 아니다. 산림욕을 시작할 때 자연스런 보폭으로 출발한다. 걸을 때는 몸의 모든 부분이 이완되게, 그리고 보폭과 리듬을 맞추어 호흡한다.

점점 속도를 늘여 숨이 가쁠 정도까지 걷는다. 그런 다음 다시 천천히 걷는 속도를 낮추었다가 높이기를 반복한다.

– 산림욕을 할 때 호흡은 어떻게 하는 것이 좋을까?

☞ 배로 호흡하는 복식호흡이 좋다. 배로 호흡한다는 것은 최대한 가슴을 팽창시켜 들이쉬고, 다시 배로 내쉼을 의미한다. 이렇게 하면 호흡량을 최대로 늘릴 수 있다. 숨을 들이 쉴 때는 코로 하고, 내 뱉을 때는 입으로 한다. 코로 숨을 쉰다는 것은 적당한 습기와 온도를 가진 산소를 폐로 들여보냄을 의미한다. 호흡의 편안한 리듬을 위해서 들이 쉴 때 1, 2, 3, 4를 세고, 내 쉴 때 1, 2, 3을 세어보는 것도 좋다.

'산림욕'에서 '숲치유'까지

숲치유는 앞서 언급했던 일본 산림욕의 영향이 컸다. 일본에서도 산림욕을 통해 생리 효과성을 밝히는 기술이 급속도록 발전했고, 관련 데이터들이 축적되기 시작했다. 이후 2003년 '산림테라피(Forest Therapy)'라는 단어가 만들어졌으며, 이는 과학적 증거로 입증된 산림욕 효과를 뜻하는 것이다. 여기서 테라피(Therapy)는 '치료' 또는 '요법'으로 해석되어 일본에서는 2003년에 '산림테라피'와 '산림요법'(산림욕의 효과를 인정하면서 산림욕 속에서 각종 요법을 조합하는 방식으로 건강 증진과 정신요법의 효과를 높이고자 하는 것)이라는 용어를 혼용했다. 지금은 '산림테라피'를 주로 사용하고 있다.

우리나라도 숲의 다양한 치유기능에 대해 좀 더 과학적이고 체계적인 연구를 하고자 국립산림과학원을 주축으로 의학, 보건학 및 산림학의 다학제간 협력을 통해 '숲을 이용한 건강 치유프로그램 개발(산림청,

2007~2011)'을 시작했다. 또한 산림치유에 대한 개념 정립과 연구만으로는 한계가 있어 산림치유 목적을 실현하기 위해 2007년 산음 자연휴양림에 '치유의 숲'을 처음으로 조성하였다. 또한 치유의 숲을 제도화하기 위해 2010년 「산림문화 · 휴양에 관한 법률」을 개정하여 '치유의 숲' 정의 등 산림치유에 관련된 정책들이 법제화되었으며, 산림치유지도사 제도, 산림치유 전문시설인 '치유의 숲'과 경북 영주.예천 '국립산림치유원' 개원과 전북 진안 '국립지덕권산림치유원' 조성을 추진하고 있다.

산림욕을 비롯한 숲치유 활동은 사계절 언제나 가능하며 산림치유지도사의 안내 없이도 스스로 치유의숲, 자연휴양림, 산림욕장, 도시공원 등에서 숲속 걷기, 숲속 호흡, 숲속 명상, 숲속 스트레칭 등을 할 수 있다. 이제 숲은 단순히 휴식 및 휴양 차원을 넘어서 코로나 팬데믹에 대응하여 스트레스 해소, 면역력 증진 및 질병 치유의 장소로 주목받게 되었다. 바야흐로 숲 치유 시대가 본격적으로 시작된 것이다.

– '건강과 생명' 및 임우회지

기억의 숲, 수목장림에서 안식을 찾다

장묘문화가 바뀌고 있다. 과거 매장 중심의 장묘가 산업화, 핵가족화 등 사회구조가 변화하면서 자연친화적인 자연장묘로 바뀌고 있는 것이다. 2000년 34%에 불과하던 화장률이 2015년 기준 80%로 2배 이상 증가했으며, 자연장 중에서도 수목장림*을 가장 선호하는 것으로 조사되었다. 수목장이 국내에 도입된 지는 불과 10여 년 밖에 안됐는데 어느새 영화나 드라마에서도 자연스레 수목장을 찾는 모습을 볼 수 있을 만큼 친환경적인 장례의 중심으로 자리 잡았다.

'수목장'은 나무의 주변이나 아래에 화장한 유골의 골분을 묻어 장사하는 방법이다. 이러한 수목장이 모여 이루고 있는 숲을 '수목장림'이라고 한다. '수목장림'은 단순히 장사를 지내는 공간이 아니라 사람과 숲이 함께 어우러진 곳이며, 자연의 안식처이다. 생을 마치고 아름다운 숲에서

---

* 화장 후 납골과 봉안으로 인한 과도한 석물 시설은 자연경관을 훼손하고 오히려 더 영구적 시설로 존치된다는 또 다른 문제가 제기되고 있다. 이에 반해 수목의 주변이나 아래에 화장한 유골의 골분(骨粉)을 묻어 장사하는 수목장은 자연친화적이면서 비용 또한 저렴해 많이 선호하고 있다. – 대전일보

평온히 영면하고, 후손들이 찾아와 기억하며 그리워해주는 것이야말로 사람이 마지막으로 누릴 수 있는 행복이 아닐까 싶다.

하지만 수목장에 대한 선호도가 높아지고 있으나 국민 누구나 쉽게 이용할 수 있는 수목장림은 매우 부족하고, 지역적 불균형 또한 심각하다. 일부 사설 수목장림의 경우 고가로 추모목을 분양하거나 불법 산지 훼손, 부실 운영 관리 등 이용자들의 불만 목소리 또한 높은 실정이다. 이에 보건복지부에서도 자연친화적 자연장지를 대폭 확대해 오는 2022년까지 이용률 30%를 달성하겠다는 목표를 세웠다.

이를 위해 '장사 등에 관한 법률 시행령'을 개정하여 산림조합중앙회, 한국산림복지진흥원, 한국임업진흥원과 같은 공공기관들을 자연장지 조성사업에 참여할 수 있도록 하였고, 아울러 국유림 등 국·공유지를 임차하거나 사용허가를 받아 자연장지를 조성할 수 있도록 조건을 완화하였다. 한국산림복지진흥원은 국내 유일의 국립수목장림인 하늘숲추모원을 운영하고 있으며, 이용자의 꾸준한 증가와 함께 전국 수목장림의 롤모델이 되고 있다.

또한 앞으로의 수목장림은 산림 전문가와 장례지도사를 배치해 병해충, 산불, 산사태 등 재해를 예방하고 체계적인 장례서비스 제공을 통해 고객의 만족도를 높여나가야 할 것이다. 수목장은 자연으로 돌아가는 과정으로, 대상지의 안정성과 영속성이 보장되어야 한다. 이를 위해서는 국가나 공공기관이 주도적으로 참여해야 하지만, 조성 지역의 민원 등으로 참여를 기피하는 경향이 있다.

산림청과 한국산림복지진흥원은 건전한 수목장림의 확산을 위해 수목장림의 표준모델을 제시하고 수목장림 조성에 가장 큰 걸림돌인 지역이기주의(NIMBY)를 상생발전으로 거듭나게 하고자 지역 거버넌스(민관협력) 구축 등 다각도로 노력을 기울이고 있다.

　특히 수목장림은 이제 단순한 장사시설에 그치지 않고, 숲을 기반으로 '요람에서 무덤까지' 생애주기별 맞춤형 산림복지서비스(회년기)를 제공하는 '기억의 숲'으로 국민에게 다가서고 있다. 앞으로도 한국산림복지진흥원은 수목장림 문화가 올바르게 정착될 수 있도록 관심과 노력을 기울일 것이며, 수목장림이 후손들에게 물려줘야 할 소중한 문화유산으로 남기를 소망해본다.

– 충청투데이

제4차 산업혁명시대, 산림복지 미래를 말하다

세계경제포럼 창립자이자 회장인 클라우스 슈밥(Klaus Schwab)은 2016년 1월 제46회 다보스포럼에서 '4차 산업혁명의 이해'라는 주제로 강연한 바 있다. 이제 기술발전을 통한 산업혁명은 우리의 삶과 생활 속에 깊이 스며들고 있다. 4차 산업혁명을 대표하는 기술은 사물인터넷(IoT), 빅데이터, 모바일 등이다. 이미 공공, 의료, 유통, 언론 등 다양한 분야에서 활용되고 있어 우리가 4차 산업혁명 시대에 살고 있음을 잘 보여 주고 있다.

이렇듯 산림을 기반으로 하는 산림복지서비스 제공도 예외는 아니다. 소득과 여가 시간이 늘어남에 따라 산림복지서비스에 대한 수요도 복잡하고 다양화되고 있지만, 아직 신산업과 환경변화에 대응하는 것에 한계가 있다.

그동안 한국산림복지진흥원은 숲의 치유인자를 활용하여 스트레스 해소와 심신안정을 위해 적절한 운동과 생활습관 개선방안을 제시하는 산림치유프로그램을 진행하고 있었다. 하지만 아직 건강증진 효과를 입증하거나 개인별 맞춤형 건강관리를 위해 정보통신기술(ICT) 핵심 기술과 산림복지를 연계한 서비스 개발은 부족한 실정이다.

이러한 시대적 흐름에 발맞춰 빅데이터 기반의 산림복지서비스 연결을 통해 국민의 다양한 수요를 충족하고, 눈높이에 맞는 체계적인 산림복지서비스 시스템을 마련해야 할 중요한 시점이다.

따라서 한국산림복지진흥원은 사물인터넷 장비를 활용해 신체정보(체지방, 운동량, 맥박 등), 심리정보(온라인 설문조사), 환경정보(피톤치드, 숲 길거리, 수종, 난이도 등)를 수집하고 빅데이터 구축 및 분석으로 산림치유효과 정밀 분석시스템을 구축할 예정이다.

또한 데이터 추출(데이터 모델링), 전문가 지식, 산림치유프로그램 유형 등 다양한 정보를 기반으로 하는 인공지능 기계학습 방식을 통해 개인별 맞춤형 산림치유프로그램을 자동으로 추천하는 서비스를 제공할 계획이다.

이를 통해 국민의 일상생활 속에서 건강관리를 통한 잠재적인 의료비용 감축 효과와 삶의 질 향상, 그리고 이용자별 성별·장애·연령 등에 따라 맞춤형 산림복지서비스를 제공할 수 있을 것이다.

이제 산림복지서비스 제공에 4차 산업혁명의 기술을 활용한다면 국민에게 보다 최적의 산림복지 혜택과 선택의 기회가 높아질 것이다. 아울러 산림복지와 치유프로그램 추천시스템을 통해서 산림복지 분야 민간기업과의 협업으로 일자리 활성화 및 고용창출의 경제적 효과까지 기대된다.

- 중도일보

산림복지 정책 발전 방안

1. 들어가기

자연과 산림을 지키는 것에서부터 국민 행복이 실현된다고 믿는 나라가 있다. 국민의 97%가 행복을 느끼는 나라, 세계에서 가장 행복한 나라로 손꼽히는 '부탄*'이 그러하다. 중국과 인도 사이에 위치한 히말라야의 산악국가로, 우리나라 국토의 1/5 정도의 작은 나라이며 인구는 70만 명밖에 안 되지만 돈을 국민 행복의 기준으로 삼지 않는다. 오히려 국민들이 자연과 함께 살아가도록 헌법 제1조 1항에 국토 면적의 60%는 산림으로 유지해야 한다고 명시한 나라이다. 이러한 헌법을 제정한 이면에는 경제적 풍요만을 추구할 경우 발생할 수 있는 문제들을 미연에 방지하고

---

* 아시아에서 국민 행복도가 가장 높은 국가는 아시아 서남부 히말라야산맥 동부에 위치한 '부탄'이다. 부탄은 2006년 '비즈니스 위크(Business Week)'의 국민행복지수 조사에서 아시아 국가 중 1위와 전 세계 국가 중 8위를 차지했다. 이 조사에 따르면 부탄 국민의 97%가 '행복하다'고 느낀다고 답했다.
17세의 어린 나이에 제4대 부탄 국왕이 된 지그메 싱게 왕추크는 즉위 4년차인 1976년에 GNH(Gross National Happiness: 국민행복지수) 개념을 발표하고, 이를 국가통치의 최우선 기준으로 삼겠다고 공포했다. 대부분의 국가에서 GDP(국내 총생산)나 GNI(국민 총소득) 같은 경제지수를 국정 운영의 주요 지표로 채택하는 것과는 동떨어진 파격적인 방식이었다.

자 했던 수많은 고민과 결단이 있었을 것이다.

우리가 지금 나무 그늘 밑에서 편안히 쉴 수 있는 것은 지난 반세기 동안 어려운 여건 속에서도 온 국민이 한마음으로 국토 면적의 65%나 되는 산에 나무를 심고 가꾸고, 잘 보호해 왔기 때문이다. 지난 20세기 초부터 일제 식민지와 6 · 25 전쟁을 치루면서 우리의 산림은 극도로 황폐해졌다. 하지만 성공적인 치산녹화 사업으로 1960년대 초 불과 10㎥/ha이던 임목축적은 2020년 165㎥/ha로 50여년 사이에 16배 이상 늘어나, 산림의 공익적 가치를 향상시키고 산림의 다양한 기능이 발휘될 수 있는 그린 인프라(Green Infra)를 곳곳에 갖추었다.

세계적인 환경분야 석학으로 손꼽히는 레스터 브라운은 그의 저서 planB 3.0에서 한국의 산림녹화를 가장 성공적인 사업으로 꼽았다. 그는 '한국은 여러 측면에서 조림 사업의 모범이 되었다. 앞으로 점점 더 많은 세계 사람들이 한국의 조림 성공을 주목하게 될 것이다'라고 하였다. 2차 세계대전 후 경제발전 과 국토녹화를 동시에 이룬 나라는 대한민국이 유일하다. 이제 녹화된 숲을 바탕으로 국민이 행복한 산림복지의 시대로 나아가야 할 시점이다.

국립산림과학원의 조사결과에 따르면 우리 국민의 81.6%가 연 1회 이상 숲을 찾고 있으며, 연간 누적 산행인구는 4억 1천4백 만 명에 이른다. 2016년 통계청 조사 결과 국민이 가장 이용하고 싶은 여가 공간으로 산이 1위를 찾지 했고 그 다음이 도시공원, 식당, 공연장 순이었다. 이처럼 국민들의 급증하는 여가수요에 대응할 수 있는 산림의 기반이 조성되었기에 가능한 일이다.

이뿐만이 아니다. 숲에서 하는 활동도 경관을 감상하거나 등산 활동을 넘어 숲길 걷기, 숲에서 명상하기, 산림치유, 숲체험, 숲해설 등으로 다양해지고 있고, 대상층의 폭도 넓어지는 추세이다. 이렇듯 우리는 잘 가꾸어진 숲을 바탕으로 보다 다양하고 체계적인 서비스를 국민들에게 제공할 수 있게 되었다. 더 나아가 국민의 삶의 질 향상과 행복 증진에도 기여할 수 있게 되었다.

한편 국가 전체적으로도 사회복지에 대한 중요성이 커지는 요즘, 산림은 국민복지의 새로운 화두가 되었다. 산림치유와 관련된 전문적 활동이 의학적 치료효과와 국민의 건강 증진, 의료비 절감 등에 긍정적 효과를 미치고 있음이 연구자들을 통해 밝혀지면서 취약계층 뿐만 아니라 일반 국민을 위한 보편적 복지 실현에도 산림이 기여할 수 있다는 확신과 공감대를 얻게 되었다. '산림복지'란 용어가 새롭게 등장하고 국민행복을 추구하는 대표적인 산림정책으로 주목받기 시작하였다.

2. 우리 산림의 가치

우리가 지금 나무 그늘 밑에서 편안히 쉴 수 있는 것과 같이 산림복지 서비스를 다양하게 누릴 수 있는 것은 지난 반세기 동안 어려운 여건 속에서도 온 국민이 한마음으로 국토 면적의 65%나 되는 산에 나무를 심고 가꾸고, 잘 보호해 왔기 때문이다.

2008년 세계적인 환경 분야 석학으로 손꼽히는 레스터 브라운은 그의 저서 PlanB 3.0에서 한국의 산림녹화를 가장 성공적인 사업으로 꼽았다. 그는 '한국은 여러 측면에서 조림 사업의 모범이 되었다. 앞으로 점점 더 많은 세계 사람들이 한국의 조림 성공을 주목하게 될 것이다'라고 하였다. 2차 세계대전 후 경제발전과 국토녹화를 동시에 이룬 나라는 대한민국이 유일하다. 이제 녹화된 숲을 바탕으로 국민이 건강하고 행복한 산림복지의 시대로 나아가야 할 시점이다.

국립산림과학원의 조사에 따르면 우리 국민의 81.6%가 연 1회 이상 숲을 찾고 있으며, 연간 누적 등산 인구는 4억 6천만 명에 이른다. 2016년 통계청 조사 결과 국민이 가장 이용하고 싶은 여가 공간으로 산이 1위를 찾지 했고 그 다음이 도시공원, 식당, 공연장 순이었다. 또한 2020년 4월 발표한 산림과학원 조사에 따르면 산림에서의 여가활동 트랜드도 과거 등산, 야영 중심에서 산림욕, 트레킹, 산악자전거 타기, 숲속문화공연 관람, 숲가꾸기체험 등으로 다양해 지고 있다.

2020년 4월에 국립산림과학원이 발표한 우리나라 산림의 공익적 가치가 2018년 기준 221조 원에 달한다. 국민 1인당 연간 428만 원의 공익적 혜택을 받는 셈이다. 이처럼 산림의 공익적 가치가 증가하고 국민들의 급증하는 여가 수요에 대응할 수 있는 것은 황폐되었던 산림을 성공적으로 복구한 결과 산림복지서비스를 지속적으로 제공할 수 있는 기반이 조성되었기에 가능한 일이다.

숲에서 하는 활동도 경관을 감상하거나 등산 활동을 넘어 숲길 걷기, 숲에서 명상하기, 숲치유, 숲체험 등으로 다양해지고 있고, 대상 계층의 폭도 넓어지는 추세이다. 이렇듯 우리는 잘 가꾸어진 숲을 바탕으로 보다 다양하고 체계적인 서비스를 국민들에게 제공할 수 있게 되었다. 더 나아가 국민의 건강과 삶의 질 향상, 행복 증진에도 기여할 수 있게 되었다.

한편 국가 전체적으로도 사회복지에 대한 중요성이 커지는 요즘, 산림은 국민복지의 새로운 화두가 되었다. 산림치유와 관련된 전문적 활동이 의학적 치료 효과와 국민의 건강 증진, 의료비 절감 등에 긍정적 효과를 미치고 있음이 연구자들을 통해 밝혀지면서 취약계층뿐만 아니라 일반 국민을 위한 보편적 복지 실현에도 산림이 기여할 수 있다는 확신과 공감대를 얻게 되었다. 이제 '산림복지'란 용어가 새롭게 등장하고 국민 행복을 추구하는 대표적인 산림정책으로 주목받고 있다.

3. 산림복지 정책 추진 여건

우리 사회는 지난 2년간 코로나19 팬데믹 뿐만 아니라 경제적 어려움에도 불구하고 삶의 질 향상을 위한 야외 휴양수요가 증가하고 있다. 또한 도시화, 산업화에 따른 자살, 폭력, 우울증 등 사회문제도 동시에 발생하고 있고, 저출산·고령화에 따라 건강에 대한 국민들의 관심은 날로 증가하고 있다. 이에 산림 분야에서도 산림 레포츠, 숲속 야영 등 새로운 산림복지 서비스 수요가 증가하고 있으며, 청소년 문제 해결을 위한 인성 교육의 중요성이 부각되고 있어 산림교육에 대한 관심 또한 늘어나고 있다. 아울러 고령친화산업 발달 및 산림휴양, 산림치유 수요도 증가하고 있다.

기술환경 또한 4차 산업혁명에 따른 사물인터넷, 클라우드, 빅데이터, 모바일 등 IT 기술이 급속히 발전하고 있으며 SNS 및 스마트폰 이용이 확대되고 있고, 보건·의료 체계도 치료중심에서 사전 예방 건강관리 중심으로 변화하고 있다. 건강하게 오래 살기를 원하는 헬스 케어 3.0, Silver Health Care Program을 통한 건강수명 시대를 맞아 치료보다는 예방과 관리 중심인 면역력 강화 등 항노화 산업이 부상했다.

이에 따라 IT 융복합, 유전공학 기술을 토대로 환자 중심의 개인 맞춤형 진단 예방 치료 서비스를 제공하려는 시대로 발전되고 있다. 이에 산림 분야에서도 라이프 스타일의 변화로 레저 스포츠 산업이 발달하고 있으며 수요자 중심형 산림복지 콘텐츠를 확대해야 할 필요성이 대두되고 있고, 개인 맞춤형 산림치유에 대한 관심도 증가하고 있다.

국가 경제는 저성장 시대가 지속되고 있다. 소득의 양극화도 심화되고 고령인구의 경제활동 참여율이 증가하고 있으며 사회구조 변화에 따른 새로운 시장이 형성되고 있다. 이에 산림 분야에서도 융복합 패러다임 확산, 새로운 성장 동력에 필요성이 대두되고 있어 산림복지 분야의 새로운 일자리 창출이 기대된다. 국민 생활과 밀접한 다양한 산림복지 서비스 산업의 발전 여건이 조성되고 있는 것이다.

생태환경은 기후변화, 도시 인구증가, 환경오염, 시민들의 생활습관 불균형으로 인한 질병의 구조도 변화하고 있다. 이에 따른 도시 생활권 내여가 나 휴식을 위한 녹색 공간에 대한 요구가 증가하고 있다. 또한 환경성 만성질환이 늘어나 산림치유 효과에 대한 관심이 증가하고 있고, 우수한 산림자원을 활용한 산림복지 서비스 공간 확충에 대한 요구가 늘어나고 있다.

정책적으로도 지속적인 보건·의료비용 지출이 증가하고 있어 지속가능한 산림복지 패러다임이 필요하며, 소통과 정보 공개, 시민 참여 플랫폼이 생성되고 있고, 치유농업, 해양치유 등 산림치유와 유사한 분야도 관련 법령을 제정하고 관련된 시설을 확대하는 정책을 추진하고 있다.

이러한 사회적 문제 해결을 위해 산림 교육, 치유, 수목장림 등 산림복지 서비스를 새로운 대안으로서 접목하려는 교육부의 자유학기제, 여성가족부 방과 후 학습, 법무부의 보호관찰 청소년 교화, 복지부 자연장 정책, 각 지자체별 유아 숲 교육 등 다른 부처 및 기관과의 협업 수요가 증대되고 있다.

4. 산림복지 정책 추진

가. 사회복지와 산림복지 관계

헌법 제34조 제2항은 국가의 의무로 '사회보장·사회복지'의 증진에 노력할 의무를 규정하고 있지만 실정법상 '사회복지(social welfare)'의 개념을 명확하게 정의하는 규정은 없다. 이론적으로도 사회복지의 개념이 명쾌하게 정의되어 있지는 않다. 다만 '사회복지' 개념을 사회정책과 마찬가지로 사회적인 문제를 해결하기 위한 총체적인 영역이라고 볼 수 있고, 사회복지를 사회보장과 동일하게 신체적. 정신적. 사회적으로 불리한 여건 때문에 정상적인 일상생활을 하기 어려운 아동, 노인, 장애인 등을 지원하기 위한 서비스를 제공하는 영역이라고 볼 수 있다. 따라서 '사회복지'란 국민 모두가 행복한 삶 또는 만족스러운 삶을 누릴 수 있도록 추구하는 사회적 노력이라고 볼 수 있다. 따라서 산림복지는 산림을 기반으로 한 국민의 복리 증진을 위한 지원 체계 해당 함으로 산림복지를 사회복지의 개념에 포함된 개념에 포함되는 것으로 볼 수 있다.

또한 사회보장(사회복지)에 관한 기본법인 「사회보장 기본법」에서도 사회복지에 대한 별도의 정의 규정을 두지 않고 있다. 다만 사회보장과 사회서비스에 관한 정의만 두고 있는데, 이 정의에 따르면 산림복지는 사회보장 3가지(사회보험, 공공부조, 사회서비스) 범주 중 사회서비스에 속하는 것으로 볼 수 있다.

－「사회보장 기본법」 제3조 제1호 사회보장이란 출산, 양육, 실업, 노령, 장애, 질병, 빈곤 및 사망 등의 사회적 위험으로부터 모든 국민을 보호하고 국민의 삶의 질이 향상시키는 데 필요한 서비스를 보장하는 1)사회보험, 2)공공부조, 3)사회서비스를 말한다.

－「사회보장 기본법」 제3조 제3호 사회서비스란 국가, 지방자치단체 및 민간 부분의 도움이 필요한 모든 국민에게 복지, 보건의료, 교육, 고용, 주거, 문화, 환경 등의 분야에서 인간다운 생활을 보장하고 상담, 재활, 돌봄, 정보

의 제공, 관련 시설의 이용, 역량 개발, 사회참여 지원 등을 통해 국민의 삶의 질이 향상되도록 지원하는 제도이다

사회서비스에 관한 개별법 사회복지사업법, 노인복지법, 아동복지법, 장애인복지법, 한부모 가족 지원법, 영유아보육법, 노숙인 복지 및 자립지원법, 장애인 · 고령자 등 주거 약자 지원에 관한 법률, 장애인 · 노인 · 임산부 등의 편익증진 보장에 관한 법률 등

나. 산림복지 정의

산림복지란 산림이라는 단어와 복지라는 단어가 합해진 합성어이다. 그 중 복지(Welfare)란 사람들의 행복한 삶을 뜻한다. 즉 산림복지란 산림을 통해서 국민들의 행복한 삶을 뜻하며 동시에 그 상태를 달성하기 위한 구체적 활동까지를 포함한다고 볼 수 있다.

법률 용어로서 산림복지가 처음 등장한 것은 2015년 1월 20일 「산림기본법」 개정부터이며, 그 이후 2015년 3월 27일 「산림복지진흥에 관한 법률」이 제정되면서 법률 용어로 사용되고 있다. 이는 산림정책이 그간 산림자원관리 중심에서 산림서비스를 통한 국민의 삶의 질 향상이라는 산림복지로의 전환을 입법을 통하여 반영한 것이다. 또한 법률 상 산림복지의 정의는 산림문화, 산림휴양, 산림교육, 산림치유, 산림레포츠 등을 그 구성요소로 하고 있다.

산림복지에 대해 「산림기본법」에서는 다음과 같이 명시하고 있다.

제1조 산림은 임업의 발전을 도모하고 국민의 삶의 질 향상에 기여하여야 한다.
제3조 3호 산림복지란 국민에게 산림을 기반으로 산림문화휴양, 교육 및 치

유 등의 서비스를 창출 제공함으로써 국민의 복리 증진에 기여하기 위한 경제적 · 사회적 · 정서적 지원을 말한다.

제20조 산림복지의 증진 및 산림문화의 창달을 위해 국가 및 지방자치단체는 다양한 산림휴양, 산림치유, 산림교육 시설을 조성하여 쾌적한 산림복지 공간을 제공하는 등 산림복지를 증진하고 건전한 산림문화를 진흥하게 하기 위하여 필요한 시책을 수립 및 시행하여야 한다.

또한 체계적인 산림복지서비스를 제공하기 위해 「산림복지 진흥에 관한 법률」이라는 제도적 장치를 마련하였다. 2015년 3월 제정되어 2016년 3월부터 시행된 「산림복지진흥에 관한 법률」에서는 산림복지와 산림복지서비스를 다음과 같이 정의(제2조)하고 있다.

제2조 정의에 규정된 산림복지란 국민에게 산림을 기반으로 하는 산림복지서비스를 제공함으로써 국민의 복리 증진에 기여하기 위한 경제적 · 사회적 · 정서적 지원을 말한다. 여기서 산림복지서비스란 산림문화 · 휴양, 산림교육 및 치유 등 산림을 기반으로 하여 제공하는 서비스를 말한다. 이와 같이 산림복지정책은 산림을 기반으로 한 체계적인 산림복지서비스를 제공함으로써 국민의 건강증진, 삶의 질 향상 및 행복 추구에 이바지하는 것을 목표로 한다.

다. 산림복지 개념

- 협의 개념 산림을 기반으로 산림문화 · 휴양, 산림치유, 교육 등의 서비스를 창출 제공함으로써 국민의 복리 증진에 기여하기 위한 경제적, 정서적, 사회적, 지원과 관련된 활동(출생부터 사망까지 전 생애주기에 걸쳐 숲을 통해 숲 태교, 유아 숲 체험, 산림레포츠, 산림치유 등 다양한 혜택을

::그림2. 산림복지 개념도

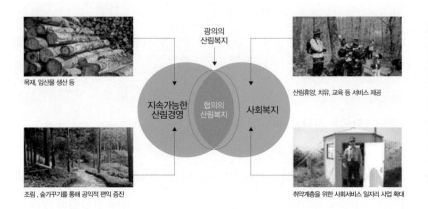

목재, 임산물 생산 등

광의의 산림복지

지속가능한 산림경영　협의의 산림복지　사회복지

산림휴양, 치유, 교육 등 서비스 제공

조림, 숲가꾸기를 통해 공익적 편익 증진

취약계층을 위한 사회서비스 일자리 사업 확대

국민에게 제공)

– 광의 개념 지속가능한 산림경영(SFM)을 기반으로 국민의 안녕과 복리 증진을 위해 산림의 직·간접적 편익을 창출하여 수급하는 활동(조림, 숲가꾸기를 통해 맑은 물 공급, 대기정화 등 산림의 공익적 편익을 증진)〈자료: 산림청〉

라. 산림복지 정책 개요

산림복지정책(Forest Wellfare Policy)이란 국민의 행복 증진을 위해서 산림복지서비스를 지속적으로, 체계적으로, 원활히 제공하기 위한 법령, 제도, 시책들을 말한다. 우리나라는 녹화된 산림을 바탕으로 산림복지를 중요한 정책 대상으로 삼고 있다. 2013년 7월 수립된 〈산림복지진흥 종합계획〉에 따르면 국민 1인당 산림복지 수혜일을 연 4일에서 8일로 확대하고, 1인당 도시숲 면적도 7.9㎡에서 8.6㎡로 확충하며, 산림복지 전문인력을 1만 5천명까지 늘리기로 하였다. 그 결과 산림복지 이용객은 2013년 1,300만 명에서 2015년 1,898만 명으로 46%, 600만 명이 증가했다. 또한 자연휴양림, 치유의 숲, 산림욕장, 산림교육센터, 유아숲 체험원 등 산림복지시설도 345개소에서 429개소로 증가했다. 2015년에는 「산림복지 진흥에 관한 법률」을 제정하였으며, 동 법률에 따라 한국산림복지진흥원을 설립해 2016년 4월 18일 설립되어 8월2일 개원하였다. 산림복지전문가인 숲 해설가, 유아숲지도사, 숲길등산지도사, 산림치유지도사 등 전문인력 또한 2021년 9월 기준으로 26,012명으로 늘어났다.

마. 산림복지 관련 법령

우리나라는 국토의 63%가 산림으로써 OECD 회원국 중 4번째에 해당하고, 이러한 풍부한 산림자원을 문화, 휴양, 교육, 보건 등 국민의 삶의 질 개선 차원에서 적극적으로 활용할 필요성이 높아지고 있다. 특히 경제적 수준 향상, 인구 고령화 추세 등 사회적 여건이 변화되면서 질적으로 향상된 산림복지에 대한 욕구가 증대되고 있다. 이에 산림을 기반으로 한 산림복지 서비스를 체계적으로 제공하고, 산림복지 소외계층에 대한 지원을 강화하기 위하여 「산림복지 진흥에 관한 법률」이 2015년 3월 27일 제정되었고, 2016년 3월 28일 실행되었다.

산림에 관한 법률은 구 「산림법」이 1961년 12월 27일 제정되어 2005년 8월 4일 폐지된 이후 「산림자원의 조성 및 관리에 관한 법률」, 「국유림의 경영 및 관리에 관한 법률」, 「산림문화·휴양에 관한 법률」 등으로 분법 (分法) 되었다. 이후 2003년 「산림기본법」을 기초로 분야별 개별 법률 형태로 제정·시행되어 오고 있다. 산림법의 분법화 작업은 1995~96연간 제4차 산림기본계획(1998~2007)을 준비하고 1996년 〈임업정책기본법 및 개별법 제정계획〉을 수립하면서 시작되었다. 가장 먼저 제정된 법률은 1997년 4월 「임업진흥촉진법」이었다(현행 제목은 「임업 및 산촌진흥 촉

법 률 명	제정 및 시행	주 요 내 용
산림복지 진흥에 관한 법률	제정 2015. 3.27 시행 2016. 3.28	〈목 적〉 산림복지의 진흥에 필요한 사항을 정하여 산림을 기반으로 체계적인 산림복지서비스를 제공함으로써 국민의 건강 증진, 삶의 질 향상 및 행복 추구에 이바지함을 목적으로 한다. 〈주요내용〉 산림복지, 산림복지진흥계획, 산림복지심의위원회, 산림복지서비스이용권, 산림복지서비스제공자, 산림복지서비스이용자, 산림복지전문가, 산림복지전문업, 산림복지지구, 산림복지단지, 한국산림복지진흥원
산림문화 · 휴양에 관한 법률	제정 2005. 8. 4 시행 2006. 8.5	〈목 적〉 산림문화와 산림휴양자원의 보전 · 이용 및 관리에 관한 사항을 규정하여 국민에게 쾌적하고 안전한 산림문화 · 휴양서비스를 제공함으로써 국민의 삶의 질 향상에 이바지함을 목적으로 한다. 〈주요내용〉 산림문화 · 휴양, 산림문화 · 휴양기본계획, 산림문화자산 자연휴양림(지정, 조성, 휴식년제, 지정해제),이용료, 위탁산림욕장, 산림치유, 치유의숲, 숲길, 숲속야영장, 산림레포츠시설, 한국등산 · 트레킹지원센터, 산악구조대 ㅡ 산림치유지도사, 산림치유지도사 양성기관
산림교육의 활성화에 관한 법률	제정 2011. 7.25 시행 2012. 7.26	〈목 적〉 산림교육의 활성화에 필요한 사항을 정하여 국민이 산림에 대한 올바른 지식을 습득하고 가치관을 가지도록 함으로써 산림을 지속가능하게 보전하고 국가와 사회발전 및 국민의 삶의 질 향상에 이바지함을 목적으로 한다. 〈주요내용〉 산림교육종합계획, 산림교육심의위원회, 산림교육전문가(숲해설가, 유아숲지도사, 숲길등산지도사), 산림교육전문가양성기관, 교육프로그램, 숲사랑소년단, 유아숲체험원, 산림교육센터

진에 관한 법률」).

동 법률은 제4차 산림기본계획이 '지속가능한 산림경영 기반을 구축하여 사람과 숲이 어우러진 풍요로운 녹색국가 실현'을 목표로 함에 따라 지속가능한산림경영(SFM Sustainable Forest Management)이라는 개념을 산림의 공익 기능 증진을 위하여 함께 실천하기 위한 것이었다. 지속가능한 산림경영에 구축을 위해서는 먼저 임업을 경쟁력 있는 산업으로 육성하는 것이 필요했고, 이를 위해서 과거 「산림법」이 규정했던 임업과 관련된 사항을 독립된 법률인 「임업진흥촉진법」으로 이관하여 임산물 소득원의 개발 및 임산물 유통, 가공업의 지원을 위한 각종 시책을 추진하게 된 것이다.

산림복지 정책에 관한 제도는 「산림문화·휴양에 관한 법률」(2005.8.4. 제정)과 「산림교육 활성화에 관한 법률」(2011.7.25 제정)을 중심으로 운영되었다. 이후 국민의 건강과 삶의 질을 개선하기 위한 서비스로의 개념이 정립되고, 이를 체계적으로 이용하기 위하여 「산림복지진흥에 관한 법률」이 제정(2015.3.37)되었다. 당초 2013년 5월 29일 제출된 법률안의 제목은 '산림복지단지 조성 및 지원에 관한 특별법'이었다. 이처럼 산림복지진흥에 관한 법률이 뒤늦게 제정·시행됨에 따라 기존 관련 법률에 따른 법정계획 수립과 산림복지 정책 추진체계 등에서 중복되고 상충되는 문제점도 제기되고 있다.

이에 「산림복지 진흥에 관한 법률」을 중심으로 관련 법률과의 법 체계 및 법 정합성을 담보하고, 법 시행 과정에서 제기된 문제점 및 산림복지진흥이라는 정책 목표를 달성하기 위한 다양한 제도적 정비 방안을 모색할 필요성이 제기되고 있다.

바. 산림복지 정책 실행 조직 및 제도 등

1) 산림청 산림복지국 재편과 한국산림복지진흥원 설립

이제 연간 산림복지서비스 수혜자 3천만 시대로 들어섰다. 2013년 2,761만 명이었던 산림복지서비스 수혜자는 2015년 3,100만 명으로 12%나 증가하였다. 이와 같이 급증하는 수요에 대응하고 산림복지정책을 보다 체계적으로 추진하고자 2017년 1월 산림청 산림이용국을 산림복지국으로 재편하였다. 산림복지정책과를 신설하였고, 도시숲경관과를 산림자원국에서 산림복지국으로 이관하였다. 또한 이를 집행하기 위해 「산림복지진흥에 관한 법률」에 따라 산림청 산하 공공기관으로 한국산림복지진흥원이 설립(2016.4)되었다.

한국산림복지진흥원은 강원, 영남, 호남권에 위치한 국립횡성숲체원, 국립장성숲체원, 국립칠곡숲체원, 국립대전숲체원, 국립나주숲체원, 국립춘천숲체원 등 7개의 숲체원과 7개소 국립치유의숲 및 경북 영주·예천에 위치한 국립산림치유원과 2023년 준공 목표로 조성 중인 전북 진안 국립지덕권 산림치유원, 산림복지연구개발센터의 운영을 통해 산림복지서비스를 국민들에게 직접 제공하고, 산림복지전문가의 육성과 산림복지전문업의 등록·관리 및 지원, 연구개발을 통해 새로운 일자리를 창출하고 있다. 산림복지 전문기관인 한국산림복지진흥원은 숲과 함께 국민들의 생활을 보다 건강하고 풍요롭게 하고, 온 국민이 산림복지서비스를 통해 행복한 삶을 영위할 수 있도록 우리나라 산림복지 서비스의 중심기관으로서 역할을 다하고 있다.

산림복지 서비스에 대한 사회적 욕구를 충족하고 발전시켜 나가기 위해서는 국민들에게 충분한 정보를 제공하고, 국민들의 이해와 공감대를 얻는 것이 선행되어야 한다. 이를 위해서는 지속적인 모니터링을 통해 국민의 의견을 충분히 수렴해야 할 필요가 있다. 또한 급속히 늘어나는 산림복지 수요에 효율적으로 대응하고, 기존의 산림휴양, 산림문화, 산림치유, 산림교육 등 개별적으로 추진되고 있던 산림복지서비스를 통합한 비전을 설정하고, 실행할 필요가 있다. 그리고 민간의 참여를 확대하여 협력적 산림복지 체계를 구축하여 더 많은 일자리를 창출함과 동시에 산림복지 정책이 국가복지시스템과 연계 및 통합 추진될 수 있도록 관계

부처와의 협력을 활성화하여 정책 추진에 효율성과 형평성 향상을 동시에 추구해야 할 것이다. — 산림행정 이해와 관리, 2017

2) 산림복지 서비스 이용권(바우처) 및 산림복지서비스 제공자

산림복지 서비스 이용권 제도는 「산림복지진흥에 관한 법률」 제2조 4호 규정에 따라 사회적 약자와 취약계층 등 소외계층에게 산림복지서비스 이용권(바우처)을 제공하여 산림복지의 사각지대를 해소하려는 목적이다. 산림복지서비스를 받기 어려운 사회적 약자에게 산림복지 서비스(숙박, 체험)를 이용할 수 있도록 10만원 상당의 선불카드를 제공한다. 대상은 기초 생활 수급자, 장애수당수급자, 장애 아동수당 수급자, 장애인연금수급자, 차상위계층 등이다. 그동안 2016년 9,100명에서부터 2017년 1만 5천명, 2018년 2만 5천 명, 2019년 3만 명, 2020년 4만 명, 2021년 4만 4천명으로 꾸준히 확대하였다.

아울러 산림복지서비스 제공자란 앞서 산림복지 서비스 이용권을 보다 편리하게 사용할 수 있도록 다양한 산림복지시설이나 기관, 단체를 대상으로 산림복지서비스 제공자로 등록하는 제도를 운영하고 있다. 자연휴양림이나 산림교육센터, 치유의숲, 유아숲체험원 등 2021. 9월 현재 245개소가 등록되어 있다. 이로써 민간의 자연휴양림 등 산림복지시설도 산림복지서비스 제공자로서 등록할 수 있기에 산림복지시설 경영에도 많이 도움이 되고 있다.

3) 산림복지전문업

산림복지전문업은 산림복지 서비스를 정부 주도의 공공기관에서만 담당하기는 한계가 있어 산림복지 전문가들이 숲 해설이나 산림치유업을

::표2. 산림복지전문업 등록현황 : 915건/5,193명 ('21. 9. 30 기준)

사업유형	등록기준		등록현황
	기술인력(자격요건)	시 설	(종사자)
종합산림복지업	산림치유지도사 5명 이상 (1급 2명 이상 포함), *산림교육전문가 5명 이상	사무실	34건(410명)
산림치유업	산림치유지도사 3명 이상 (1급 1명 이상 포함)		74건(219명)
숲해설업	숲해설가 3명 이상		399건(3,123명)
유아숲교육업	유아숲지도사 3명 이상		356건(1,333명)
숲길등산지도업	숲길등산지도사		52건(108명)

☞ 산림교육전문가란 숲해설가, 유아숲지도사, 숲길등산지도사 등 3종이다.

영위할 수 있도록 하는 제도이다. 산림복지 서비스 제공을 영업의 수단으로 하는 업이다. 2016년 84개에서 2017년 237개, 2018년 569개, 2020년 754개, 2021년 9월 현재 915개 전문업이 등록되어 있다. 이에 종사하는 산림복지 전문가들도 5,193명으로 확대되었다. 또한 앞으로는 산림복지 전문업자와 산림복지 서비스 제공자가 서로 협업할 수 있는 체계를 구축해야만 할 것이다.

· **종합산림복지업**: 산림치유업과 산림치유업 이외 숲해설업, 유아숲교육업 및 숲길 등산지도업 중 하나 이상의 사업을 모두 포함하여 산림복지 서비스를 종합적으로 제공하는 사업
· **산림치유업**: 산림치유를 지도하거나 산림치유 프로그램을 개발 보급하는 사업
· **숲해설업**: 국민이 산림문화휴양에 관한 활동을 통하여 산림에 대한 올바른 가치관에 대한 지식을 습득하고 올바른 가치관을 가질 수 있도록 해설을 제공하거나 지도 교육하는 사업

- **유아 숲교육업:** 유아가 산림교육을 통하여 정서를 함양하고 전인적으로 성장할 수 있도록 지도 교육하는 사업
- **숲길등산지도업:** 국민이 안전하고 쾌적하게 등산 또는 트래킹을 할 수 있도록 해설을 제공하거나 지도 교육하는 사업

4) 산림복지 인프라 구축

산림복지 정책이 본격적으로 시행된 이후 산림복지 인프라가 많이 확충되고 있다. 첫 번째는 경북 영주·예천 일대에 조성된 국립산림치유원이다. 우리나라 대표적인 산림치유시설로서 규모가 가장 크고 전문성을 갖춘 기관이다. 특히 장·단기 맞춤형 프로그램 운영을 통해서 산림치유 효과를 과학적으로 증명해 나가고 있다. 두 번째 지역별 국립숲체원 조성사업이다. 2019년 10월에 개장한 유아 어린이들의 숲체원 공간으로 조성된 대전 숲체원을 비롯하여, 중·장·노년들의 산림치유 공간으로 조성된 전남 나주 금성산 숲체원은 2020년 11월, 청소년, 성인들의 산림 레포츠와 산림교육 공간으로 활용될 강원도 춘천 숲체원은 2021년 5월에 추가 개장되었다. 아울러 기존 횡성, 장성 숲체원도 각 숲체원 별로 특화된 프로그램을 운영하고 있으며, 특히 지역 교육청과 지역사회와 연계한 프로그램을 운영하고 있다. 2021.9월 현재 한국산림복지진흥원에서 운영하고 있는 국립숲체원은 횡성, 장성, 칠곡, 청도, 대전, 춘천, 나주 등 7개소이다. 또한 국가, 지자체, 개인이 조성하여 운영 중인 치유의 숲은 38개소가 있다. 특히 지자체를 중심으로 한 공립 산림복지 지구 지정을 추진하고 있다. 강원도 동해시, 경북 봉화, 경기도 동두천, 울산광역시 등 이미 공립산림 복지지구 4개소가 지정되어 있다.

5. 생애주기별 산림복지

산림청은 2010년 "요람에서 무덤까지 숲이 책임집니다."라는 인식 아래 인생 주기를 7단계로 나누고 이에 따라 산림서비스를 제공하는 이른바 'G7 프로젝트(Green Welfare 7 Project)'를 소개하였고, 2011년에는 G7을 포함한 '생애주기별 산림복지' 개념을 제시해 개인의 출생부터 사망까지 각 생애주기별로 적합한 산림복지서비스를 제공하는 데 중점을 두었다.

가. 출생기 숲 태교

최근 자연친화적인 태교에 대한 임산부들의 관심이 증가하였다. 가임 기간 동안 집에 있는 시간이 많아짐에 따라 야외 나들이 등 자연친화적 여가에 대한 욕구도 증가하는 추세이다. 숲태교는 태아의 지능지수 향상과 산모의 우울감과 불안감을 감소시키고 모성 정체성과 자아 존중감을 증가시키는데 효과가 있다. 이처럼 숲은 태교와 출산 산후조리에도 최적의 환경을 제공한다. 그래서 숲태교는 저출산 문제를 해소하는 데에도 도움이 될 수 있다.

숲태교는 매년 5~6월과 9~10월에 임산부 또는 임신한 부부를 대상으로 치유의숲, 자연휴양림, 수목원, 도시 근교 공원 또는 숲 등에서 진행된다. 주요 내용으로는 숲에서 걷기, 숲속 연주, 숲 소리 듣기, 숲 향기 맡기, 명상과 체조, 탄생목 심기 등이 있다.

숲태교의 효과로는 심박수 변이도 안정, 임산부 스트레스 완화, 긍정적 호르몬 분비효과, 건강한 아기 출산을 들 수 있다. 임신 16~36주 사이 산모 51명을 대상으로 실시한 숲태교 프로그램을 시범 운영결과 신체적 정신보건 관련지표가 개선되었음을 확인한 바 있다. 또한 임신 12~30주 사이 산모 32명을 대상으로 숲태교 프로그램 적용 전후 모성 정체성 및 정서를 비교한 결과 불안감이 개선되고 어머니 역할 및 태아 애착정도가 증가하였다.

나. 유아기 숲체험

유아숲체험은 아이가 숲에서 마음껏 뛰어놀고 오감을 통해 자연과 교감하는 프로그램이다. 유아숲체험은 놀이가 곧 수업이다. 교사나 숲해설가의 지도에 따라 수업이 진행되기보다 아이 스스로 놀이 방법을 찾는다. 숲에서는 특별한 놀잇감이나 교구도 필요 없다. 숲에 있는 모든 자연물이 놀잇감이라서 아이들은 자연스럽게 상상력과 창의력을 발휘한다.

유아숲체험은 만 1세부터 6세를 대상으로 주로 봄부터 가을까지 유아숲체험원, 도시숲, 산림공원 등에서 진행된다. 특히, 지방산림청, 국립숲체원, 자연휴양림 등에서는 매년 초 대상 기관 선정하여 연간 스케줄에 따라 운영하는데 1월에 유아숲체험 모집 공고, 2월에 대상자 및 기관이 선정, 3월부터 11월까지 프로그램이 운영된다. 프로그램은 숲해설, 자연관찰, 목공놀이, 전통놀이, 흙놀이 등으로 이뤄진다.

숲유치원(유아숲체험원)에 다니는 유아는 일반 유치원 유아에 비해 창조력, 상상력, 운동력, 학습참여도, 면역력도 우수하며 신장과 체중, 근육량, 민첩성 증가, 체지방도 감소하였다. 특히, 숲체험 활동 후 타액의 아밀라제 활성치 및 알파파 검사 결과 스트레스 해소에 긍정적 변화를 보였으며, 주의 집중, 공격성 호전, 사회성(인지, 동기)도 향상되었다.

다. 청소년기 숲캠프

자아와 인격을 형성하는데 청소년기는 매우 중요한 시간이다. 청소년기는 어떤 생애 주기보다 가장 많은 에너지를 가지고 있다. 하지만 청소

년이 현재의 학교 시스템에서 순수하게 에너지를 표출하기가 무척 제한
적이다. 콘크리트와 아스팔트만으로 이루어진 거리, 숲과 동떨어진 교
실, 스마트폰과 인터넷이 친구인 아이들에게 숲은 건강한 에너지를 순수
한 방향으로 소비할 수 있도록 도와준다.

청소년기 숲체험은 만 7세부터 18세를 대상으로 하며 봄부터 가을까지
국립숲체원, 산림교육센터(2개소), 숲속수련장(25개소) 등에서 진행된다.
매년 초 대상 기관 선정하여 연간 스케줄에 따라 운영한다. 1월에 모집공
고를 하고 2월에 대상자를 선정하여 3월부터 11월까지 프로그램을 운영
한다.

청소년 숲속캠프, 방과후 숲교실, 숲사랑소년단의 활동이 주를 이룬
다. 숲에서 수업을 진행할 때 에너지·즐거움 등 정서의 긍정적 정서는
증가하고 스트레스 분노 등 부정적 정서는 감소하였다. 식물학습 프로그
램 참가 후 자연환경보전에 관한 인식 및 환경태도 평가 지수도 향상되었
다. 숲 체험은 청소년 문제 예방 및 해소(인터넷중독 치유, 학업스트레스 감
소, 학교폭력 예방, 운동부족 완화)에 효과가 있다.

라. 청년기 숲레포츠

생애주기별 맞춤형 산림복지 서비스 중 청년기는 산에서 즐기는 각종
산악레포츠를 장려한다. 일반적으로 산림휴양은 '산림을 기반으로 하거
나 이용하여 행해지는 야외 휴양활동'으로 정의할 수 있다. 레포츠는 여
가를 즐기면서 신체를 단련할 수 있는 운동이다. 따라서 산림레포츠는
산림에서 이루어지는 레저와 스포츠이며, 산림휴양 활동의 일부라 할 수
있다.

산림레포츠는 관심이 있는 계층 누구나를 대상으로 사계절 언제나 가

능한데 숲길, 임도, 휴양림 등에서 이뤄진다. 주요 내용으로는 임도를 이용한 산악스키, 산악마라톤, 산악자전거 등을 들 수 있는데 다양한 산림 레포츠 활성화를 위한 공간 확충 및 전국 단위의 대회 개최가 필요하다. 특히 산림레포츠에 대한 전국 단위 대회 개최를 통한 국민적 관심과 저변 확대하여 수준 높은 산림복지 서비스 제공 및 건강 증진과 건전한 여가문화 조성에 기여할 수 있을 것이다.

마. 중장년기 숲휴양

중·장년기는 부부 생활, 자녀 교육, 직업을 갖고 사회적 책임을 다하는 기간이다. 일반적으로 30세 이상 60세 미만을 중·장년기라 한다. 이 시기 신체적 특징은 각종 성인병이 생기고, 신체적, 심리적 어려움을 겪게 되는 시기이다. 이 때문에 경제적, 사회적 스트레스를 많이 받게 된다. 이에 따라 휴식과 치유가 더 필요한 시기다. 산림휴양이란 산림에서 하는 휴양으로서 일을 멈추고, 숲속에서 편안히 쉬면서 심신에 활력을 회복하는 것이다.

또한 산림휴양이란 산림을 기반으로 하거나 이용하는 야외 휴양 활동이라 할 수 있다. 산림휴양 활동에는 휴식, 산책, 등산, 산림욕, 숲 체험, 숲탐험 등 다양한 활동을 포함한다.

현대사회는 산업화되고, 도시화됨에 따라 생활환경이 나빠졌다. 이에 회색의 삭막한 콘크리트로 이루어진 도시 환경에서 벗어나 오염되지 않은 자연에서 쉬고 즐기려는 요구가 커지고 있다. 따라서 최적의 야외 휴양 공간인 산림휴양 수요는 매년 증가하고 있다. 대표적인 산림휴양시설은 1988년 산림청에서 시작한 대관령과 유명산 자연휴양림이었다. 이후 자연휴양림은 전국적으로 산림청과 지방자치단체, 개인이 운영하는 휴양림이 170개소, 산림욕장이 199개소 조성되어 있다.

바. 노년기 숲치유

화병(火病)이라는 특이한 병이 있다. 울화(鬱火)병이라고도 한다. 우울(憂鬱)증도 동반한다. 이 병은 영문명 자체가 'hwa byung'일 만큼 한국적인 병이다. 통상 이를 스트레스 때문이라고 진단한다. 조선 14대 임금 선조는 허준에게 동의보감을 편찬하라고 지시하면서 '사람의 질병은 모두 조리와 섭생의 잘못에서 생기는 것이므로 수양이 먼저 이고, 약물치료는 그 다음 이어야 한다'고 했다.

동의보감에 '수승화강(水昇火降)'이라고 했다. 현대 의학 정보에 따르면 화병 치료는 항우울증 약물과 함께 스트레스에 대처하는 방식과 환경이 바뀌어야 가능하다. 산림치유가 주목받는 이유가 여기에 있다. 이처럼 한국에만 있다는 화병 치료는 숲치유가 최적의 방법이라고도 할 수 있다. 그래서 산림치유의 과정을 보면 마음의 안정을 최우선으로 한다. 이러한 방식은 최근 늘어나고 있는 우울증을 완화하는데 효과가 있다는 연구결과가 있다. 산림치유는 병을 치료하고, 직접 고치기보다는 병후 회복을 빨라지게 하거나 사전에 병에 걸리지 않게 건강을 다지고 스스로의 면역력을 키우는 것이기 때문이다.

이처럼 산림치유는 병원에서 의사가 질병을 치료하는 개념이 아니다. 사람들 스스로 건강 유지와 역력을 높이는 질병을 예방하거나 상태를 호전 시키는 '치유활동'이다. 산림치유 활동은 인체의 면역력을 높이고 건강을 증진하기 위한 것으로 숲의 다양한 환경 요소들을 활용한다.

최근 건강과 삶의 질에 대한 관심이 높아지면서 숲은 건강을 책임지는 치유공간으로서 그 의미가 커지고 있다. 실제로 경관, 소리, 피톤치드,

음이온 등과 같은 숲의 구성 요소에는 심신안정과 스트레스 완화, 우울증 감소 등과 같이 건강을 향상시키는 효과가 있다.

산림치유는 주로 스트레스, 만성질환 완화를 원하는 장년기 이상의 국민을 대상으로 하며, 국립산림치유원, 전국 치유의 숲, 국립숲체원에서 진행된다. 산림치유 서비스는 해당 기관에 산림치유 프로그램 예약 후 이용이 가능하다.

산림치유활동은 사계절 언제나 가능하며 치유의숲, 자연휴양림, 산림욕장, 도시공원 등에서 이뤄진다. 이를 위해 치유의숲, 자연휴양림, 산림욕장, 도시공원 등 다양한 휴양시설을 자연친화적으로 확충하고 지역여건 및 숲체험 패턴 변화를 고려하여 생태공예 등 다양한 체험프로그램을 개발 및 보급(숲체험, 산림욕, 목공예체험, 숲속야영 등)하여야 한다. 산림휴양시설의 외연 확대로 지역경제 활성화 도모에도 기여할 수 있다.

주요 내용으로는 노년기 질병관리 및 건강관리 프로그램(편백 아로마마사지, 호흡법 등)과 청소년 대상 아토피관리 프로그램, 성인대상 스트레스 예방 프로그램 등이 있다. 산림치유의 기대효과로는 피톤치드로 인한 피로회복, 스트레스 감소와 음이온량이 도시의 15배라 뇌의 알파파를 증가시키는 등 정서안정에 도움을 준다.

사. 회년기 수목장림

수목장은 「장사 등에 관한 법률」 제2조 제3호에 따른 자연장의 한 종류이며, 화장한 분골을 나무와 함께 묻어주는 것이다. '자연에서 태어나 자연으로 돌아간다.'는 자연회귀 섭리에 따른 새로운 장례문화이다.

수목장은 1993년 스위스에서 전기 기술자였던 윌리자우터가 세상을 떠난 친구의 골분을 나무 밑에 묻으면서 시작되었다. 그 후 프리드 발트라는 전문기업이 생겨나면서 스위스와 독일에서 수목장 사업이 확장되었다.

현재 국내에서는 100여개 전문기업이 활동하고 있다. 국내에서는 2004년 고려대학교 김장수 교수가 수목장을 실천하면서 국민들에게 알려지기 시작했다. 이후 산림청에서 2006년 수목장 운영계획을 수립하고 2009년 경기 양평에 '하늘숲추모원'이라는 국립수목장림을 개장하였다. 그 동안 장사방법에 대한 국민들의 인식변화로 화장률은 2001년 38.5%에서 2016년 82.7%로 증가하였고, 수목장 선호도는 계속 늘고 있는 추세이다.

2013년 수목장에 대한 국민의식 조사에 따르면, 수목장 44.2%, 납골 37%, 자연장 11.8% 등이었으며, 2017년 한국장례문화진흥원에서 조사한 결과에서도 자연장에 대한 선호도는 40.1%로 봉안 40.5%였으며, 사람들이 가장 선호하는 자연장 형태로는 수목장 53.8%였다. 이처럼 수목장에 대한 수요가 늘어나는 추세이다. 수목장은 70세 이상 고령자, 뇌사자, 질병 등으로 6개월 이내 사망이 예상되는 자를 대상으로 하며 국립수목장림(국립하늘숲추모원), 공립수목장림, 사립수목장림 등에서 이뤄진다.

사람이 죽으면 화장하고 그 유골을 나무에 묻는 장사방법으로 3가지 형태가 있다. 매장형은 묘목 주위에 봉분이나 비석 없이 매장하는 수목장림의 가장 대표적인 방식이다. 산골형은 유골을 환경분해용 용기에 넣어 묻거나, 용기없이 유골을 흙과 섞어 추모목과 함께 묻는 방법이다. 묘지개발형은 묘지 주변의 비석과 같은 가공물을 없애 '자연' 그대로의 녹지로 환원하는 방식이다. 수목장림 보급·확대는 산림 훼손을 최소화하고 묘지에 대한 부정적 인식을 극복하게 한다. 수목장림을 통해 '작은 장례' 문화 확산되어 후손들은 언제나 숲으로 찾아와 고인을 기리며 산책하고, 아이들은 그 숲에서 뛰어 놀 수 있는 공간이 될 것이다.

6. 산림복지 정책 발전 과제

산림복지 정책을 추진하면서 현재 나타나고 있는 몇 가지 문제점이 있다.

첫째는 정책 초기 단계부터 산림복지 서비스가 무료라는 인식이 만연되어 있어 유료 서비스로 전환하기 위해서는 서비스 대가에 대한 국민들의 인식 개선이 필요하다. 또한 민간에서도 서비스 제공을 유료로 사업을 수행할 수 있는 산림복지 공간 혹은 산림복지 인프라가 아직은 부족하다. 이 때문에 창업 초기인 산림복지 전문업자가 아직 사업 경험이 부족하여 민간 시장 개척에 어려움을 겪고 있다.

이에 대한 개선 방안으로서는 산림복지 산업화를 위한 민간의 참여가 필요하다. 이를 위해 산림복지 전문업에 대한 대국민 홍보를 활성화하여 일반 국민들의 산림복지 서비스 및 전문업에 대한 인식 전환이 필요하다. 또한 민간사업자들의 활동 공간을 확충해야 한다. 산촌 지역이나 도시숲, 청소년수련 시설 등에서도 전문업이 활동 가능하도록 확대하여 민간시장의 활성화를 도모해야 한다. 또한 국가나 지자체가 시행하는 산림복지사업과 민간사업이 병행할 수 있도록 권장하고, 산림복지 수요자와 공급자를 연결하는 플랫폼을 구축하여 공급자인 전문업자와 수요자를 원활히 연결해야 한다. 이를 통해 수준이 높은 산림복지 서비스 제공으로 민간 유료 시장을 확대할 수 있을 것이다.

둘째는 산림복지 정책이 정확한 방향성을 갖고 추진되기 위해서는 객관적인 통계와 표준화된 통계가 마련되어야 한다. 하지만 아직까지 단편적인 행정 통계만 있을 뿐 과학적 기반으로 한 통계가 기반이 마련되어 있지 않다. 또한 신뢰성 높은 DB 구축을 위한 전문인력도 확보되어 있지 않다. 이제 막 산림복지진흥원에 통계 관련 전문인력을 확보한 상태이다. 이에 따라 2018년 산림복지 기본통계 구축을 위한 로드맵을 수립하여 2019년에는 산림복지 기본 통계 관리 인력 및 추진 예산을 확보하고, 3단계로 2022년까지 산림복지 통계 관리 정보 시스템이 구축될 것이다. 이를 토대로 할 때 앞으로 정확한 방향성을 가지고 산림복지 정책을 추진할 수 있게 될 것이다.

셋째 저출산, 고령화, 소득양극화 등 사회적 문제 해결에 기여하고자 추진하고 있는 산림복지 정책이 아직 전체적 효과를 기대하기에는 미흡한 수준이다. 앞으로 지역의 산림복지 인프라를 활용하여 관광, 음식, 숙박, 보건 · 의료 등 다른 분야 사회서비스 사업과 연계를 강화해야 한다.

넷째 Silver Health Care 등 새로운 사회 트랜드 및 도시 생활권에 맞는 산림복지 시설 인프라가 부족하다. 산림복지 수요 및 사회 트렌드에 맞는 산림 복지 프로그램 및 시설의 다양화, 규모화가 필요하다.

다섯째 국립산림복지시설의 체계적인 운영 관리를 위한 경영 전략과 평가 메뉴얼을 마련해야 한다. 산림복지 전담기관으로서 한국산림복지진흥원이 지속적으로 효율적인 운영 관리 체계를 정비하고, 새로운 전략을 마련해야 할 것이며 산림복지시설별 평가제도를 도입하고 평가 매뉴얼을 작성해야 할 것이다.

여섯째 산림복지 서비스 수요 창출을 위한 다양한 재원을 확보하고, 제도와 기술을 개발해야 한다. 민.관.학 협력을 통한 산림복지 서비스의 재원을 다양하고, 체험형 신규 휴먼 서비스 개발을 확대 나가야 한다.

일곱째 정규 학교 교육과정과도 연계한 산림교육이 미흡하고, 사회 산림교육도 부족하다. 부처 간 협업을 통한 학교 내 산림교육 강화 및 평생 산림교육(평생교육원, 노인복지센터, 주민센터 등) 체계를 마련해야 할 것이다.

여덟째 산림복지에 관한 법령체계가 정비되어야 한다. 산림복지정책에 관한 제도는 「산림문화휴양에 관한 법률」(2005.8.4. 제정)과 「산림교육 활성화에 관한 법률」(2011.7.25. 제정)을 중심으로 운영되었으나 산림을 기반으로 한 「산림복지진흥에 관한 법률」(2015.3.27. 제정)이 제정되면서 산림복지에 관한 기본법적 성격의 법률이 뒤늦게 제정되어 시행됨에 따라 기존 법률에 따른 법정계획 수립과 정책 추진 체계가 중복 또는 상충되고, 또한 산림치유 분야가 산림문화 휴양 범주에 속하고 독립적인 법률체계를 갖추지 못하고 있는 실정이다. 따라서 산림복지 관련 법률의 정비와 함께 가칭 '산림치유 활성화에 관한 법률' 제정이 필요하다.

아홉째 코로나19를 극복하기 위해 추진하고 있는 한국판 뉴딜 2.0 정책(디지털뉴딜, 그린뉴딜, 휴먼뉴딜)에도 산림복지 분야가 적극적으로 참여해야 한다. 먼저, 자연휴양림, 산림욕장, 산림치유원, 치유의숲 등 산림복지시설에서 ICT 기술을 적용하여 산림복지자원을 데이터화 하고, 앱과 데이터화된 숲길, 등산로, 치유숲 등을 연계하여 서비스하는 기술을 보급하면 다양한 산림복지 신사업이 개발될 수 있을 것이다. 또한, 숲해설가, 유아숲지도사, 숲길안내원, 산림치유지도사 등 산림복지전문가의 역량 강화 지원도 휴먼 뉴딜사업으로 그 역할이 강조되고 있다. 산림복지는 우리가 경제를 회복하고 사회를 치유하는데 필요하고 강력한 산림정책이 될 것이다.

7. 산림복지 정책의 미래 전망

매년 유엔(UN, united nation)에서는 인류의 지속가능한발전을 위해 현재 지구적 차원에서 해결해야 할 주요 과제를 선정한다. 전 세계 다양한 전문가들과 학자들이 모여 글로벌 미래를 연구하는 밀레니엄프로젝트의 일환으로 유엔미래보고서(State of the Future)를 발간하고 있다. 미래를 예측하기 힘든 상황 속에서 다양한 미래예측 기법들을 활용해 10년 후 미래를 예측한 내용을 유엔미래보고서에 담고 있다. 하지만 미래는 우리가 어떻게 준비하느냐에 따라 달라질 것이다. 그리고 미래는 미리 준비하는 사람만이 바꿀 수 있다.

지금도 우리나라를 비롯하여 전 세계적으로 4차 산업혁명이 빠르게 진전되고 있다. 대표적인 인공지능을 비롯한 과학기술의 발전은 우리의 삶을 더 편리하고 풍요롭게 만드는 방향으로 진행되지만, 그렇다고 "우리가 과연 더 행복 할 것인가?"라고 묻는다면 꼭 그렇다고는 할 수 없다. 현재 우리가 과거 어느 때보다도 풍족한 삶을 누리고 있음에도 불구하고, 우리가 과거보다 더 행복 하다고 확신 할 수 없는 것과 마찬가지다.

의학의 발달로 수명이 연장되면 앞으로 30년 후 쯤 되면 평균 수명이 100세를 넘을 것이라고 한다. 하지만 미래에는 1인 가구가 증가하고 일자리는 줄어들어 오히려 외롭고 가난한 노후를 보내게 될 수도 있다. 기술 발달로 인해 개인의 삶도 변화할 것이다. 특히 인간관계에 대한 변화도 있을 것이고, 죽음에 대한 태도도 변하게 될 것이다. 오래 살게 되는 삶, 가상공간에서의 삶은 형태와 가치도 변할 것이다. 미래는 다방면에서 우리 삶의 모습을 바꿀 것으로 예상되지만, 이 변화는 긍정적일 수 있고, 예상치 못한 상황을 맞닥뜨릴 수도 있다.

우리는 "미래를 어떻게 극복해야 하는가?"하는 질문에 대한 답을 인류의 고향인 자연에서 찾을 수 있을 것이다. 특히, 숲은 자연의 대표적인 공간이다. 다행히 우리나라는 64%가 산림이고, 대도시 주변에도 숲이 가까이 있다. 숲의 상태도 70~80년대 성공적인 치산녹화사업의 결과 상당히 좋은 편이다. 이러한 숲을 국민들이 더 많이 이해하고, 감성을 깨우고, 오감을 느끼고, 자연으로부터 인간성을 회복하는 장소로 활용할 수 있다. 그러기 위해서는 어려서부터 자연, 숲 생태 교육이 필요하다. 자연이나 생태는 지식으로 아는 게 아니라 오감으로 느끼도록 해주어야 한다.

산림청에서 2017년 개청 50주년을 기념하여 발간한 미래전략보고서에는 미래사회 변화를 전망하는 '8대 메가 트렌드'와 '25개 하부 트렌드'에 대해 소개한 바 있다. '8대 트렌드'는 글로벌화, 갈등 심화, 인구구조 변화, 문화적 다양성의 증가, 에너지 및 자원의 고갈, 기후변화와 환경문제, 중국의 부상, 과학기술 발달 등이다. 또한 '대한민국 국가 미래전략 2016'에서도 우리나라의 미래 성장을 위한 6대 과제를 저출산·고령화, 사회 통합과 갈등 해결, 평화와 국제 정치, 지속적인 성장과 번영, 지속가능한복지국가, 에너지와 환경 문제를 선정한 바 있다.

이처럼 우리 사회의 미래를 분석하는 여러 전망 보고서에서 꾸준히 언급되는 이슈들의 공통점은 산림과 직·간접적으로 관계가 있다. 대표적인 과제는 고령화·저출산, 삶의 불안정, 실업문제, 기후변화·자연재해·생태계 파괴, 도시화와 휴식을 위한 녹지공간, 글로벌화, 글로벌 거버넌스 그리고 ICT 기반의 과학기술 발달, 즉 제 4차 산업혁명이라고 볼 수 있다.

2016년 국립산림과학원에서 발표한 '2030 산림과 임업분야 핵심이슈'는 산림휴양, 도시림, 농산촌 지역 활성화 등이었다. 이는 국민의 삶의 질 향상에 기여하는 산림의 역할이 중요시 되면서 산림복지가 산림청 핵심정책으로 발전한 것이다. 산림복지 서비스 수혜 인원도 연간 7.4%씩 증가하고 있는 추세로 잠재적 수요를 고려할 때 더욱 증가할 것으로 전망하고 있다. 아울러 산림과학원에서 매년 발표하고 있는 '산림.임업전망'에서도 2020 산림복지서비스의 전망 또한 산림을 찾는 이용객은 더욱 늘어날 것이고, 이에 따라 산림복지시설, 전문업, 전문가 등 산림복지와 관련된 분야 역시 확대될 것으로 전망하고 있다.

현재 산림복지 정책은 법과 제도의 뒷받침 아래 산림복지시설 등 인프라 확충이 꾸준히 진행되고 있다. 하지만 수요자 입장에서 보면 아직도 다양한 서비스 정보를 체계적으로 받고 편리하게 이용하기에는 부족한 것이 사실이다. 산림복지 전달체계 구축을 비롯하여 재원 마련, 민간 참여나 투자환경 조성, 국가복지시스템과 연계방안 등도 해결해야 할 과제이다. 한편 산림복지시설의 과도한 증가로 인한 산림 훼손도 경계해야 한다. 산림복지시설은 최대한 인공구조물을 줄이고 시설도 목재 등을 이용하여 자연친화적으로 조성해야 한다. 또한 산림복지시설이 대부분 도심지로부터 떨어져 있어 접근성 문제로 인하여 취약계층이 산림복지에서 소외되는 일이 없도록 도시숲을 활용한 도시형 산림복지시설도 확충해야 할 것이다. 산림복지에 대한 미래 수요는 앞으로의 경제·사회·환경적 여건 변화를 종합해볼 때 지속적으로 증가할 것이다.

궁극적으로 산림복지는 과거, 현재 그리고 미래에 우리가 나무, 산, 숲과 함께하는 일상생활을 하면서 행복한 나, 행복한 우리, 행복한 대한민국을 만드는 데 기본이자 핵심이라는 것을 인식해야 할 것이다. 이제 산림복지는 시대적 과제이다. 국민 모두가 언제나 자유롭게 숲을 이용하고 숲에서 건강하게 행복을 누릴 수 있는 국가가 바로 '미래형 녹색복지국가'가 될 것이다.

— 국립산림과학원 특강

2부

숲가꾸기
후손에게 물려줄
미래 자원
산림자원

우리나라 조림 역사

세계적인 환경운동가인 미국의 레스터 브라운(R. Brown)은 「Plan B 3.0」에서 한국의 산림녹화사업을 자세히 소개하고 있다. 6 · 25전쟁 이후 황폐했던 산지를 오늘날과 같은 모습으로 복구한 조림사업은 가히 기적적이며 당면하고 있는 지구촌의 환경문제인 기후변화의 해결책으로 한국의 조림사업이 모델이라고 극찬하면서 우리의 망가진 지구 전체를 재조림할 수 있다고 역설하고 있다. 그러나 정작 우리들은 그 사실을 제대로 모른다. 특히 젊은 세대들은 지금의 푸른 국토가 저절로 생긴 것이라 생각한다. 이전 세대가 흘린 땀방울로 맺은 결실 때문에 지금 현세대가 많은 혜택을 받고 있지만 정작 산림에 대해서는 알지 못하거나 관심 대상이 아닌 듯 싶다.

프랑스 작가 장지오노(Jean Giono)의 소설 『나무를 심은 사람』에 나오는 가상의 인물 '부피에'에게는 찬사를 보내고 감동을 받지만 정작 우리 선배들이 피와 땀으로 이룩한 실제 우리들의 이야기에는 별 감흥을 느끼지 않는다. 실로 안타까운 생각뿐이다. 그래서 우리의 산림녹화 경험을 조금이나마 다음 세대에 알리고 나아가 지금도 계속되고 있는 세계 각국의 사막화 방지사업에도 도움이 되고자 이 경험적 역사를 기록하는 것이다. 특히 한반도 반(半)쪽인 북한은 산림황폐지가 그대로 방치되고 있어 더 이상 놔두었다가는 회복 불능 상태가 될 수도 있을 것이다. 하루 빨리 북한도 산림녹화에 착수하여 단절된 생태계가 복원되길 기원하는 심정이다.

우리나라는 사계절이 분명하고 나무가 자라기 적합한 기후 풍토를 가지고 있으며, 산이 많은 산림국가이다. 그러나 일찍부터 대륙성 기후의 영향으로 겨울에는 혹독한 추위가 계속되어 난방을 위해 연료가 필요하였으며 필요한 연료는 나무에 의존하여 왔다. 인구가 늘어나고 교통이 발달하면서 연료와 건축을 위해 나무 수요도 증가하게 되어 사람들이 접근하기 쉬운 인가 주변 산부터 벌채되어 결국에는 나무가 없는 민둥산으로 변하기 시작했다.

1910년 한일합방으로 1916년에 일제가 실시한 산림조사 결과 총 산림 면적 1,558만 ha(당시 면적 단위는 정보를 사용하였으며, 1정보는 3,000평으로서 1ha에 해당함)중 성림지가 548만 ha, 20년생 이하 치수림이 728만 ha, 나무가 없는 미립목지가 312만 ha로서 민둥산이 전체 산림의 20%를 차지하였다. 사람이 접근하기 어려운 오지 산림을 제외하면, 인구가 많은 평야지대의 산림은 대부분 나무가 없는 민둥산이 훨씬 많았으리라 짐작된다. 다행히 압록강과 두만강 유역의 산림은 개발되지 않아 울창한 천연림이 보존되어 1ha당 임목축적이 205m³까지 되었다고 한다.

이러한 산림을 지역주민들의 최소생계 유지를 위해 난방과 건축, 토목재 등으로 나무 수요가 급증하게 되었고, 연료용 땔나무는 주민들이 앞

뒷산의 낙엽, 낙지와 심지어 풀뿌리까지 채취하여 사용하였으며, 도시지역의 난방을 위해서는 임목을 벌채하여 장작으로 사용함으로써 산은 계속하여 황폐되고 있었다.

그런 중에도 일제는 울창한 산림을 마구 개발하여 목재자원을 수탈하고, 제1차 세계대전 후 전후복구를 위해 우리의 우수한 산림자원을 무자비하게 벌채하였으며, 또한 제2차 세계대전 준비를 위해 전쟁물자 확보, 전쟁수행을 위해 필요한 엄청난 양의 목재자원을 조달하기 위해 마구 벌채함으로써 우리의 산림은 황폐화가 극에 달했다.

이 때문에 광복 직전인 1943년의 한반도 전체의 산림면적은 1,627만 ha였으나, 축적은 212백만 m³으로서 1ha당 임목축적은 13m³로 빈약한 산림국가로 전락하였다. 더욱이 광복과 더불어 국토가 남북으로 분단되는 비극이 되어, 1946년 남한의 총 산림면적은 681만 ha, 축적은 60백만 m³로서 1ha당 임목축적은 9m³ 정도로 면적의 6할 이상과 축적의 7할을 상실하게 되었다. 결국 20세기 초 한반도의 총 산림축적은 7억m³ 이상이었으나, 광복 직전에는 약 2억m³만 남아 전체 약 5억m³가 일제의 한반도 강점기 동안 수탈되었다고 추정되기도 한다.

광복 후에도 북한으로부터의 수많은 주민들이 남쪽으로 내려와 인구의 급증과 사회질서 혼란기에 생계유지를 위하여 남한의 산림은 무질서한 벌채와 남벌로 날로 황폐화가 가속되어갔다. 1948년 대한민국 정부가 수립되었으나 곧바로 이어 1950년 6·25전쟁이 일어나 산림복구사업이 중단되었다. 주민들의 난방과 취사연료와 생업수단으로의 무자비한 산림벌채, 6·25전쟁으로 인한 산림 황폐가 심해져 전쟁이 끝나고 휴전이 된 1953년도에는 우리 산의 대부분이 벌거숭이가 되었다.

6·25전쟁 후 우리의 살림살이가 피폐했던 것 같이 산에도 혼란기를

틈탄 도벌과 남벌이 횡행하여 쓸만한 나무는 전후 피해복구 등으로 잘려나갔고, 마을 근처의 야산도 주민들의 연료용으로 무차별 수난을 당해 날이 갈수록 벌거벗은 산이 늘어가고 있어, 조금만 가뭄이 들어도 한발 피해가 극심했고, 장마기 비가 많이 내리면 산사태가 발생하고 산의 토사가 흘러내려 엄청난 피해를 당하게 되어 전후 복구사업과 함께 산림복구가 국가적인 과제로 대두되었다.

이에 따라 임산연료 대책을 위하여 약 78만 ha의 연료림 조성사업과 농촌소득증대를 위한 유실·특용수 조림도 추진하였으나, 국가재정이 빈약하고 양묘·조림 기술과 전문인력 부족, 운송 수단의 열악한 상태 등으로 큰 실효를 거두지 못하였다. 특히 산의 토사가 씻겨 내려가 거름기가 없이 척박하고 토심이라고 표현할 수 없을 정도로 낮아 나무가 자랄 수 있는 흙이 부족하여 심은 나무도 제대로 크지 못하는 상태에서의 조림사업은 성공을 기대할 수 없었다.

국가경영의 근본이라 할 수 있는 치산치수 자체가 산림을 녹화하지 않고서는 기대할 수 없는 것으로, 1962년 강력한 혁명정부가 들어서면서 제1차 경제개발계획과 함께 산림복구계획도 추진되었으나, 기대할 만한 성과가 나타나지 않았다. 이에 따라 치산녹화 없이는 경제개발사업도 저조하게 되어 산림녹화정책 추진을 전담할 산림청을 1967년 발족하여 국토녹화사업을 추진하였으나, 이 또한 성과가 없었다.

비로서 1970년대에 들어 산림녹화사업이야말로 장기간의 세월이 소요될 것으로 여겨 1972년 산림청을 내무부 소속으로 이관하여 전국의 황폐 산림을 국민식수와 국가적 행정력을 동원하여 산을 단기간에 피복하자는 취지에서, 1973년에 10년간의 제1차 치산녹화사업이 착수하게 되었다. 결과 1978년까지 108만ha의 조림사업을 실행하여 1차계획을 4년 앞당겨 마무리하고, 1979년도부터 1988년까지 추진할 제2차 치산녹화사업은 제1차 치산녹화사업에서 나타난 문제점을 보완한 한편, 경제림단지 조성에 목표를 두어 추진함으로써 제3차 산지자원화사업(1988~1997)추진의 기틀이 되었다.

제1~2차 치산녹화사업으로 추진한 213만 ha의 인공조림과 21만 ha의 연료림조성사업은 국토녹화를 달성하는 기반으로써 이 같이 단기간에 성공적으로 추진할 수 있었던 것은 첫째 국가통치자인 박정희 대통령의 집념과 둘째 국민식수운동이라는 온 국민의 자발적인 참여 셋째 정부(산림청)의 주도적 역할 그리고 국가 직할 사업방식으로 추진했던 것이 성공의 주요 요인이였다고 정리할 수 있으며 이는 세계사에 큰 족적을 남긴 우리 민족의 성공작이라고 할 수 있다.

이에 따라 유엔의 FAO(식량농업기구)는 한국을 세계에서 유례없는 짧은 기간동안에 국토녹화를 달성한 국가로 평가하였고, 한국의 사례를 개도국에 전파하고 있으며, 경제적 측면에서 한강의 기적을 이룩한 것에 버금가는 것으로 인정하게 되었다. 이제 우리 산림은 조림역사가 30~40년에 불과하지만 벌거숭이 산이 보이지 않고 일찍 심은 나무들은 벌채할 나이가 되어 일부 수확 벌채하여 산업용재 등으로 쓰고, 재조림 사업과 심어 논 나무에 대한 숲가꾸기 사업이 한창 진행되고 있다.

이렇게 벌거숭이 우리 산림을 짧은 기간 동안 피땀어린 온 국민의 성원과 국가행정력의 뒷받침 아래 산림공무원과 임업인들의 각고의 노력으로 이룩한 역사이다. 2023년은 '치산녹화사업'을 추진한 지 50주년이 되는 해이다. 그동안 국토녹화의 대업을 이루는데 피나는 노력과 애환, 희생을 일일이 열거할 수는 없지만, 우리가 알고 있는 내용만이라도 최대한 수집하여 고대사회에서의 산림, 일제강점기의 산림수탈, 광복 후 조림정책, 치산녹화기의 조림실행 등으로 추진된 우리나라 조림 역사를 망라하여 수록하는 한국조림 역사를 세계기록유산에 등재하여 대한민국의 국토 녹화라는 위대한 위업을 국내외적으로 널리 알리고 후손들에게 물려 주어야 한다.

국토녹화 기념탑

(사)한국임우회지(2015/370호)에 국토녹화 완료 시점에 대해서 학문적으로 정리하여 소개한 글이 있었다. 국립산림과학원 주린원 부장께서 국토녹화 완성의 해를 1986년부터 1989년까지로 보는 것이 무리가 없으며, 굳이 한 해를 정해서 말한다면 제2차 치산녹화 계획을 완료한 1987년이라고 하는 것이 좋겠다는 결론이었다. 하지만 1987년까지 제2차 치산녹화 10년 계획을 마무리하고, 1988년부터 제3차 산지자원화 계획을 시작하면서 당시에는 그 어떤 국토녹화 완료 선언이나 치산녹화 성공 기념물이 없었다. 그러다가 1992년 초 당시 최민휴 임업연구원 산림경영부장께서 국토녹화를 완성했다는 선언과 그 의미를 담아서 국토녹화 기념탑을 건립하자는 제안을 하셨다. 산림청에서는 이를 수용해서 1992년 4월 5일 제47회 식목일에 국토녹화기념탑을 건립하고 제막식을 갖게 되었다.

1967년 산림청이 발족한 지 20년이 되어서 전국의 황폐되었던 산지를 완전 녹화하는 국토녹화 성공의 역사를 완수하였으나, 그 후 제3차 산지

국토녹화기념탑 전경(광릉 국립수목원)

자원화 계획이 1988년부터 시작되어 1992년 5년차 사업이 추진되고 있었음에도 불구하고 국토녹화 완성을 의미하는 어떠한 국가적 행사 등을 갖지 못했다. 그러다가 노태우 대통령의 임기가 마무리 되는 마지막 식목일을 맞아 국토녹화완성에 대한 의미를 부여하는 특색 있는 행사를 구상하던 중 "국토녹화기념"탑 건립사업이 추진된 것이다.

〈국토녹화기념탑 건립 취지문〉

금수강산이라 일컬어 오던 우리 나라가 근세에 들어 고난의 시대와 전쟁의 참화를 겪었습니다.

그 동안에 우리 산림도 말할 수 없이 황폐해져서 1910년에 헥타르 당 40여 입방 미터이었던 임목 축적이 60여 년이 지난 1972년에는 11입방 미터로 크게 줄었습니다.

이렇게 헐벗은 우리 국토를 이대로 둘 수 없다고, 온 국민이 나서서 1973년

부터 '치산 녹화 계획'을 시작하여 그 목표를 성공적으로 달성하였습니다. 그리고 '산지 자원화 계획'의 5년째를 맞이한 오늘날 임목 축적은 1910년대 수준으로 회복하였습니다.

이는 5천 년의 유구한 역사를 이어 오면서, 국토 사랑의 정신이 남달랐던 우리 겨레의 강인한 의지의 빛나는 결실이라 하지 않을 수 없습니다.

우리는 산림 녹화를 이룩한 업적을 기념하는 탑을 세워, 온 국민의 협조와 성원에 보답하고자 합니다.

산림은 우리 겨레의 보금자리이며 후손에게 물려주어야 할 소중한 유산입니다.

이러한 산림을 값진 녹화의 바탕 위에서 더욱 쓸모 있고 풍요롭게 가꾸어 나가기를 온 국민과 함께 굳게 다짐하는 바입니다.

1992년 4월 5일

大統領 盧泰愚

매년 식목일 행사는 4월 5일 기준으로 연초부터 계획을 구상하고 두 달 전부터 계획을 수립하여, 청와대 비서실, 경호실 등과 협의를 하는 것이 통상적인 일정이었다. 그래서 그 해 2월 경에 국토녹화기념탑 건립이 제안되고 4월 5일에 제막식을 갖는다는 것은 사실 일정상 무리가 많았다. 하지만 당시 업무 추진력이 뛰어나기로 유명한 조재명 임업연구원장님께서 이를 직접 진두지휘하시고, 녹화탑 건립 계획을 수립 바로 착수하기 시작했다.

우선 관계자들로 하여금 녹화탑 건립 T/F를 구성하고 이것을 국립수목원(당시 중부임업시험장 광릉수목원)광장 앞에 건립하기로 하고 설계에 들어갔다. 탑의 글씨는 "國土綠化紀念"(국토녹화기념)이라는 노태우 대통령 친필 휘호를 당시 이원열 연구관께서 청와대로부터 받아오기도 하였다. 당시 노태우 대통령께서는 글을 휘호하시기 위해 수 차례 반복하셨다고 한다.

당시 설계에 따르면 탑의 주석은 자연석으로 높이가 5.2m로서 푸른색을 띤 충남 부여 산 섬록암으로 온 국민이 하나 되어 국토를 푸르게 가꾸었다는 뜻과 미래에 더욱 풍요로운 산림을 가꾸겠다는 결의를 나타냈다. 기단은 경기도 포천 화강석으로서 2m이고 2단으로 하여 두 차례에 걸친 치산녹화 사업의 성공적인 달성을 의미한다. 기단의 바닥은 전국 8개도의 화강석과 제주도 현무암을 방사 모양으로 배열하여 대칭되게 깔아 전 국토를 상징했다. 탑의 앞뜰은 우리나라에 가장 많이 분포하는 화강암 판석이고, 주위의 나무블록은 우리나라 고유 수종이며, 주요 녹화수종인 잣나무로 하였다.

하지만 실제 건립 공사는 2월 27일 착공하였으나 진행은 만만치 않았다. 광릉의 날씨는 특히 추웠고, 아직 겨울인지라 해는 일찍 졌다. 식목일은 다가오는데 공사 진행은 더디었다. 하지만 조재명 원장님께서는 날씨에 아랑곳하지 않으셨다. 마음에 들지 않으면 즉시 재작업을 지시하셨고 담당 책임자이셨던 이원열 연구관은 매일 현장으로 출근하셨다. 결국 전날 밤 자동차 헤드라이트까지 켜가면서 그 높은 탑 꼭대기에 제막 흰 천을 설치하고 마무리하였다.

당일 제47회 식목일 행사는 "국토녹화기념탑" 제막식과 함께 나라꽃 무궁화를 심기로 하였다. 식목일 당일은 일요일이었다. 노태우 대통령께서 광릉수목원에 도착하시고 유종탁 산림청장께서 영접하셨으며, 조재명 임업연구원장, 이한동, 안찬희 국회의원, 정상환, 정종술 독립가, 지인용, 이광성 임업후계자, 박경숙, 신은선 푸른숲 선도원, 김주현 소흘면장 등 도열 인사들과 인사를 나눈 후 다시 유종탁 산림청장께서 간단한 현황 보고를 하였다.

가장 긴장되는 순간은 그 다음 녹화탑 제막이었다. 당시 대통령은 무소불위의 존엄한 분으로서 VIP 행사에 조그마한 차질도 있어서는 안 되는 시절이었다. 그래서 실무담당자로서 긴장감은 말할 수 없었다. 자그마치 7.2m나 되는 녹화탑 꼭대기에 묶어 놓은 흰색의 제막 천 끈이 만에 하나 풀어지지 않는다면… 상상만 하여도 난감한 일이었다. 제막은 주빈과 여러 명의 참여 인사들이 함께 하였는데 구령에 맞추어 하나, 둘, 셋 순간 주루룩 천이 흘러내렸다. 모습을 보고 하느님께 감사하지 않을 수 없었다. 국토녹화기념탑의 건립 의미보다 내게는 또 한 번의 식목일 행사를 무사히 마치는구나 하는 안도감이 몰려드는 순간이었다.

이어서 노태우 대통령과 참석자들은 산림박물관 앞 유리온실 옆 무궁화원으로 이동하여 무궁화 심기를 하였다. 대통령께서는 무궁화 대목(大木) 1그루와 소묘(小苗) 6그루를 다른 참석자들과 함께 심으셨다. 당시를 회고하면서 1992년 나무심기 계획을 확인해보니 전국 3만 5천ha의 산지에 8천7백만 그루의 나무를 심는 것이었다. 지금보다 약 2배 정도가 된다. 특징적인 것은 첫째, 전 국민 한 그루 나무심기 운동을 전개하여 나무심기에 대한 국민적 공감대를 조성하고, 둘째 국토녹화기념탑을 건립하여 녹화의 바탕 위에 산지의 자원화를 다짐하며, 셋째 도시와 공단 주변 공해방지 나무심기 운동과 나라꽃 무궁화 1가구 1그루 심기 운동도 병행 추진하고, 넷째 푸른숲 선도원을 육성하여 밝은 사회 조성과 국토사

랑에 대한 주인의식 함양, 다섯째 민통선 북방 국유림에 통일 염원 조림
으로 통일의지 확산에 두었다. 20여 년 지난 지금도 계속 추진해야 할 과
제인 것 같다.

– 임우회지

나무를 심는 것과 베는 것

2050 탄소중립을 위해 산림청이 계획한 30억 그루 나무심기에 대한 논쟁이 뜨겁다. 큰나무를 베어내고 어린나무를 심는 것에 특히 부정적인데 마치 나무를 심는 것은 좋은 일이고 나무를 베는 것은 무조건 나쁜 일로 여기는 듯하다.

인류문명이 발생한 배경도 울창한 숲이 있었기에 가능했다. 근대사회는 산업혁명의 시대라고 하지만 목재가 커다란 역할을 하였다. 점차 인구가 늘어나면서 식량 증산을 해야 했고, 도시가 건설되면서 목재 수요는 급증하였다. 목재뿐만 아니라 연료로 사용한 석탄은 지질시대 구분상 고생대 마지막 기인 약 3억 년 전 석탄기 숲이 매몰되어 만들어진 산물이며 그것이 산업혁명의 주요한 에너지원이기도 했다.

이처럼 인류문명은 숲과 끊임없이 관계하며 역사를 만들어 갔지만 숲을 이용할 줄만 알았지 관리할 줄 몰랐던 인간은 결국 숲을 함부로 다루기 시작했다. 목재는 수요가 급증하면서 고갈되기 시작하였고 황폐된 숲은 산사태가 나고 홍수와 가뭄이 반복되면서 사막으로 변해갔다. 이러한 배경 속에서 숲을 제대로 관리하고 이용하기 위한 지금의 임업이 탄생하였다.

18세기 유럽에서 시작된 임업(林業, forestry)은 산에 나무를 심고 가꾸고 보호함으로서 목재를 지속적으로 생산하여 수익을 얻는 토지산업이다. 또한 임업경영(혹은 산림경영)은 물론 시대에 따라 혹은 소유자의 의도에 따라 다를 수 있지만 산주(국가, 지자체, 개인)가 나무를 심어 수확하여 수익을 얻는 활동이다. 즉 임업경영은 최대량의 목재를 생산하여 국민의 복리를 증진하고 국가 경제발전에 기여하는 것을 목표로 한다. 이를 위해 임업경영은 국민이 요구하는 질 좋은 나무의 최대 생산을 합리적으로 달성하고자 산림이 갖고 있는 공공성, 경제성, 생산성, 수익성, 지속가능성, 합자연성 원칙을 준수하게 된다.

그렇다면 '이러한 임업경영의 특성을 고려하여 심은 나무는 언제쯤 베는 것이 좋을까?'하는 것이 이번 논쟁 중의 하나이다. 나무를 베는 시기를 벌기령(伐期齡)이라고 한다. 벌기령은 크게 생리적 벌기령과 공예적 벌기령으로 나눈다. 생리적 벌기령은 천연갱신이 왕성한 시기이거나 공원지역에서는 자연적으로 고사할 때라고 볼 수 있고, 공예적 벌기령은 연료재, 펄프재, 건축재 등 목적에 따라 다를 것이다. 또한 재적수확 최대의 벌기령과 수익 최대의 벌기령으로 구분한다. 재적수확 최대의 벌기령은 일정한 면적에서 매년 평균하여 최대량의 재적수확을 얻을 수 있는 연령을 벌기령으로 한 것이고, 수익 최대의 벌기령은 일정한 면적에서 화폐수입을 최대로 얻을 수 있는 시점에 나무를 베는 것이다. 우리나라는 그동안 환경과 산림보호를 목적으로 재적수확 최대의 벌기령보다도 높은 시점을 적용하였다.

우리 산림은 전 국토의 63%를 차지하는 국가의 귀중한 경제적, 환경적, 사회적 자산이다. 그래서 산림은 개발과 보존의 조화를 이룩해 나가야 한다. 이에 따라 산림은 임업용 산지(332만 ha, 54%) 그리고 환경보전을 위한 공익용 산지(167만 ha, 26%), 그리고 미래 도시, 산업, 농지 개발을 위한 준보전 산지(136만 ha, 22%) 등으로 구분하여 관리하고 있다. 또한 소유 구분을 보더라도 국유림이 26%, 공유림이 7%, 그리고 개인이 소유하고 있는 사유림이 전체 산림의 67%나 차지하고 있다. 특히 사유림의 경우 산림의 공익적 특성상 국.공립공원, 그린벨트, 상수원 보호구역, 군사시설보호구역 등으로 묶이면 임업경영뿐만 아니라 재산권 행사에 많은 제약이 따라 임업인들이 고충을 토로하기도 한다.

또한 과거 1970년대~80년대 황폐 산지 녹화사업을 통해 이룩한 우리 산림은 대부분 장령림(30년~40년생)으로 이미 노령화 단계에 들어가 있다. 그러다 보니 심어 놓고 가꾸지 못한 불량림의 비율이 높아 온실가스 흡수량이 감소하고 있으며 기후변화에 따른 산불, 산림병해충 등 재해 위험도 증가하고 있는 실정이다. 이를 해결하기 위해서는 형질이 불량한 산림은 솎아베기, 가지치기 등 숲가꾸기를 통해 우량한 산림으로 개선하고, 형질이 불량하거나 생산성이 낮은 산림은 새로운 수종으로 갱신시켜야 한다.

이제는 과거 치산녹화나 절대보호를 넘어서 시대에 알맞은 새로운 산림경영을 열어가야 할 시점이다. 특히 기후변화 시대에 산림의 역할이 막중한데 탄소흡수원으로서의 기능을 강화해야 하고 기후변화 적응력이 높고 탄소흡수 능력이 뛰어난 수종으로 재조림 사업을 확대해나가야 한다. 특히 경제림을 중심으로 심고, 가꾸고, 목재를 생산하고 순환 산림경영을 이룩해야 한다.

경제림의 경우 목재 생산과 이용 측면을 고려하여 벌채, 수확 과정에 있어 산림생태계의 훼손을 최소화하는 방안도 강구해 나가야 한다. 또한 과거 단순림, 동령림 경영에서 탈피하여 다층림 경영을 실행하고, 선진 국 수준의 임도를 설치하여 생산성을 높이며 개벌(모두베기)방식이 아닌 택벌(솎아베기)방식의 자연친화적인 작업시스템을 보급해 나가는 것이 필 요하다. 그리고 임도시설과 나무를 베는 벌채작업에 대한 사회적 불신을 해소할 수 있도록 시민단체와 함께 산림경영에 대한 모니터링 시스템을 구축해야 한다.

산림분야 탄소중립에 대한 논쟁은 향후 다양한 이해관계자가 참여하는 거버넌스 운영을 통해 지속가능한 산림관리 원칙과 기준에 맞춰 세부계 획을 만들어 가야 할 것이다. 그리고 이를 계기로 산림경영에 대한 올바 른 인식이 확산되어 벌채와 조림, 숲가꾸기와 임도, 목재와 산림바이오 매스 이용 등 산림경영 활동의 정당성을 확보하는 계기가 되기를 기대해 본다.

- 내일신문

새해를 기다리는 희망의 숲

12월 22일 절기상의 동지(冬至)를 지나면 아침 해 뜨는 시간이 점차 일러진다. 동지를 지나도 지상은 아직 겨울 극한의 날씨이지만 이미 땅속 깊은 곳에서부터 생명의 움직임이 시작된 것이다. 중국 주나라에서는 이 날 생명력과 광명이 부활한다고 생각하며 동지를 설로 삼았다. 이것은 땅속부터 싹트는 봄기운을 의미하고 있고, 겉으로 보기에 모든 수목은 낙엽을 땅에 떨구고 아직 침묵하고 있지만 숲속에서는 무한한 에너지가 꿈틀거리고 있음을 의미한다.

한 해를 돌아보면서 우리의 숲은 지난 한 해 동안 국민들에게 얼마나 혜택을 주려고 고생했는지 감사한 마음이 든다. 동화 『아낌없이 주는 나무』에서 작가 쉘 실버스타인은 사과나무와 소년의 이야기를 그렸다. 나무는 평생 동안 소년에게 어릴 때 갖고 놀 잎을 주었고, 배고프면 먹을 수 있는 열매를 주고, 추울 땐 땔 수 있는 나뭇가지를 주고, 멀리 떠나고 싶을 땐 배를 만들 수 있도록 몸통까지 주었다. 하지만 결국 소년은 늙어 노인이 되어 다시 숲을 찾았을 때엔 나무는 아무것도 남지 않았다. 그래도 나무는 그루터기라도 남아있어 노인이 앉아 쉴 곳을 주었다. 그래서 나무는 행복했다.

숲을 두고 올해를 돌아보면 나무와 숲은 병해충과 산불로 고통스럽고 힘든 한 해를 보낸 것 같아 제대로 지켜주지 못해 미안한 마음이 든다. 특히 소나무재선충병은 우리의 소중한 소나무를 피폐하게 만드는 가공할 위력을 지니고 있다. 지금도 경남북 지역과 제주도에서는 방제를 위해 고생하는 일선의 산림공무원과 작업에 투입된 많은 사람들에게 고통과 시련을 안겨주고 있다. 또한, 올해도 순간의 방심으로 오랫동안 공들여 쌓은 탑을 순식간에 무너뜨리는 우(愚)를 범하는 것과 같은 산불의 위협으로부터 자유롭지 못했다. 자연과 인간이 동시에 힘든 시간을 보내고 있는 것이다.

이러한 긴장 속에서도 우리의 숲에는 희망이 있다. 다가오는 갑오년은 청마(靑馬)의 힘찬 기운과 내일을 향해 질주하는 역동성을 빌려 숲의 정기를 밖으로 끄집어내어 국민들의 삶을 더 풍요롭게 만드는 일에 좀 더 많은 노력을 경주해야 할 것이다. 우선 내년 4월까지 소나무재선충병 방제에 국민 모두의 자산인 소나무 숲의 건강성을 회복시켜야 한다. 숲이 병해충으로 시름하고 있는데 어찌 우리에게 희망을 주고 사랑을 베풀겠는가?

건강한 숲은 앞으로 국민의 복지 수준을 높이는 밑거름으로서 국민 행복의 시드머니(Seed Money) 역할을 할 것이다. 녹색성장, 산림탄소상쇄, 환경문제 해결, 일자리 창출, 새로운 분야와 융·복합, 협업을 통한 통섭의 장, 그리고 젊은 청년들이 추구하는 창의·창조의 알파라이징(Alpharising) 등 이 모든 것들이 숲에서 싹트고 시작될 수 있다.

내년에도 우리 숲의 키워드는 산림복지, 산림치유, 산림교육, 산림 일자리이다. 이제 치산녹화의 성공을 넘어 숲 관리 선진국으로 우뚝 서기 위한, 세계의 숲 산업을 이끌 글로벌 리드로서의 자리 매김하는 초석을 마련해야 한다. 따라서 숲을 구하고, 숲에서 삶의 터전을 이루고 있는 모든 분들에게 희망과 꿈이 구체화 될 수 있었으면 하는 바람이다. 동해안 일출의 태양은 시각적으로 조그마한 불덩이로 시작하지만 서해안에서 보는 일몰의 태양은 주변을 붉게 멍들인 커다란 쟁반이다.

2014년 갑오년은 태양이 하루를 지나면서 세상을 밝게 비추고 인간과 자연을 동화시키면서 점점 켜져 온 세상이 붉게 만든 후 함께 바다 속으로 들어가듯 우리도 숲을 태양의 일일주기처럼 사람과 자연이 함께하는 행복의 터전으로 만드는 희망찬 새해가 되길 기원해 본다. 숲의 부활은 시작되었다.

– 서울신문

나무 심기, 산림복지로 가는 첫걸음

눈을 뚫고 피어나는 봄의 전령사인 노란 복수초(福壽草)가 서울에 봄을 데리고 오던 지난 2월, 전남 고흥 거금도에서 금년도 첫 나무 심기가 시작되었다. 올해 나무 심는 시기는 예년보다 1주일가량 앞당겨졌는데 이는 지구온난화 등 영향으로 생물의 생체 리듬이 빨라진 데 따른 것이다. 현재 제주도와 남부 해안은 2월 하순, 강원도는 3월 중순부터 나무 심기가 가능해서 지금은 전국 어디든 나무를 심어도 되는 시기이다.

나무 심는 기간에 정성껏 심은 나무를 소중히 잘 가꾸면 숲이 만들어지고, 그 숲은 우리에게 다양한 혜택을 준다. 숲은 목재, 식·약용식물 같은 임산물을 생산하는 경제적 기능을 할 뿐 아니라, 맑은 물, 깨끗한 공기, 아름다운 경치 등 삶의 질을 향상시키는 환경 서비스도 제공한다. 토사 유출과 산사태를 줄여주는 재해 예방 기능을 발휘해 국민의 귀중한 생명과 재산을 지키고 국토를 보전하는 것 역시 숲의 역할이다.

특히 오늘날 숲은 피톤치드·음이온 같은 환경 요소에 문학·예술·교

육이 결합한 산림 치유 서비스 공간으로 거듭나고 있다. 우리나라 산림이
이런 방식으로 제공하는 공익적 가치는 2018년 기준 1년 동안 약 221조원
이며 국민 한 사람당 얻는 산림 복지 혜택은 연간 428만 원이나 된다.

복지에 대한 우리 사회의 요구나 국민적 관심이 커지면서 산림휴양 수
요는 매년 증가해왔다. 산림을 여가 및 국민 건강 자산으로 활용하려는
요구도 다양해지고 있다. 그동안 진행된 치산녹화(治山綠化) 성과는 단순
히 숲 조성에만 그치지 않고 산림 서비스를 통한 국민의 정신적·육체적
건강 증진으로 돌아올 때 더 큰 의미를 갖는다. 최근 국가 복지 시스템의
일환으로 산림의 서비스 기능에 대한 '산림 복지' 패러다임이 모색되고
있다. 이는 지속가능한산림 경영을 기반으로 문화, 휴양, 교육 및 치유
등의 산림 서비스를 제공해 국민 복리 증진에 기여하는 것을 말한다.

이런 맥락에서 산림청은 산림 복지 체계, 즉 'G7(Green Welfare 7
Project)'을 구축한 바 있다. G7의 핵심은 인간의 생애를 7단계로 구분해
탄생기, 유아기, 아동·청소년기, 청년기, 중·장년기, 노년기, 회년기
생애 주기별로 산림 문화, 휴양, 교육 및 치유 등의 맞춤형 복지를 제공
하는 것이다.

산림복지 발전을 위해 민간에서도 움직임이 활발하다. 연간 산림 휴양
일 및 1인당 최소 생활권 녹지 면적 등과 같이 일정 수준 이상으로 국민
이 양질의 산림 혜택을 받아야 한다는 주장이 늘고 있다. 도시화 비율이
90%를 넘어가는 우리나라에서는 국민이 숲에 쉽게 다가갈 수 있도록 돕
는 장치가 필요하다.

이제 전 국민이 숲의 가치를 인식하고 나아가 실천하는 모습을 보여야
할 때이다. 전 국민이 산림 복지의 수혜자가 될 수 있지만, 이는 산림복
지의 기반인 숲 가꾸기에 국민 한 사람 한 사람이 적극적으로 참여하지

않는다면 실현되기 어렵다. 지속적인 나무 가꾸기 프로그램을 마련해야 한다는 점도 더 말할 나위가 없을 것이다. 식목은 단순히 나무를 심어보는 일회성 행사가 아니라 계속 관심을 갖고 살핀다는 데 뜻이 있음을 되새기며 식목(植木) 기간을 보내자.

- 조선일보

숲에서 들려오는 봄소식

바야흐로 3월, 봄이 찾아왔다. 봄은 푸른 새싹과 노란 꽃잎으로, 향긋한 꽃향기로, 그리고 따뜻한 햇살로 다가온다. 이런 봄을 가장 잘 느낄수 있는 곳은 단연 숲이다. 언 땅이 녹으면 숲속 바닥에서 갈색 낙엽을 덮고 있던 작은 풀꽃 몽우리들이 하나 둘 연둣빛 고개를 내밀면서 봄을 재촉한다. 메말랐던 나무는 물기를 한껏 머금어 싱싱한 줄기와 잎을 펼치고 완연한 봄을 실감케 한다.

예년보다 따뜻했던 겨울을 지나 가장 먼저 들려온 봄꽃 소식의 주인공은 '복수초'이다. 복수초라는 이름에는 복(福)과 장수(壽)의 바람이 담겨있다. 이 꽃은 이른 봄, 눈 속에서 꽃이 펴 설연화(雪蓮花), 그리고 얼음 사이에서 꽃이 핀다고 해 빙리화(氷里花) 또는 얼음꽃이라 한다. 올해 복수초는 평균 개화일보다 1~2주 빨리 노란 꽃잎을 펼쳐 봄을 재촉했다. 1월 말 제주도에서 시작된 복수초 개화(開花)는 전라남도 완도, 경상남도 울산, 경기도 용인을 지나 지난 2월 초에는 서울까지 이어졌다.

복수초와 함께 봄의 전령으로 불리는 '풍년화', 기분 좋은 향기로 다가오는 '납매', 변산아씨라고 불릴 만큼 고운 자태의 '변산바람꽃', 솜털 보송한 '노루귀' 등 봄꽃 소식이 숲에서 들려온다. 숲속 낮은 곳에서 많은 봄꽃들이 피어오르면서 세상은 비로소 봄옷을 제대로 갖춰 입게 된다. 봄꽃을 통해 진정한 봄은 숲에서 시작된다는 것을 느끼게 된다.

숲에서 들려오는 또 다른 봄소식은 청정임산물인 고로쇠수액을 채취한다는 것이다. 얼어붙은 땅이 녹아 나무의 생명력이 샘솟기 시작하면 고로쇠나무의 수액 채취가 시작된다. 올해는 대한(大寒)을 지난 2월 초 부터 남부지방을 시작으로 3월 초 강원도 등 중부지방까지 전국적으로 고로쇠수액이 채취되고 있다. 고로쇠나무는 뼈에 이롭다는 뜻의 '골리수(骨利樹)'라고 부른다. 이 이름의 유래처럼 고로쇠수액은 골다공증 예방뿐만 아니라, 혈압강하, 위장병, 숙취해소 등에 효능이 있는 참살이(웰빙) 음료이다.

천연 건강음료로서 고로쇠수액의 수요가 늘어나자 불법 채취가 우려되고 있어 올바른 채취방법에 대한 교육과 철저한 단속으로 수액자원을 보호해야 할 것이다. 이에 산림청은 수액채취에 따른 나무 생장 저하를 방지하기 위해 가슴높이 지름 10cm 미만의 나무에 대한 수액은 채취를 금하고 있다. 한편, 국립산림과학원에서는 고로쇠수액의 높은 수요에 발맞춰 지난 10년 동안 인공조림 가능성과 재배·관리법을 연구한 결과 1 그루당 연간 약 3ℓ의 수액 채취가 가능함을 밝힌 바 있다.

이처럼 전국적으로 풀꽃이 피고 나무에 물이 오르면서 본격적인 봄맞이를 해야 할 때가 되었다. 우리가 해야 할 봄맞이 준비의 첫 단계는 '나무심기'이다. 올해 첫 나무심기는 지난 2월 19일 진도에서 시작되었다. 이를 시작으로 산림청은 2월 하순부터 4월 말까지를 나무심기 기간으로 정하고, 여의도 면적의 75배에 달하는 2만 2천ha에 5천 2백만 그루의 나무를 심을 계획이라고 밝혔다.

　제주도에서도 '생명의 숲 살리기' 100만 그루 나무심기를 2월 하순부터 시작하여 3월 하순까지 마칠 계획이며, 온대남부지역(전라남도, 경상남도)은 3월 초순부터 4월 초순, 온대중부지역(충청남·북도, 전라북도, 경상북도)은 3월 중순부터 4월 중순, 온대북부지역(경기도, 강원도)은 3월 하순부터 4월 하순까지 북상하면서 이어진다. 나무를 심는 시기는 심은 후 활착(活着)에 직접적으로 영향을 미치기 때문에 지역에 맞는 시기에 심는 것이 좋다.

　봄기운이 돌아 초목의 싹이 돋고 겨울잠 자던 개구리도 깨어난다는 경칩(驚蟄)을 지나면서 숲에서 들려오는 봄소식이 더욱 풍성해졌다. 나무를 심고 가꾸는 것 외에도 숲을 지키고 가꾸기 위해 무엇을 해야 하는지 꾸준히 생각하고 실천해야 할 때이다. 겨우내 움추렸던 몸과 마음을 활짝 펼치고 가까운 숲을 찾아 크게 심호흡해 보자. 온몸으로 봄을 느끼며 새로운 희망을 키울 수 있는 시간이 될 것이다.

– 서울신문

식목일엔 온실가스 저장고를 짓자

춘분(春分)을 지나 때 이른 더위가 찾아오는가 싶더니, 4월 5일은 어느새 24절기의 다섯 번째 절기인 청명(清明)이자 식목일이다. 이 무렵 농·산촌에서는 논밭의 흙을 고르고 가래질을 하는 등 농사 준비를 본격적으로 시작한다. 산과 들에서는 얼었던 땅이 녹기를 기다렸다는 듯이 새로운 생명을 심기 위한 움직임이 분주하다. 올해 나무심기는 지난 2월 하순부터 남쪽에서 시작되어 식목일을 맞이한 지금은 전국적으로 확대됐다.

2014년 예순아홉 돌을 맞이한 식목일은 어떻게 시작됐을까? 4월 5일이 식목일로 정해진 가장 큰 이유는 24절기의 하나인 청명 무렵이 나무심기에 가장 적합한 시기이기 때문이다. 산림청에서는 따뜻한 남부지방부터 추운 북부지방까지 모두 고려하여 3월 1일부터 4월 30일까지 두 달간을 식목기간으로 정하고 있다. 통일된 한반도를 가정했을 때, 해당 기간의 가운데에 위치하는 식목일은 3월에 찾아올지 모르는 갑작스런 추위까지도 감안한 것이다. 또한 이날은 역사적으로 조선조 성종(成宗)께서

동대문 밖 선농단(先農壇)에서 직접 밭을 일군 날이기도 하다.

　최근에 식목일은 사회적·환경적 변화에 따라 더 넓은 의미를 포괄하게 되었다. 과거에는 나무심기가 치산녹화와 목재생산에 한정된 것이었다면, 지금은 기후변화의 원인인 이산화탄소를 흡수하고 대기정화, 수원(水源)함양, 재해예방, 아름다운 경관 제공 등 다양한 역할이 더해졌다.

　지난해 '기후변화에 관한 정부간 패널(IPCC)'에서 발표한 제5차 평가보고서에 따르면 인류에 의한 온실가스 배출 증가가 기후변화의 주요 원인으로 지목됐다. 산업혁명 이후 지구촌의 산업발전과 도시화는 산림을 파괴했고, 온실가스 배출의 급격한 증가로 기상이변을 포함한 기후변화를 초래했다. 아울러 세계기상기구(WMO)에서는 기후변화를 유발하는 대표적인 온실가스인 이산화탄소의 대기 중 농도가 산업혁명 전에 비해 38%나 증가했다고 밝혔다.

　우리나라도 최근 급격한 경제성장을 이루면서 화석연료 사용과 산지개발을 통해 온실가스를 많이 배출했다. 2012년 우리나라 총 온실가스 배출량은 약 6.5억 톤으로, 이는 국민 1인당 12.9톤을 배출하고 있는 셈이다*.

　이에 따라 지구의 평균 온도는 지난 100년간 0.74℃ 증가했으며, 산악지역의 빙하가 급격히 감소하고 있다. 특히 한국의 평균기온은 지난 100년간 1.87℃ 증가했다. 이는 한국의 온난화가 평균적인 지구온난화보다 2.5배 더 빠르다는 것을 의미한다. 이런 추세라면 21세기 후반에는 한반도 연 평균 기온이 20세기 후반에 비해 3.0~5.6℃까지 증가할 것으로 예측할 수 있다. 이러한 기후변화는 자연생태계는 물론 인간의 건강, 주

---

* 2020년 기준 우리나라 국가 온실가스 배출량은 6억 5,622만 톤이다. 2018년 7억 2,860만톤을 정점으로 지난 2년간 연속 감소했다. 코로나19 팬데믹의 영향으로 경제활동이 위축된 영향이라 할 수 있다. 하지만 코로나 영향에서 서서히 벗어나면서 다시 늘어나고 있다.

거환경, 산업활동, 문화 등 사회 경제적인 차원에서 광범위한 영향을 미칠 것이라는 우려를 낳고 있다.

그러나 우리의 미래가 그리 어두운 것만은 아니다. 이산화탄소를 흡수하는 숲이 있기 때문이다. 숲은 이산화탄소를 흡수하는 '탄소저장고'로서 중요한 역할을 한다. 국립산림과학원은 우리나라에서 배출되는 온실가스(2012년 기준)를 상쇄하기 위해서는 국민 1인당 92그루의 소나무를 심어야 한다고 발표한 바 있다. 이에 따라 산림청은 금년도 나무심기 기간 동안 여의도 면적의 75배에 달하는 21,780ha에 5천 2백만 그루의 나무를 심을 계획이다. 여기에는 나라꽃 무궁화를 비롯하여 잣나무, 소나무, 편백, 자작나무, 밤나무, 대추나무, 헛개나무, 옻나무 등이 포함된다. 이 나무들이 30년생 성목(成木)이 되었을 때 흡수할 수 있을 것으로 기대되는 이산화탄소량은 879천톤/년이다. 이는 중형자동차 37만 대가 1년 동안 동시에 내뿜는 이산화탄소량과 맞먹는다.

우리나라는 제2차 세계대전 이후 경제성장과 민주화를 동시에 이룬 유일한 나라로 인정받고 있으며, 그 토대를 제공한 것이 산림녹화라고 평가받고 있다. 또한 숲은 지구촌의 기후변화를 막는 탄소저장고로 활약하고 있다. 생활 속에서 이산화탄소 배출량을 줄이기 위한 노력은 기후변화를 막기 위한 소극적인 활동이지만, 나무를 심어 숲을 늘려가는 노력은 우리가 배출한 이산화탄소를 다시 흡수하는 적극적인 활동이라고 할 수 있다. 이번 식목일에는 신선한 흙냄새를 맡으며 온 가족이 나무를 심어보면 어떨까? 우리가 심은 한 그루의 나무는 미래의 희망인 탄소저장고가 되어 후손들에게 건강한 한반도를 물려줄 수 있을 것이다.

－ 서울신문

봄기운을 한껏 느껴보자

　드디어 봄이 다가왔다. 사계절이 바뀌는 동안 각 계절을 기다리는 느낌은 다르다. 하지만 봄처럼 기다림이 설렘으로 다가오는 계절도 없다. 그래서인지 봄이라는 글자는 '~을 보다(볼 견, 見)'라는 의미가 있다고 한다. 춘(春)자 역시 뽕나무 상(桑)자와 날 일(日)이 합해져 만든 것으로 뽕나무의 싹이 돋는 날이라는 뜻을 나타낸다. 게다가 영어의 spring은 돌 틈 사이에 맑은 물이 솟아나오는 옹달샘을 뜻한다. 봄은 동서양을 막론하고 새 생명의 탄생을 알리는 계절인가 보다. 그러니 설렐 수밖에 없는 계절이다.

　봄이 가까워 오니 해가 길어져 퇴근할 때면 밝은 하늘을 볼 수 있다. 기온도 조금 높아져 옷의 무게가 조금은 가벼워진 느낌이다. 공기도 따뜻해졌는지 옷깃을 여미는 횟수가 현저히 줄었다. 얼마 전에는 국립산림과학원 내 홍릉숲에서 복수초가 제일 먼저 노란 꽃망울을 틔웠다. 이를 시작으로 풍년화, 생강나무, 산수유 등이 꽃을 피우며 봄소식을 알려오고 있다. 기상청 발표에서도 올해 봄꽃이 예년보다 1~3일 정도 빨리 개화(開花)할 것이라고 한다. 개화는 각 지방기상대에 심은 관측 표본목의 나뭇가지에서 꽃이 3송이 이상 완전히 폈을 때를 말한다. 우리에게 친숙한 노란 개나리꽃은 3월 중순 제주도부터 피기 시작해 3월 하순이면 서울 등 수도권에서도 볼 수 있을 전망이다.

봄은 눈과 피부뿐만 아니라 맛으로도 느낄 수 있다. 밥상을 초록으로 물들이는 봄나물들이 그 주인공이다. 예부터 봄이 오면 아낙들은 농촌 들녘에서 돋아나는 신선한 나물을 뜯어 가족을 위한 밥상을 차렸다. 봄나물로는 쑥, 달래, 냉이, 씀바귀가 대표적이다. 이와 함께 고사리, 고비, 곰취나물, 다래 순, 두릅, 산마늘(명이나물), 죽순 등 산나물도 있다. 산나물은 맛과 향이 뛰어나 봄기운을 느끼기에 제격이다. 산나물의 대부분은 알카리성으로 육식과 술, 담배로 산성화된 현대인의 체질 개선에 크게 도움을 준다. 특히 산나물은 항암 효과와 면역력 증진에 효능이 높은 것으로 알려져 있다.

봄나물과 함께 봄기운을 느낄 수 있는 게 또 있다. 바로 천연 건강음료인 고로쇠 수액으로, 최근 건강에 대한 관심이 높아지면서 큰 인기를 얻고 있다. 고로쇠 수액은 뼈에 이롭다는 뜻의 '골리수(骨利水)'라고도 불린다. 이름의 유래처럼 골다공증 예방, 혈압 강하, 위장병, 숙취 해소에 효능이 있다. 고로쇠나무 수액은 얼어붙은 땅이 녹으면서 나무의 생명력이 샘솟을 때부터 채취를 시작한다. 올해는 대한(大寒)을 지난 2월 초 남부지방에서부터 시작했다. 3월 초에는 강원도, 중부지방 등 전국적으로 고로쇠나무 수액을 채취한다.

봄기운을 제대로 느끼기 위해서는 주의해야 할 점도 있다. 산나물의 경우 생으로 먹으면 독성이 있기 때문에 삶거나 살짝 데쳐 먹어야 한다. 또 산 주인의 동의 없이 함부로 남의 산에 들어가 산나물을 무단 채취할 경우에는 관련법에 의해 처벌을 받을 수 있다. 고로쇠 수액의 경우 과다한 채취는 우리의 소중한 나무와 숲이 망가질 수 있다. 때문에 지속가능한 채취를 위해 보다 위생적이고 과학적인 방법을 강구해야 할 것이다.

산나물, 고로쇠수액 등 천연 건강식품을 지속적으로 얻기 위해서는 꾸준히 숲을 가꾸고 관리해야 한다. 그래서 지금처럼 봄기운이 돌고 초목의 싹이 돌아나기 시작할 때면 꼭 해야 할 일이 있다. 바로 나무를 심는 것이다. 이에 따라 산림청은 2월 21일부터 4월 30일까지를 나무심기 기간으로 정했다. 전국 2만2,000ha 즉, 여의도 면적의 76배에 달하는 산림에 우리나라 인구수보다 많은 5,200만 그루의 나무를 심을 계획이다. 여기에는 산업용 목재 공급을 위한 경제림 조성(1만 6,000ha), 도로변 등 생활권 경관 조림(2,000ha), 산불 등 재해방지 조림(3,000ha), 담양 대나무 숲 등 지역특화 조림(1,000ha) 등이 포함된다. 특히 2015년은 제70회 식목일을 맞아 다양한 행사가 열릴 예정이다. 각 지역에서는 시민들에게 묘목을 무료로 나눠주고, 도시 근교에서는 시민들이 나무를 직접 심을 수 있는 자리가 마련된다.

봄은 시작이고 새로움이며 희망이다. 봄의 향기를 맡으며 겨우내 움츠렸던 몸과 마음을 활짝 펼쳐 보기 바란다. 또 봄을 실천하는 나무심기에 동참해 온몸으로 봄을 느끼기 바란다.

- 서울신문

나·무 심기가 더 특별해진 이유

해마다 봄철이면 나무를 심어왔다. 산림학도로서 또한 산림을 과학적으로 연구하며 평생을 살아오고, 후배들에게 전하고 있는 사람으로서 나무심기는 특별할 이유가 없이 그야말로 가장 자연스러운 일 중의 하나였다. 그동안 산에 나무를 심었던 이유는 황폐된 산을 복구하기 위하여, 산을 경제림으로 조성하기 위하여, 산을 아름다운 경관으로 가꾸기 위하여 나무를 심었다. 우리가 숨을 쉬고 살아가는 것이 특별한 이유가 없듯이 나무 심는 일도 산림인들에겐 가장 기본적이고 특별한 의미를 부여할 필요가 없었다. 하지만 올해는 좀 특별한 이유가 있었다. 문학인들과 함께 탄소중립(炭素中立, carbon neutral)을 위해서 나무를 심었기 때문이다.

21세기 들어 지구촌에선 코로나19, 기후변화, 대형산불 등 환경 악화에 따른 고통을 겪고 있다. 특히 기상이변과 기후위기는 인류의 생존을 위협하는 재앙 수준에 이르렀다. 언제부터 누가 무엇을 잘못했기에 이런 피해를 겪어야 하는가 사람들은 분노하고 또 어떻게 하면 멈출 수 있냐고

하소연한다. 그러나 환경문제가 발생하고 있는 연결고리를 보면 인간은 피해자인 동시에 환경 파괴의 원인 제공자이다. 이제 결자해지(結者解之)의 마음으로 문제를 해결해야 한다.

지구는 지금부터 46억 년 전에 탄생했다. 지구가 우주 공간에서 불덩어리로 탄생한 후 40억 년이 지난 후에야 비로소 식물은 4억 7,000만 년 전 고생대 캄브리기에 처음 출연했다. 이렇게 탄생한 식물은 잎의 엽록소를 통해 햇빛을 받아들여 유기물을 합성한다. 오직 지구상에서 식물만이 무기물을 유기물로 합성할 수 있다. 이는 식물이 가진 엽록소 때문에 가능한 일이다. 이처럼 무기물에서 유기물을 만들어내는 과정을 '광합성(光合成)'이라고 하고 광합성을 통해 얻은 유기물은 식물이 생장하고 꽃을 피우고 열매를 맺는 데 쓰인다.

과학자들이 밝혀낸 광합성 작용을 분자식으로 표시하면 $6CO_2$(이산화탄소 6개 분자) + $12H_2O$(물 12개 분자) + 햇빛 에너지 → $C6H_{12}O6$(포도당 1개 분자) + $6O_2$(산소 6개 분자) + $6H_2O$(물 6개 분자)이 된다. 나뭇잎 속 엽록체에서 공기 중의 이산화탄소와 물이 햇빛 에너지를 만나 포도당과 산소로 바뀌는 것이다. 이 세상에서 가장 위대하고 귀중한 화학식이 광합성이다. 그래서 프랑스 작가 자크 리비에르(Jacques Riviere)는 '결국 모든 생명은 아무리 고상한 사상과 성덕을 가졌더라도 푸른 잎 속 광합성의 기적을 먹고 산다'고 하였다.

이렇게 귀중한 산소와 유기물을 만들더라도 나무를 비롯한 식물은 광합성을 하기 위해 어떤 특별한 조건이나 대가를 요구하지 않는다. 단지 지구상 대기에 존재하는 이산화탄소와 햇빛 그리고 물만 필요로 할 뿐이다. 광합성으로 얻어지는 포도당은 과일, 열매, 감자 같은 먹거리가 되기도 하고 목질화(木質化)되어 자체 조직으로 바뀐다. 이것을 바이오매스

(biomass)라고 하며 광합성 과정에서 햇빛 에너지가 나무 몸속에 축적된 것이다. 나무에 축적된 바이오매스 량은 같은 부피 석유나 석탄의 50%에 이른다. 석유, 석탄 같은 화석연료는 모두 4억 년 전 지구에 살았던 탄소 덩어리였던 식물체의 화석이다. 그래서 석유와 석탄을 화석연료라고 한다. 4억 년 전의 햇빛 에너지가 축적된 것이다.

지구는 탄생했을 때 불덩어리였기 때문에 생명 자체가 존재할 수가 없었다. 한참 후에야 겉 표면부터 식은 후 약 4억 년 전에는 지구 대기의 80%가 이산화탄소였다. 하지만 아직 생물이 살아가기에는 이산화탄소가 너무 많고 산소는 너무 부족했다. 이후 식물은 수 억 년에 걸쳐 끊임없이 광합성을 통해 지구의 대기를 바꾸어 놓았다. 이산화탄소 농도를 줄이고 산소를 공급하였다. 그 결과 현재 우리가 살고 있는 지구 대기 중의 산소는 21%가 된다. 만일 이 농도가 낮아지면 인체에 심각한 부작용이 따른다. 산소 농도가 19% 이하면 가슴이 답답해지고 두통과 식욕부진, 구토 증세가 일어난다. 고산지대에서 느끼는 답답함과 두통도 산소부족 때문에 나타나는 증상이다.

인류는 불과 2~300만 년 전 숲에서 태어났다. 현생 인류인 호모 사피엔스(Homo sapiens)가 등장한 것은 불과 3만 년 전이다. 그 인류가 숲에서 나오면서 문명이 시작됐다. 돌도끼, 창을 만든 석기 시대는 1만 년 전, 그 후 청동기, 철기시대를 거치고 세계 4대 문명은 약 5,000년 전에 번성하였다. 하지만 우리 조상들은 불과 4~500년 전부터 산업혁명을 시작하면서 화석연료인 석탄을 땅속에서 꺼내 태웠고, 석유는 2백 년 전부터 사용하면서 현재 대기 중의 이산화탄소 농도는 100년 전 0.03%(300ppm)에서 0.04%(400ppm)로 늘어나 지구온난화, 기후위기를 초래하고 있다.

기후변화의 영향은 지구촌에서 예외인 지역도 자유로운 사람도 없다.

지금과 같은 석탄, 석유 등 화석연료를 기반으로 하는 우리의 삶은 더 이상 지속 가능할 수 없다. 이제 일상에서부터 산업에 이르기까지 대전환이 필요하다. 이미 국제사회는 2015년 UN 기후변화협약 당사국 총회에서 산업화 이전 대비 지구의 평균 온도 상승을 1.5℃ 이내로 유지하는 것을 목표로 파리협정(신기후체제)에 합의했다. 그리고 목표를 달성하기 위해 2050년까지 이산화탄소 배출량과 흡수량이 균형을 이루는 순배출 zero 즉 탄소중립(carbon neutral)을 해야 한다고 선언했다.

나무는 광합성 작용을 통해서 대기 중에 있는 이산화탄소를 흡수하고 산소를 내뿜으며 줄기와 가지, 잎 그리고 뿌리에 탄소를 저장한다. 이렇게 줄기와 가지 그리고 잎에 탄소를 저장하고 그 일부는 토양 속에 저장된다. 심지어 죽은 나무도 더 이상 탄소를 흡수하지는 못하지만 죽은 나무 형태로도 탄소를 저장하고 있는 것이다. '살아 천년 죽어 천년'의 주목 나무는 죽어서도 천년은 탄소를 저장하고 있는 것이다. 또한 죽은 나무인 목재로 건물 짓거나 가구를 만들면 계속해서 탄소를 저장하고 있다. 하지만 산불이 나면 그동안 나무가 저장했던 탄소가 다시 대기 중으로 배출되기도 한다. 나무는 잘 키우면 이산화탄소 흡수원이 되고 저장원이 되지만 잘못 다루면 배출원이 되기도 하는 것이다.

오늘도 나무를 비롯한 식물은 광합성을 통해 이산화탄소를 흡수하고 산소를 내뿜는다. 지난 수세기 동안 산업화 과정에서 발생한 이산화탄소를 흡수하는 유일한 해법은 광합성을 더욱 활발하게 하는 것인데 그것은 나무심기뿐이다.

해마다 나무심기가 범국민운동으로 이뤄졌으나 코비드로 인해 몇 년간 각계 각층의 상징적 행사로만 진행되고 있다. 그런 가운데 한국문단을 대표하는 문인들이 탄소중립 실현을 위한 나무심기 행사에 참여한 것은 다른 단체 대표들과는 다른 의미있는 일이라고 본다.

광합성 원리, 탄소중립의 과제들이 이제 문학인들에 의해 보다 더 국민들에게 잘 전달되고 의미화 될 것이라고 본다. 한편으로는 숲이 아름다움의 대상으로만 문학에 등장하는 것이 아니라 지금 이 시대에 생명과 지구와 인류의 존재성에 숲의 가치를 문학적으로 의미화하는데 문학인들의 역할이 기대되는 바이다. 이런 의미에서 그동안 산림학도로서, 산림인으로서 나무를 심었던 것과는 달리 한국문단을 대표하는 문학인들과 함께 나무심기에 동참하게 된 것은 내게도 특별한 의미가 되었다고 본다.

－ 나의 문학은 나무가 되어, 문학의 숲

황사를 막는 최선의 방법은 숲에 있다

신록의 계절 5월이 전국적인 황사주의보로 시작되었다. 매년 봄철 어김없이 찾아오는 모래폭풍 황사(黃砂)는 우리 말로는 흙비, 서양에서는 Asian dust라고 불리운다. 황사가 발생하면 인체에도 나쁜 영향을 미치는 것은 물론이고, 심할 경우 정밀기계의 장애를 일으키고, 농작물의 기공을 막아 성장을 방해하기도 한다.

황사의 고향은 중국과 몽골의 사막이다. 황사가 늘어나는 것은 황사발원지의 사막화가 확대되기 때문이다. 이는 인위적인 벌목과 과도한 방목을 통해 숲이 사라지면서 사막화가 급속히 진행된 것이 가장 큰 원인이다. 중국이나 몽골로부터 황사가 한번 내습하면 우리나라에 8만t의 흙먼지를 쏟아내고 그 양은 15t 트럭으로 5천여대 분이나 된다.

세계적인 '사막화'는 오랜 가뭄과 무분별한 인간 활동에 의해 토지가 생명력을 읽고 회복 불능상태에 이르는 현상으로 매년 서울 면적의 5배에 달하는 면적이 사막화되고 있다. 제7대 유엔 사무총장 코피아난은 사막화는 지구환경의 파괴를 알리는 가장 강도 높은 경고라고 하였다. 사막화가 이제 어느 한 지역만의 문제가 아니다. 유엔이 1994년 사막화 방지협약(UNCCD)을 채택한 이유다. 기후변화협약, 생물다양성협약과 함께 3대 환경관련 국제협약중에 하나다.

우리나라도 1999년에 가입하였고, 2년마다 개최되는 유엔사막화방지협약 제10차 당사국 총회가 올해 10월 우리나라 경남 창원에서 개최된다. 아시아지역에서는 첫 개최이다. 아시아 지역은 사막화 면적 및 피해 인구수에서 가장 심각한 지역임에도 불구하고 그동안 사막화방지협약 총회가 아직 개최된 사례가 없었다.

소리없이 다가온 또 하나의 재앙, 사막화가 인류의 생존을 위협하고 있다. 하지만 이를 극복하는 최선의 방법은 있다. 바로 '숲'이다. 사막화지역에 나무를 심어 숲을 조성하여 황사의 이동을 막고 더 이상의 사막화를 막는 것이다.

한때 세계사의 주역이었던 몽골은 국토 면적의 90%가 사막으로 변했다. 중국에서도 국토의 사막화를 막기 위해 농경지 및 초지를 다시 숲으로 만들기 위한 운동인 퇴경환림(退耕還林), 퇴초환림(退草還林)운동을 벌이고 있다. 또한 황진만장이라 불리는 모래폭풍을 막기 위해 방풍림 조림사업도 진행하지만 광활한 지역에 단기간 숲을 조성하는 것은 쉬운 일이 아니다.

우리나라는 국제사회가 인정하는 산림선진국으로서 개발도상국의 사막화 방지를 적극 지원하고 있다. 아시아 최대 사막화 지역인 몽골에 대규모 숲 을 조성하는 한·몽 그린벨트 프로젝트, 우리나라 황사의 주발원지인 중국 쿠부치 사막에 녹색 숲의 기적을 일군 쿠부치 사막 산림생태 복원사업 등을 진행하였다.

아시아에서 처음으로 우리나라에서 개최되는 유엔사막화방지협약 (UNCCD) 당사국 총회도 그동안 중국, 몽골 정부와 협동하여 사막화 방지를 위한 나무심기 사업을 활발하게 전개하여 얻은 성과이다.

올해 봄철 나무심기 기간을 맞아 전국 산림과 하천변 그리고 자투리 땅 등에 서울 남산 면적의 67배에 달하는 2만 ha의 공간에 3천800만 그루의 나무를 심었다. 건강한 숲이 되려면 앞으로 심은 나무를 가꾸는데 많은 정성을 쏟아야 한다. 자연은 정성을 들인 만큼 우리에게 많은 혜택을 돌려준다.

불청객 황사의 습격을 보면서 우리가 심고 가꾼 나무가 모래폭풍과 사막화의 재앙을 막아주는 방패라는 것을 인식하고 숲과 나무의 중요성을 다시 한번 생각해 보았으면 한다.

-전국매일

해마다 우리는 어김없이 황사주의보와 함께 봄을 맞이한다. 황사(黃砂, dust and sand strom)는 아시아 대륙 중심부에 위치한 건조 지역과 사막, 황토 고원의 작은 모래나 황토가 상층 바람을 타고 멀리 수송되다가 다시 지면으로 낙하하는 현상을 말한다. 우리나라 삼국사기에는 과거 신라 아달라왕 시절(서기 174년) '흑비(雨土)'에 관한 기록이 있으며 조선왕조실록에도 조선시대 명종 5년에 서울 뿐만아니라 지방에서의 황사가 관측되었다는 기록이 있다. 그러나 최근 중국의 산업화와 산림 개발 등으로 사막화가 급속히 진행됨에 따라 황사 발생 빈도가 증가하고 있어 황사의 피해국인 우리나라는 황사를 자연재해로 분류(자연재해대책법 제2조, 재난 및 안전관리 기본법 제3조)하기에 이르렀다. 그리고 매년 정부는 황사에 대한 국민 행동요령을 전파하고 기상,교육, 산업, 농축산, 질병, 항공 등 각 분야별 대책을 수립하여 추진하고 있다. 그러나 이러한 황사 피해 대책보다 더 확실하고 든든한 방법은 적극적으로 황사의 근본 원인인 사막화를 막기 위해 모래 위에 나무를 심고, 황사의 미세먼지를 정화하는 숲을 꾸준히 갖고 나가는 노력이 아닐까 한다.

설 차례상* 지키는 숲속의 보물

청마(靑馬)의 기운을 받고 시작한 2014년 갑오년 새해를 맞이한 지도 한 달여가 지나간다. 이제 이틀 후면 설 명절이다. 고향에 부모님과 가족들을 만날 생각에 벌써부터 어린애들처럼 설렘을 느낀다. 역시 진정한 새해는 설인가 보다. 명절은 그 나라와 민족의 최대 축제이다. 중국의 춘절, 미국의 추수감사절, 필리핀의 만성절, 러시아의 성 드미트리 토요일 그리고 베트남의 쫑투가 대표적인 명절이다. 이들의 공통점은 전통 문화 예술로 구성된 다양한 축제를 즐기고, 고유한 전통 음식을 만들어 먹는다는 것이다.

우리나라 최대 명절 중의 하나는 설날이다. 이 날은 아침 일찍 큰 방이나 마루에서 병풍을 치고 여러 가지 음식을 준비해 먼저 조상님께 차례를 지낸다. 설 차례상의 음식 중 제일 먼저 밤(栗)을 떠올리는 사람이 적지 않을 것이다. 대개 남자가 준비하는 음식이기도 하지만 차례상에서 맨 윗자리를 차지하는 과실이기 때문이다. 밤 이외에도 그 자리를 차지하는 과실은 대추(棗)와 감(柿)도 있다. 이들은 숲속에서 나는 우리나라 대표 임산물이자 차례상에서 빠져서는 안 되는 과실이다. 또한 차례상의 나물류는 정해지지 않았지만 보통 고사리와 도라지이며 취나물, 참나물, 죽순 등이 있다. 이들 모두 숲속에서 찾을 수 있는 보물 먹거리이다.

밤, 대추, 감에는 변함이 없는 전통적 상징성과 재미있는 의미가 있다. 밤은 밤송이 하나에 세 톨의 알밤이 맺혀 삼정승을 의미해 입신양명(立身揚名)을 뜻한다. 공부하는 아이들이나 수험생에게 그 뜻을 바라는 마음에서 밤을 먹여봄도 좋다. 또한 종자로 쓰이는 씨밤은 발아되어 큰 나무로 자라 열매를 맺을 때까지 썩지 않아서 영적으로 조상과 연결돼 있다는 상징성도 갖고 있다. 이는 자손이 몇 대를 내려가도 조상과 항상 연결돼 있어 근본을 잊지 않는다는 의미이다. 그래서 밤이 차례상에서 빠질 수 없는 이유일 것이다.

식품으로서의 밤은 성분이나 기능면에서 손색이 없다. 영양이 풍부하고 모든 영양소가 골고루 들어 있는 건강식품이자 훌륭한 다이어트 식품이다. 특히 국립산림과학원의 연구결과에 의하면 밤 속껍질은 항산화 효능과 치매억제, 피부노화방지 효과가 있는 것으로 밝혀졌다. 맛 또한 일품이어서 생으로 먹어도, 구워 먹어도, 삶아 먹어도 맛이 있다.

대추는 한 나무에 많은 꽃이 피고, 핀 꽃은 반드시 하나의 열매로 자라기에 자손 번창의 의미를 가진다. 대추씨는 하나이기 때문에 임금을 상징해서 차례상에 가장 먼저 오르는 과실이다. 또한 절개를 뜻해 순수한 혈통을 의미하기도 한다. 이러한 이유로 대추도 차례상에 빠지지 않고 오른다.

동의보감에 의하면 대추를 오랫동안 복용하면 안색이 좋아지고 불안증상이 사라진다고 한다. 비타민, 베타카로틴(β-carotene), 미네랄 등이 풍부하여 종합 비타민제로도 불린다. 이뿐만 아니라 대추의 다당류 성분이 장(臟) 손상의 개선효과와 간 보호효과가 있어 인기가 있다.

감은 아무리 좋은 씨앗을 뿌려도 볼품없는 작은 열매가 열리기 일쑤다. 그래서 좋은 감은 고욤나무 가지를 째서 그 곳에 접목을 해야만 얻을 수 있다. 이렇듯 감은 가지를 째고 접을 붙이는 큰 고통과 같은 가르침을 받고 배워야만 가치 있는 사람이 될 수 있다는 것을 의미한다. 특히 감에는 카로틴 성분이 풍부하기 때문에 환절기나 겨울철 감기 예방과 호흡기 계통의 면역력을 높여주는데 제격이다. 게다가 다른 과일에 비해 10배 이상의 많은 식이섬유를 함유하고 있어 지방이나 콜레스테롤을 조절하여 심혈관 질환 등 성인병 예방에 큰 도움을 준다.

명절 차례상을 지키는 숲속 보물인 밤, 대추, 감이 갖는 상징적 의미와 식품영양학적 가치만 보아도 조상님께 드리는 최고의 음식이라 아니할 수 없다. 최근에 숲에서 나는 임산물은 로하스(LOHAS) 시대의 웰빙 먹거리로 부각되면서 소비시장 확대로 지난해 생산액이 4,400억 원에 달했으며, 각 주산지별로 생산농가를 중심으로 명품화 및 브랜드화하려는 노력들이 펼쳐지고 있다. 이번 설날에는 차례상 음식의 전통적인 의미를 되새기면서 영양 만점 임산물을 조상님께 드려보자. FTA 시장개방으로 인해 어려움을 겪고 있는 농가에게도 조금이나마 힘이 될 것이다.

- 서울신문

물 문제의 근원은 숲에 달려 있다

　지구 표면의 3분의 2는 바다가 차지하고 있다. 그래서인지 지구상에서 가장 많은 것이 바로 물인 것 같다. 바닷물 외에도 육지의 강물, 호수, 계곡 그리고 땅속의 지하수까지 있으니 말이다. 이 때문에 많은 사람들이 물을 아끼는 것에 인색하다. 그래서 언제부턴가 물이 부족하기 시작했다. 지금 이 순간에도 물이 없어 고통 받고 있는 사람들이 지구촌 곳곳에 있다. 심지어 얼마 전 미국의 캘리포니아 주는 167년만의 심한 가뭄으로 주지사가 절수(節水) 명령까지 내렸다. 우리도 물의 유한함과 중요성을 널리 알리고 물 절약을 실천할 때다.

　물은 먹고 씻는 기본적인 생활을 누릴 수 있게 할 뿐 아니라 인간에게 없어서는 안 될 소중한 존재다. 과거 물을 잘 다스리고 이용했던 지역에서는 문명이 발생했지만, 물을 잘 이용하지 못한 곳은 찬란했던 문명도 사라지기 일쑤였다. 과거 3,000년 전 세계 4대 문명의 발생지도 처음에는 나일강, 인더스강, 유프라테스강, 황하강과 같은 풍부한 물을 기반으로 발달했다. 하지만 강 유역 숲이 망가지면서 가뭄과 홍수가 반복되고, 이로 인한 식량 부족으로 전쟁이 일어나면서 결국에는 문명까지 소멸되고 말았다. 그래서 예전부터 숲과 물의 관계를 치산(治山)과 치수(治水)라 해 하나로 본 것이다.

그렇다면 숲과 물은 어떤 긴밀한 관계를 맺고 있을까? 우리나라 연간 강수량을 양으로 환산하면 1,297억 톤이다. 이 가운데 산림으로 떨어지는 물의 양은 830억 톤이고 이중 192억 톤 가량이 산림에서 저장하는 양이다. 이때 청년기의 나무들이 빽빽하게 서 있으면 증발산량이 많아 물 소비가 많아진다. 또 숲이 너무 많이 우거져 있으면 숲 바닥으로 햇빛이 닿지 못해 하층식생의 생육이 곤란해진다. 이는 생물종 다양성이 낮아질 뿐 아니라 낙엽층의 분해와 뿌리 발달에 영향을 주어 숲의 수원함양 효과가 낮아지는 결과를 초래한다. 솎아베기(간벌)와 가지치기, 덩굴류 제거 등 지속적인 숲 가꾸기가 필요한 이유다. 숲을 잘 가꿔 토양을 개선하면 홍수 때 내리자마자 흘러가는 물을 상당 부분 막을 수 있다. 이 물은 전체의 약 4.4%, 양으로는 57억 톤에 해당된다. 숲을 가꾸어 주면 이만큼의 물을 더 저장할 수 있는 것이다.

우리나라는 영국, 남아공 등 11개국과 함께 유엔에서 정한 '물 부족 국가'다. 연평균 강수량은 1,277mm로 세계 평균 807mm를 훨씬 넘어서지만, 1인당 연 강수 총량이 2,629㎥로 세계 평균 1만 6,427㎥의 6분의 1에 불과하다. 이는 강수량의 3분의 2가 여름철 장마기에 집중되는 데다 백두대간을 중심으로 전 국토가 동고서저(東高西低)의 산악 지형을 하고 있어 비가 오면 하천물이 한꺼번에 강이나 바다로 흘러 들어가기 때문이다. 이는 숲 가꾸기가 절실한 이유이기도 하다. 숲 가꾸기는 나무의 가지와 가지가 서로 맞닿기 시작할 때부터 주기적으로 반복적으로 실시해야 한다. 숲을 솎아주면 햇볕이 충분히 들어와 바닥에 쌓여 있는 낙엽을 빨리 썩게 한다. 썩은 낙엽은 흙과 섞여 유기물이 많아져 스펀지처럼 더 많은 물을 머금게 된다.

3월 22일은 '세계 물의 날'이다. 유엔환경개발회의(UNCED) 세계물위원회는 1997년부터 3년마다 세계 물 포럼(World Water Forum)을 개최하고 있다. 2015년 4월 12일부터 17일까지 대구와 경주에서 제7차 포럼이 열린다. 국립산림과학원은 이번 포럼에서 맑고 깨끗한 물의 지속가능한 공급을 위해서 산림생태계 서비스 증진에 관한 워크숍을 진행한다.

이번 세계 물 포럼 개최를 계기로 우리는 국제 사회에서 물 관련 이슈의 주도권을 갖고 물 관리 기술과 경험을 전 세계와 공유할 수 있는 기회를 마련해야 할 것이다. 아울러 이번 물 포럼을 통해 짧은 기간 동안 치산 녹화에 성공한 우리의 경험을 알릴 필요가 있다. 아울러 이 자리가 우리나라 산림이 갖고 있는 수원함양 기능과 같은 생태계 서비스 가치에 대한 국민적 인식을 높일 수 있는 기회가 되기 바란다.

숲의 건강은 국토의 건강이자 지구의 건강을 의미한다. 홍수와 가뭄 등 물 부족 시대에 숲의 건강성 유지와 산림의 녹색 댐 기능 증진만이 기후 변화 시대에 온실가스 감축과 지속가능한 물 자원 확보를 동시에 달성할 수 있는 유일한 수단이 될 것이다.

– 서울신문

치수治水와 정치, 숲 가꾸기에 달렸다

"20세기 전쟁이 석유를 차지하기 위한 전쟁이었다면, 21세기 전쟁은 물을 차지하기 위한 전쟁이 될 것이다."

이 말은 1995년 당시 세계은행 부총재를 지낸 이스마일 세라겔딘 (Ismail Serageldin)이 경고한 것이다. 그로부터 20여년이 지난 지금, 미국 태평양연구소는 2010년부터 2013년까지 수자원과 관련된 무력분쟁이 41건이나 발생했다고 한다. 특히 중동지역에서는 무려 15건의 분쟁이 일어났다. 종교, 정치, 경제 등과 맞물려 일어난 충돌이긴 하지만 근본적인 원인은 물을 얻기 위한 투쟁인 것이다.

현재 지구촌은 기후변화의 영향으로 가뭄에 시달리는 곳이 늘어나면서 같은 강물을 쓰는 지역 간에 갈등이 잦아지고 있다. 약 10년 후인 2025년에는 세계 인구의 절반가량이 물을 제대로 확보하지 못하는 어려움에 처한다는 전망도 나왔다.

물과 관련한 국가의 흥망성쇠는 과거 역사에서도 찾아 볼 수 있다. 마야인들은 나무를 베어 화전을 경작했고, 하라파인들은 벽돌을 굽기 위해 나무를 땔감으로 사용하며 훌륭한 고대국가를 유지했다. 그러나 이들은 기후변화와 가뭄 때문에 멸망했다고 전한다. 이렇게 물 부족은 정치·사회적 기반을 흔들리게 한다. 이러한 일은 지금도 계속되고 있다. 1960년대까지 태국 북동부의 산악지역은 전체 산림 면적의 80%를 차지하는 울창한 숲을 자랑했다. 그러나 그 후로부터 최근까지 화전 경작으로 대부분의 숲은 사라지고 헐벗은 산으로 바뀌었다. 결국 2011년 대홍수 이후 태국 정치상황과 민심이 혼란해져 국가 기반이 뒤흔들렸다. 이러한 사례들의 공통점은 바로 숲을 제대로 가꾸지 않아 발생된 물 부족문제이다. 더 나아가 그로인해 정치·사회적 기반까지 무너뜨리게 된 것이다.

중요한 것은 단순하게 생각할 수 있는 물이 나라의 흥망(興亡)까지 좌지우지한다는 것이다. 물 부족 문제가 심각한 지금, 그 해결책은 숲에서 찾을 수 있다. 숲이 사라진 후 기후변화와 가뭄이 오는 이유는 무엇일까? 최근 과학자들은 숲이 파괴되면 지표면 온도가 급상승해 대기 순환을 교란시켜 가뭄과 홍수가 빈발하는 과정을 밝혀냈다.

우리나라 역시 숲의 파괴로 인해 가뭄을 겪은 근대사가 있다. 1904년 영국인 해밀턴(Angus Hamilton)에 의해 기록된 영상자료에서 당시 우리나라의 헐벗은 산, 가뭄과 기근, 정치적 혼란, 외세의 침략을 상세하게 기록된 것을 볼 수 있다. 그러나 우리나라는 70~80년대 국가적 사업으로 실시한 산림녹화가 성공해 물 부족 국가에서 벗어날 수 있었다. 이에 따라 우리나라는 FAO(세계식량농업기구)를 비롯하여 국제기구로부터 황폐지를 가장 빨리 녹화한 국가로 인정받고 있다. 국립산림과학원의 연구 결과에 따르면 우리나라 숲은 잘 가꾸면 빗물을 저장하는 용량이 4배 가까이 늘어난다고 한다. 2010년 기준, 우리나라 숲이 1년간 머금는 물의 양은 192억 톤으로, 이는 소양강댐 유효저수량의 10배에 해당하는 양이다. 또한 숲은 수질을 정화해 맑고 깨끗한 물을 공급해 주는 정수기 역할도 한다. 이 모든 혜택이 선대에 이룩한 녹화사업의 성공 덕분임을 기억해야 한다.

우리나라와는 반대로 북한은 물 부족 국가로 평가된다. 지난 20여 연간 북한의 산림은 30% 이상 감소했고, 세계기후위험지수는 7위로 전락했다. 북한은 식량증산을 위해 산을 깎아 계단식 밭을 만들어 매년 가뭄과 홍수피해를 겪고 있다. 북한 녹화 사업은 식량증산이나 경제개발에 앞서 조속히 실행해야 할 과제이다.

매년 3월 21일은 '세계 산림의 날'이고 3월 22일은 '세계 물의 날'이다. 옛 선조들이 군왕의 가장 중요한 책무라고 여기던 치산치수(治山治水)를 다시 생각해 볼 시점이다. 산림청에서는 2011년 '세계 산림의 해'에 산림의 지속가능한 경영과 개발, 보전을 강화하기 위한 해외조림과 사막화방지 등 국제협력을 강화했다. 성공적인 산림녹화는 기후변화 대응과 직결되고 이는 국제사회에서 우리나라의 위상 강화에 이바지 할 것이다.

지구촌 물 전쟁은 이미 시작되었다. 그러나 숲을 잘 가꾸고 지킨다면 이 전쟁에서 이길 수 있음을 명심하고 선대에 이룩한 풍성하고 건강한 숲을 후손에게 잘 물려주자.

– 매일경제

녹색 일자리

언제부터인가 일자리 문제가 우리 시대의 가장 큰 사회적 과제중의 하나가 되었다. '70~'80년대 고도 성장기를 지나 '90년대 중반까지는 그런대로 일자리 문제가 그리 심각하지는 않았다. 그러나 1997년 IMF 외환위기를 당하면서 기업들의 대규모 구조조정으로 인한 조기퇴직과 신규투자 부진으로 실업이 심각한 사회문제가 되었다. 그 후 IMF를 조기에 벗어나기는 하였지만 고용은 늘지 않았다.

또한 국내 기업이 공장을 해외로 이전하면서 대규모 고용 기회도 함께 이전된 셈이다. 정부도 제조업 중심의 산업구조를 관광, 금융과 같은 서비스산업 으로 전환하여 최대한 고용을 늘려 보려하지만 고용 없는 성장만 유지할 뿐이다. 정부도 하루가 멀다 하고 실업 대책을 내놓고 있지만 실효성은 의문이다. 물론 일자리는 민간이 주도해서 경제성장을 통해 만들어 내야 한다. 하지만 기업이 좀처럼 투자에 나서지 않고 있는 게 현실이다.

과거 정부에서는 실업과 경제위기 극복을 위해서 대규모 일자리를 만들었다. 산림분야에서도 1998년 외환위기 때 '숲가꾸기 공공근로 사업'이라는 일자리 사업을 추진했었고, 2008년 세계 금융위기 때에도 '녹색뉴딜'이라는 이름으로 숲가꾸기 일자리 사업을 추진 한 바 있다. 국토의 64%가 산림인 우리나라에서는 일자리 사업의 단기적인 고용효과가 뛰어난 곳이 산림이기 때문이다.

정부 정책으로 추진한 산림분야에서의 일자리 사업은 국가경제 위기 극복차원에서 큰 성과를 보였다. 그러나 경제위기가 극복되면 정부의 단기성 일자리 정책이 퇴조함에 따라 중단되기 일쑤였다. 이제는 숲과 관련된 전문성 있는 녹색일자리 창출 정책으로 전환되어야 한다.

그중 대표적인 일자리가 숲해설가이다. '90년대 말 민간에서 시작된 것이 산림청 정책으로 들어오면서 창출된 대표적 직업이라고 볼 수 있다. 몇몇 민간단체의 교육과정에서 시작되었지만, 이제는 어엿한 국가 자격증으로 자리하고 있다. 자격증으로 운용된 지 10여년이 지난 지금 5,700명이 숲해설가 자격증을 땄고 자연휴양림, 산림욕장, 수목원 등에서 활동 중이다. 지금도 숲해설가가 되려면 6개월 정도 교육을 받아야 하는데 전국에 숲해설가 양성기관이 33개나 있다. 이들 기관은 산림청으로부터 인정을 받은 기관들인데 수도권에만 숲해설가 협회, 숲연구소, 숲과문화연구회, 숲생태지도자협회 등 숲 관련 전문협회가 활동 중이다. 특히 숲해설가는 조기 은퇴자들에게 적합한 녹색일자리이다. 그러다 보니 회사원 출신이 가장 많지만 교사, 주부, 공무원 출신 뿐만 아니라 변호사 출신도 숲이 좋아 해설가가 된 경우도 있다고 한다.

최근에는 숲해설가와 성격이 비슷한 숲길 체험지도사, 유아숲지도사, 산림치유지도사 등도 인기가 높다. 등산로나 둘레길, 트레킹 길, 탐방로 등을 안내하는 숲길 체험지도사, 아이들이 숲에서 뛰놀고 자라날 수 있도록 도와주는 유아숲지도사, 자연휴양림이나 산림욕장, 치유의 숲에서 숲 치유 프로그램을 진행하는 산림치유지도사, 학생들 뿐만 아니라 성인들과 노인층을 대상으로 목공 실습을 지도하는 목공체험지도사 등 숲과 관련된 다양한 직업들이 생겨나고 있다. 또한 퇴직 이후 농산촌으로 돌아가는 50~60대가 늘어나고 있으며 산촌과 농촌생활을 동경하는 현직 청장년층도 많다. 이들은 제2의 인생 즉 세컨 라이프(Second life)를 준비하기 위해서다. 이 또한 녹색일자리인 것이다.

　그 동안 정부는 규제완화를 통하여 기업하기 좋은 환경을 만들어 줌으로써 일자리를 늘리려 했었다. 이제 정부도 직접 일자리 창출에 나서야 한다. 즉 공공부문에서도 일자리를 늘려나가야 한다. 과거 공공근로 사업이 특성상 일시적이고 불안정하고 낮은 임금수준 등 저급의 일자리였다면 이제는 정부가 숲에서 전문적인 녹색일자리를 더 많이 만들어 나가야 한다. 더불어 사회적 기업이나 자원봉사 활동 등에 대한 지원 확대로 일할 수 있는 기회를 더욱 늘려나가야 한다. 그래서 40~50대 조기 퇴직자들도 보람있게 제2의 인생을 살아갈 수 있도록 그들에게 맞는 새로운 직업이 계속 창출되어야 한다.

－ 서울신문

숲과 일자리

숲은 우리 삶의 기반이다. 우리가 매일 먹고, 마시고, 숨쉬는 모든 것의 근원이 숲이다. 또한 숲은 인간이 유사(有史) 이전부터 지금까지 삶을 꾸려가는 터전이었다. 도시화와 산업화를 거치면서 삶의 주 무대에서 잠깐 멀어진 듯 했으나 최근 들어 다시금 '숲세권'이라는 신조어가 말해주는 것처럼 숲과 가까운 삶의 수요는 지속적으로 증가해왔다. 특히 중장년층을 중심으로 한 귀산촌 인구의 증가세가 가파르다. 청년 귀산촌 인구도 2016년 기준 34%를 차지할 정도로 점차 숲에서의 삶이 사람들의 로망에서 실천으로 옮겨가고 있다. 이와 더불어 숲에서의 일자리에 대한 관심 역시 증가하고 있다.

숲과 일자리는 밀접하게 연관되어 왔다. 숲은 국토의 63%를 차지하는 국가자원이자 국민 모두의 공동자원으로서 늘 우리 삶과 밀접하게 존재하였으며 이를 활용한 일자리도 꾸준히 창출되어 왔다.

1970년대 황폐했던 민둥산을 푸른 산림으로 복원하기 위하여 많은 인력이 조림에 투입되었다. 이 시기에 조림한 나무들이 자라나서 목재생산, 청정임산물 산업이 발전하게 되었고, 이후 산림과 산림 내 서식하는 다양한 자원을 활용한 산림생명산업과 바이오산업, 해외자원개발 산업의 발전에 따라 관련분야에서의 일자리가 확대되었다.

2000년대에 들어서면서 산림일자리는 곧 전통 임업이라는 인식이 바뀌기 시작했다. EU의 경우 전통적인 목재생산 위주의 임업에서 도시와 환경, 휴양과 문화까지 아우르는 인식의 전환을 통해 도시임업전문가 (Urban forester)와 같은 녹색산림일자리를 발굴하고 이를 직업교육과 연계하여 양질의 일자리로 성장시키고자 노력하고 있다. 일본의 경우도 녹색일자리 사업으로 현장기능인을 육성하고, 임업분야 청년취업을 지원하고 있다.

우리나라에서도 주5일 근무제의 정착과 여가시간의 증가로 국민들은 산림에서 목재, 임산물과 같은 재화뿐만 아니라 휴양, 교육, 치유, 레포츠, 문화 등 다양한 유 · 무형의 서비스에 대해 제공받기를 원하고 있다. 이러한 국민적 수요를 반영하여 풍요로운 숲을 통해 국민 건강을 증진하고 삶의 질을 향상시키는 산림복지라는 개념이 대두되었고 관련 서비스를 제공하는 전문가들과 전문업종이 등장하게 되었다. 국민들에게 가장 친숙한 숲해설가, 유아의 전인적인 발달과 정서함양을 위한 유아숲지도사, 산림의 다양한 치유요소들을 활용하여 건강증진을 돕는 산림치유지도사, 이 전문가들이 모여서 설립한 산림복지전문업 등, 산림을 이용하는 것에서 한걸음 더 나아가 산림을 느끼고 즐기는 시대가 왔다. 산림을 한단계 더 고차원적으로 활용하기 위한 노력 속에서 다양한 일자리가 파생된 것이다.

또한 지금은 산림의 6차산업화가 진행되고 있다. 4차 산업혁명으로 촉

발된 신기술의 확산에 따라 ICT 산업, 스마트양묘 등과 같이 기존 산업간의 융합을 통한 새로운 산업들이 등장하고 있다. 최근 대두되고 있는 사회적 경제 역시 산림과 결합하여 산림형사회적기업, 마을기업 등의 새로운 형태의 기업으로 나타나고 있고, 숲과 지역과 사람을 연결하여 지역발전에 이바지하는 그루매니저도 이제 막 첫 걸음을 뗐다.

이와 같이 다양한 양상 속에서 산림청은 공공과 민간, 사회적경제의 3개 분야를 강조하는 「산림일자리 종합대책」을 수립하였다. 일자리 수의 증가, 고용의 질 개선 및 사회적 가치 제고를 목표로 공공일자리의 비중은 낮추고 민간 일자리 비중을 높이는 재정투자 및 고용창출을 추진 중이다. 이에 발맞춰 한국산림복지진흥원 등 공공기관에서도 산림일자리의 양적·질적 증가를 위하여 노력하고 있다.

아직은 발아의 시기이다. 다양한 씨앗들이 큰 나무로 자라나 잎과 열매로 사람들에게 기쁨을 주고 휴식의 그늘을 주는 것처럼, 지금 뿌려진 일자리의 씨앗들이 잘 자라나 우리 세대의 청년들과 그 다음세대의 청년들에게도 든든한 그늘이 될 수 있도록 정성껏 돌보고 보살펴야 한다. 국민 모두에게 희망이 될 수 있는 숲, 그리고 일자리가 될 수 있도록 노력이 필요하다.

– 중도일보

산림복지전문업 육성으로 일자리를 만들자

희망을 갖고 출발한 2017년 정유년 새해가 시작한 지 한 달이 지났다. 하지만 정국은 안개속이다. 언제부터인가 우리 사회는 저출산 고령화, 높은 실업율, 자살율, 이혼율이 일상화 되어 버렸다. 지끈 지끈 코리아, '머리가 아픈' 직장인이 3명중 1명이라고 한다. 우리사회가 골치 아픈 난제(難題)들로 가득차 있으니 그럴 만도 하다. 이런 난제들을 한 번에 해결할 수 있는 사이다 같은 시원한 해결책이 나오면 얼마나 좋으련만 신(神)이 아니고서야 그런 해법은 찾기 어려울 것이다.

하지만 중국 고전 회남자(淮南子)에 나오는 말과 같이 '힘 모아 대처하면 이겨내지 못할 바 가 없고, 여럿이 지혜를 모아 행하면 이루지 못할 것이 없다'고 한다. 우리 모두가 이제 남 탓을 하기 보다 한마음 한뜻으로 각자 한 발자국 양보하고 작은 것부터 실천한다면 해법을 찾을 수 있을 것이다.

최근 들어 건강과 삶의 질에 대한 국민들의 관심이 커지면서 숲의 의미도 변화하고 있다. 숲이 국민의 건강과 행복을 책임지는 새로운 산림복지 공간으로 각광받고 있다. 잘 가꾸어진 산림은 가치도 함께 높아지고 있어, 힘들고 지친 국민들의 휴식과 치유 등 산림복지서비스에 대한 수요도 급증하고 있다.

이러한 수요를 충족시키기 위해 산림청은 「산림복지진흥에 관한 법률」을 제정해 산림복지라는 새로운 패러다임(틀, 체계)의 법적근거를 마련했으며, 2016년 4월에는 산림복지전문기관인 한국산림복지진흥원을 설립하여 다양하고 체계적인 산림복지서비스 제공을 위한 토대를 마련하게 되었다.

이러한 토대 위에 국민들에게 양질의 산림복지서비스를 제공하기 위해서는 숲속의 현장에서 국민들과 가장 가깝게 활동하는 산림복지전문가의 역할이 무엇보다도 중요하며, 더불어 산림복지전문업의 역할 또한 매우 중요하다. 산림복지전문가는 산림복지서비스를 제공하는 숲해설가, 유아숲지도사, 숲길체험지도사, 산림치유지도사들이다.

:: 표3. 산림복지전문가 등록 현황

구분	2017.1	2021.12
숲해설가	8,381명	15,020명
유아숲지도사	1,692명	6,738명
숲길등산지도사	935명	2,260명
산림치유지도사	543명	1,994명
계	11,551명	26,012명

산림복지전문업은 산림복지시설 내에서 숲해설, 산림치유, 유아숲지도 등 산림복지서비스 제공을 영업의 수단으로 하는 업으로 숲해설업, 산림치유업, 유아숲지도업 등 서비스 유형별로 등록 기준을 갖춘 업체를 말한다. 산림복지진흥원에서는 지난해 6월부터 본격적으로 전문업 등록업

무를 시작하였으며, '17.1월말까지 등록된 업체는 128개이며, 전문업에 고용된 산림복지전문가는 800여 명이었으나, 2012. 9월 기준 915개 업체에 5,193명이 등록되어있다.

:: 표4. 산림복지전문가 등록현황

구분	2017. 1	2021. 9
종합산림복지업	4	34
산림치유업	2	74
숲해설업	96	399
유아숲교육업	18	356
숲길등산지도업	8	52
계	128명	915

산림복지전문업 등록 제도는 산림복지서비스 분야의 민간시장 활성화 및 부가가치 일자리를 창출할 수 있도록 2016년부터 새롭게 시행되는 제도로, 이를 통해 국가주도의 단기일자리에서 벗어나 더욱 질 높은 일자리로 거듭날 수 있는 계기가 될 것이다. 국민이라면 누구나 숲이 주는 혜택을 누릴 기회가 제공되어야 하며, 이를 위해서는 국민들에게 숲의 행복을 전달하는 산림복지전문가들이 더욱 많아져야 한다는 뜻이다.

다가오는 산림복지시대에 산림복지전문가는 최일선 현장에서 국민의 건강을 책임지고 행복을 실현하는 미래의 일자리로 자리매김하여 조금이라도 일자리 문제 해결에 도움이 되기를 기대한다.

– 내일신문

밤나무 숲에서 닭을 키우면

 치킨과 맥주를 줄여서 부르는 '치맥'. 언제부턴가 너무 친숙해진 국민 간식이 됐다. 특히 젊은이들 사이에서 치맥의 인기는 최고라 할 만하다. 닭은 가격에 부담이 없고 남녀노소 모두 좋아해 간단한 식사, 한밤의 출출함을 달래 주는 야식, 직장 동료들과의 회식, 친구들과의 수다 모임 등 다양한 자리에서 함께할 수 있다. 계절에 대한 제한도 없어 사계절 내내 큰 사랑을 받고 있다. 부위별, 양념별, 브랜드별로 종류가 다양해서 기호에 맞게 골라서 먹으면 되기 때문에 더욱 그런 듯하다.

 하지만 닭고기의 수요가 늘고 있음에도 정작 양계 농가는 울상을 짓고 있다. 자유무역협정(FTA)으로 수입산 닭고기가 유입되면서 국내산 닭의 입지가 점점 줄어들고 있기 때문이다. 수입산 닭의 가격이 국내산의 3분의2 수준 정도니 더욱 그럴 수밖에 없다. 게다가 겨울만 되면 조류독감(AI)이 극성을 부려 양계 농가에서는 한시도 마음을 놓을 수가 없다. 맛있는 토종닭을 먹기 위해, 양계 농가의 수입 안정을 위해서라도 대책이 시급한 상황이다.

이를 해결하기 위해 지난해 우리나라의 산림과 축산을 대표하는 국가 연구기관이 힘을 합쳤다. 산림과학원과 축산과학원이 협업해 '친환경 생태 축산' 연구에 박차를 가하고 있다. 이 연구는 밤나무 숲에서 닭을 키우는 방식이다. 밤나무 재배지를 활용해 고품질의 밤과 양질의 육계를 생산하는 것이다. 밤나무 재배지를 일정한 면적으로 배분한 후 이동이 용이한 계사를 이용해 5~10일 단위로 이동하면서 닭을 방사한다. 일정 기간 단위로 이동하기 때문에 토양 보존은 물론 분뇨를 이용한 토양 개량에도 효과적이다. 봄에는 그늘에서 잘 자라는 고려엉겅퀴(곤드레), 참취, 곰취, 섬쑥부쟁이 등을 밤나무 아래에 심어 산채를 생산하면 된다. 여름에는 방사해 키운 육계용 닭을 출하하고 가을에는 고품질의 밤을 수확한다. 이러한 복합경영 모델은 노동력을 골고루 분산시키면서 자가 인력으로도 경영이 가능한 게 특징이다. 또 소득원이 편중되지 않아 가격 폭락과 천재지변에 대비할 수 있는 장점도 있다. 토종닭 체험, 밤 줍기 등은 다양한 체험 활동으로도 연계시킬 수 있다.

실제 약 3개월 동안 닭을 밤나무 재배지에 방사한 결과 연간 ha당 1,000마리의 닭이 생산 가능한 것으로 나타났다. 이렇게 생산된 닭고기는 육질이 쫄깃하고 풍미가 뛰어나며 지방 함량이 관행 사육에 비해 65% 감소했다. 단백질과 불포화지방산 함량은 각각 8.3%, 3% 증가했다. 특히 닭을 방사한 곳의 밤나무는 닭 분뇨가 거름이 돼 밤알이 굵어지고 밤 수확량이 증가했다. 또 닭이 밤 과육을 갉아 먹는 밤바구미를 잡아먹어 밤나무의 병충해가 줄어드는 효과를 얻었다. 말 그대로 1석3조인 셈이다. 이번 연구결과는 양계 농가, 밤 재배 농가 모두에 기쁜 소식이 아닐 수 없다. 양질의 닭과 밤을 구입할 수 있게 된 소비자에게도 반가운 일이다. 특히 밤은 연간 1,400억 원 내외의 소득을 올리는 농·산촌의 주요 소득 작목이지만 FTA로 인한 시장 개방, 기상 이변에 의한 불안정한 생산성, 밤나무의 노령화 등으로 어려움을 겪고 있다.

하지만 이와 함께 해결해야 할 일도 있다. 닭을 방사할 때 족제비, 고양이, 들개 등 천적 동물에 의한 피해에 대해서도 함께 연구해야 한다. 백신 접종, 태양충전식 전기 그물망 등을 적절히 활용한다면 질병과 천적 동물로 인한 육계 손실을 10% 이하로 줄일 수 있을 것이다. 최근 AI 발생이 반복되면서 친환경 축산과 함께 동물 복지에 대한 관심이 뜨겁다. 이 때문에 방역 관리가 잘 된 산지에서의 양계 기술 개발은 환경 보전과 친환경 축산물 생산이 양립할 수 있는 기반을 제공할 것이다. 또한 FTA 확대로 어려움을 겪는 농·산촌의 소득 증대에도 이바지할 수 있을 것이다.

벌써 2015년 을미년 새해가 시작된 지 한 달여가 지났다. 입춘도 지나오는 19일이면 설과 함께 우수(雨水)다. '우수 경칩이면 대동강 물도 풀린다'는 속담처럼 추위가 누구러지고 봄기운이 돌고 초목(草木)이 싹트기 시작한다. 이제부터 농촌에서는 봄 농사를 준비하기 시작한다. 이번 봄부터는 산에서 더 많은 소득을 얻을 수 있는 산지 양계를 권하고 싶다. 이것이 정부3.0에서 강조하는 협업과 창조 농업의 모델이 될 것이기 때문이다.

– 서울신문

천년의 아름다움 자작나무

자작나무를 처음 마주한 사람들은 탄성을 지르는 대신 긴 침묵을 시작한다. 곧고도 흰 이 독특한 나무는 눈 깜짝할 사이에 우리를 시베리아의 숲으로, 빨강머리 앤이 턱을 괴고 바라보던 창문 너머 아름다운 숲으로 데려다 놓는다. 숲의 정령이 있다면 아마도 이 자작나무 숲에 살고 있지 않을까 싶다. 자작나무의 진정한 멋은 한겨울 눈 내린 때이다. 큰 키와 흰 껍질을 가진 자작나무는 어두운 침엽수나 잎을 다 떨구어낸 참나무 숲과는 사뭇 다르다. 자작나무는 단정하고 고결한 모습으로 '숲의 귀족'이라고도 불리는데, 홀로 있을 때도 아름답지만 여럿이 모여 숲을 이룰 때 더 환상적이다. 세상의 모든 소리와 속된 것들을 덮어버리듯 눈 내린 겨울의 자작나무 숲은 순백의 고결함과 치유의 쉼터 그 자체다.

불에 탈 때 '자작자작' 소리를 내어 이름 붙였다는 자작나무는 본래 추운 지방에서 잘 자라는 수종(樹種)이다. 우리나라에서도 백두산이나 강원도 지역에서만 볼 수 있고, 시베리아와 핀란드 같은 추운 곳에서 주로 자란다. 자작나무는 오래전부터 인류의 삶에 밀접하게 들어와 있었다. 종이처럼 얇게 벗겨지는 하얀 껍질은 종이 대용으로 사용되었으며, '화촉(華燭)을 밝힌다'의 화촉 또한 바로 자작나무 껍질이다. 목재는 박달나무와 같이 단단하고 벌레도 잘 생기지 않는 데다 천년을 간다고 할 정도로 오래도록 변질되지 않아 건축재, 조각재로 사용되었다. 경남 합천 해인사에 있는 팔만대장경의 일부도 자작나무로 만들어졌으며, 경북 안동의 도산서원에 있는 목판 재료 역시 자작나무라고 한다. 자작나무는 약재로도 쓰이는데, 한방에서는 백화피(白樺皮)라 하여 이뇨, 진통, 해열 등에 썼다. 뿐만 아니라 고로쇠나무와 같이 줄기에 상처를 내어 수액을 마시기도 하고, 충치 예방에 효과가 있다는 자일리톨(xylitol) 또한 이 자작나무 추출물에서 얻은 것이다. 그야말로 나무계의 팔방미인이라 할 만하다.

우리나라에 있는 자작나무 숲은 인공적으로 조성된 것이 대부분이다. 대표적인 곳이 강원도 인제군 원대리에 있는 자작나무 숲이다. 인제국유림관리소에서 경제림 단지 조성을 목적으로 지난 1989년부터 1996년까지 총 138ha에 69만 그루의 자작나무를 심고 가꿔 '숲 유치원'으로 개방하면서 전국적으로 알려져 지금은 해마다 10만 명 이상의 방문객이 찾는 명소가 되었다. 산림청에서도 1977년부터 2014년까지 총 42,830ha에 1억 3,806만 그루의 자작나무를 심었다. 안타까운 것은 제대로 조성된 자작나무 숲이 아직 그 산업적 가치를 발휘하지 못하고 있다는 사실이다. 이제부터라도 이 아름답고 재주 많은 자작나무가 산림치유와 휴양, 경관뿐만 아니라 목재산업에도 다양하게 이용될 수 있도록 노력해야 할 것이다. 가구재, 건축재, 인테리어, 수액 채취를 통한 건강음료의 개발뿐만 아니라 생명공학기술(BT)을 응용한 자일리톨과 같은 천연추출물 등 고부가가치 연구개발이 필요한 시점이다.

                                                              – 목재신문

한국인과 도토리

도토리 냉면, 도토리 빈대떡, 도토리묵, 도토리 수제비, 도토리묵 비빔밥…. 도토리로 만들어 먹을 수 있는 음식이 꽤 많다. 이 중 가장 대표적인 게 도토리묵이다. 도토리를 잘게 빻은 후 물과 함께 고운체로 거른 다음 소금물로 타닌(Tannin)을 빼낸다. 이렇게 만들어진 도토리물을 걸쭉해질 때까지 불에 고은 후 식히면 탱글탱글한 도토리묵이 완성된다. 설명에서부터 느껴지듯 여간 손이 많이 가는 게 아니다. 하지만 우리의 어머니들은 가을만 되면 굽은 허리를 더욱 굽혀 도토리 줍기에 여념이 없으시다. 자식들에게 손수 만든 도토리 음식을 해 먹이고 싶은 마음이 커서일 것이다. 이처럼 도토리를 채집하고 이용하는 것은 한국인에게 더 이상 특이할만한 일이 아니다.

그런데 혹시 알고 있는가? 전 세계에서 도토리로 음식을 해 먹는 나라는 우리나라가 유일하다는 것을. 해외 그 어느 나라도 떨어진 도토리를 이용한 먹거리를 고민하는 곳은 없다. 그럼 우리는 언제부터 도토리를 먹었을까? 조선왕조실록에서는 도토리와 관련된 기록을 찾을 수 있다. 1424년 8월 20일 세종은 '흉년에 대비해 일정한 수량의 도토리를 예비할 것'을 명했다. 양곡 생산이 좋지 않을 때는 구황(救荒)나무로 참나무 즉, 도토리나무를 심게 했다. 또 임원경제지 인제지(仁濟志)편에는 민간에서 도토리나무를 심고 가꾸는 방법에 대해 기술하고 있다. 본초강목에서도 '도토리는 곡식도 아니고 그렇다고 과실도 아닌 것이 곡식과 과실의 좋은 점을 두루 갖추고 있다. 도토리만 먹어도 보신이 필요 없는 좋은 식품'이라고 적혀 있다. 홍만선의 산림경제에서는 '도토리를 쪄 먹으면 흉년에도 굶주리지 않는다'고 했다.

도토리나무 중 상수리나무는 열매인 도토리의 크기가 크고 양이 많다. 그래서인지 상수리나무는 높은 산이 아닌 해발 600미터 이하의 인가 근처에 주로 분포하고 있다. 이는 한국인이 도토리를 즐겨 먹는 것과 깊은 관련이 있을 터이다.

올해 도토리 농사는 대풍이었다. 하지만 2010년 도토리 열매가 적었을 때는 멧돼지 등 산림동물이 경작지와 인가로 내려와 피해를 준 적이 있었다. 도토리는 사람 못지않게 동물들에게도 인기 있는 음식이다. 다른 점이 있다면 도토리가 우리에게는 부식이라면 동물들에게는 주식이다. 없으면 생존의 위협을 받을 수 있는 절실한 먹이인 것이다.

먹기 위해 때론 예쁘고 귀여워서 무심코 집어 올린 도토리 한 알에 생태계는 영향 받을 수 있음을 생각해야 한다. 도토리는 다람쥐와 청설모 등 설치류에게는 중요한 먹이 자원이다. 특히 겨울을 보내고 새로운 봄을 맞이하기 위해서는 절대적으로 필요한 것이다. 우리의 욕심으로 인한 도토리의 지나친 채집은 우리 후대가 자연에서 귀여운 다람쥐와 청설모를 볼 수 없게 만들 수도 있다. '산골짝에 다람쥐 아기 다람쥐, 도토리 점심 가지고 소풍을 간다'라는 동요가 사라지고 다람쥐가 옛날 이야기 속에서만 존재하는 설화적 동물이 된다고 생각해 보자. 씁쓸하다 못해 슬프지 않은가.

최근 지구의 생물들은 생존에 위협을 받고 있다. 약 1,400만 종의 지구상 전체 생물종 가운데 1만 5,000종에 이르는 동식물이 멸종위기에 처했다. 관련 전문가들은 이런 속도면 2050년이 됐을 경우 지구상 생물종의 4분의 1 정도가 자취를 감출 것이라고 밝힌 바 있다. 이에 따라 전 세계적으로 '생물종다양성'을 유지하기 위한 움직임이 나타나고 있다. 우리가 야생의 산림에서 도토리를 줍지 않는 것, 지나친 채집을 하지 않는 것도 생물종다양성을 위한 한 방법이 될 것이다.

도토리나무는 매년 일정한 수량의 도토리를 맺는 것이 아니라 4~5년의 주기를 둔다. 그만큼 도토리 생산량이 들쑥날쑥 하다는 것이다. 그래서 국립산림과학원은 도토리나무를 계획적으로 인공 재배하는 방안을 연구해 성과를 얻고 있다. 도토리를 이용한 요리법은 우리 조상들의 오랜 전통지식이자 살아있는 지혜다. 전통지식을 계승하는 것도 중요하지만 건강한 산림생태계를 유지하는 것은 우리의 미래 가치를 지키는 것이다. 푸른 숲, 건강한 나무, 다양한 동물 등을 다음 세대에 물려주기 위해서는 도토리나무 인공 재배지나 일부 채집 가능한 장소에서만 도토리를 수집하고 과다한 사용을 하지 말아야 할 것이다.

– 서울신문

나라꽃 무궁화

'무궁화 무궁화 우리 나라꽃, 삼천리 강산에 우리 나라꽃~'

음도 쉽고 가사도 간단해 누구나 어렵지 않게 따라 부를 수 있는 동요 '무궁화'의 한 구절이다. 우리나라 국민 중 이 노래를 모르는 사람, 한 번도 불러보지 않은 사람을 없을 것이다. 나라꽃을 이렇게 찬양하며 노래를 만들어 부르는 나라가 또 있을까. 그 애정이 남다르다는 건 부정할 수 없는 사실이다.

하지만 노랫말처럼 삼천리 강산에서 나라꽃을 쉽게 볼 수 없는 게 현실이며, 어린 학생들의 경우 무궁화에 대한 인식 자체도 부족한 상황이다. 이는 최근 산림청이 조사한 '나라꽃 무궁화 교육 강화를 위한 기초연구'에서 여실히 드러났다. 설문에 참여한 전국 초 · 중 · 고교 학생 1,300여 명 가운데 54.7%가 "1년에 한두 번 이상 무궁화를 보기 힘들다"라고 대답했다. 또 설문 학생의 43.1%가 "무궁화는 나무가 아니라 1년생 풀이다"라고 생각하고 있었다.

무궁화는 높이 6m까지 자라는 낙엽활엽소교목(落葉闊葉小喬木)으로, 7월 초부터 피기 시작해 8월 15일 광복절 즈음 절정을 이루다가 10월 초까지 100일 정도 그 화려함을 뽐낸다. 심지어 무궁화는 이 기간 동안 한 나무에서 무려 3,000여 송이까지 꽃을 피운다고 한다. 항상 아침에 떠오른 태양을 바라보며 꽃을 피운다. 현재 전 세계의 250여 품종 중 우리나라에서는 약 200여 종이 재배되고 있으며, 그 절반은 우리 품종이다.

무궁화는 우리나라뿐 아니라 전 세계 50여 개국에서 사랑받는 관상수다. 무궁화의 학명은 '히비스커스(Hibiscus)'로, 이집트의 여신 '히비스(Hibis)'와 그리스어 '이스코(Isco)'가 결합하여 '아름다운 여신을 닮았다'는 의미다.

화려한 외모를 뽐내는 무궁화는 우리의 눈을 즐겁게 해주면서 몸에도 이로운 꽃이다. 일찍이 조선 명의 허준은 동의보감에서 목근화(木槿花; 무궁화꽃)를 달여 차 대신 마시면 풍증을 낫게 한다고 했다. 또 피를 멎게 하고 설사 후에 갈증이 심할 때도 도움이 된다고 기록돼 있다.

이처럼 무궁화는 오래전부터 우리의 삶과 함께 해왔다. 이는 문헌에서도 쉽게 확인할 수 있다. 중국 춘추전국시대 지리서인 '산해경(山海經)'에서는 우리나라에 무궁화가 많다고 적혀 있다. 또 많은 기록에서 우리나라는 스스로를 '근역(槿域)' 또는 '근화향(槿花鄕)', 즉 무궁화의 나라라고 칭했다.

일제강점기에 독립지사들은 광복과 구국의 상징으로 무궁화를 내세우기도 했다. 단재 신채호 선생은 만주 여순감옥에서 '이 꽃이 무슨 꽃이냐/백두산(白頭山)의 얼이요/ 고운 아침(朝鮮)의 빛이로다'로 시작하는 시 '무궁화의 노래'를 썼다. 무궁화를 통해 식민 상태의 비통한 심정을 표현한 것이다.

당시 일본은 무궁화를 우리 민족의 상징으로 여기고 무궁화를 있는 대로 뽑아 없앴다. 그래서 우리나라에는 수령 100년 이상 오래된 무궁화 나무를 찾아보기가 어렵다. 심지어 무궁화를 보기만 해도 눈에 피가 나고, 닿기만 해도 부스럼이 생긴다며 가까이 하지 말아야 할 꽃이라고 비방했다.

산림청은 국민들이 무궁화를 좀 더 가까이, 좀 더 자주 접할 수 있도록 여러 가지 노력을 하고 있다. 무궁화동산 조성을 비롯해 각급 학교에 무궁화를 많이 심도록 권장하고 있다. 또한 홍천, 보령, 완주 등을 무궁화 특화도시로 선정하고 무궁화 수목원, 박물관, 테마공원 등 관련 시설을 조성하기도 했다. 오는 8월 15일에는 제69회 광복절을 맞아 서울을 비롯한 부산, 홍천, 수원, 완주 등 전국 5개 지역에서 '나라꽃 무궁화 전국축제'를 개최한다. 국립산림과학원도 '근형', '단아' 등 가로수용 신품종 무궁화를 개발해 대대적인 보급을 계획 중이다.

상처 많았던 봄을 지나 무더운 여름 마른장마 속에서도 꽃을 피운 강인한 생명력을 가진 무궁화가 지쳐있는 우리의 생활 곳곳에 희망과 치유로 전해지기를 간절히 염원한다. 김춘수 시인은 꽃이라는 시에서 '내가 그의 이름을 불러 주었을 때 그는 나에게로 와서 꽃이 되었다' 라고 하였다. 우리가 무궁화를 나라꽃이라고 아껴주고 불러줄 때 비로소 무궁화는 나라꽃(國花)이 될 것이다.

- 서울신문

현대^{80년대 이후} 정치,경제,사회 변화와 산림정책

1. 들어가기

정책(政策, Policy)이란 정치적 목적을 달성하기 위한 방책으로서 이는 정치적 행위의 하나이다. 따라서 정책은 어떠한 사회적 문제를 해결하기 위해 공신력 있는 국가기관 혹은 지방자치단체, 공공기관 등이 계획 또는 대책을 수립하여 실행하는 것을 말한다. 또한 사회적인 문제뿐만 아니라 국민적 수요가 있다면 이를 충족하기 위해서 계획을 수립하여 추진하기도 한다. 산림정책 역시 산림의 바람직한 보전과 이용, 산림과 임업 등의 지속적인 발전을 도모하기 위하여 국가나 지방자치단체 등이 산림에 관한 시책을 개발하는 것이라고 할 수 있다. 그래서 1970~1980년대에는 황폐된 산지를 녹화시켜야겠다는 것이 국민적 여망이었고 국가적인 당면한 과제였기 때문에 정부는 1973년부터 제1차 치산녹화 계획을 수립하여 추진하였고 당초 10년 계획을 4년 앞당겨 완료하였다. 이어서 제2차 치산녹화계획도 당초 계획보다 1년 앞당겨 추진하였다. 그 결과는 성공적이었기에 사실상 국토녹화 사업은 1987년에 마무리되었다. 그후 우리나라는 1980년대 중후반 86아시안게임과 88올림픽을 성공적으로 개최하면서 경제도 급속하게 성장하여 국민들의 소득 수준이 높아지고 있었다. 또한 국민들은 정치적인 민주화 요구와 함께 삶의 질을 추구하게 되었고 이로 인해 쌓여만 가는 국민들의 정치 · 경제 · 사회적 스트레스를 해소하고자 하는 수요가 급증했다. 이에 따라 1980년대 중후반부터는 이러한 국민적, 국가 경제 · 사회적 수요에 충당하기 위해서 산지를 자원화하려는 정책을 추진하게 되었다.

지난 40~50년간 산림정책의 시대 구분에 대하여 최병암은 우리나라 산림과 임업의 트렌드가 매우 짧은 시기에 중첩하여 변화했다고 하였다. 제1~제3차 산림기본계획기간 동안은 제1,2차 치산녹화계획과 제3차 산지자원화계획을 통한 경제임업(Reforestation & Economic Forestry) 수요에 대응한 시기라면, 제4차 산림기본계획기는 생태임업(Ecological Forestry)의 수요에 대응한 시기라고 할 수 있고, 제5차 산림기본계획기는 이들 수요에 더불어 휴양, 치유, 복지, 교육, 문화 등 사회임업(Social Forestry)의 수요에 대응한 시기라고 구분 하였다.

또한 서구의 산림경영은 20세기 초부터 보속적 산림경영 – 다목적 산림경영 – 자연친화적 산림경영 – 지속가능한 산림경영으로 발전하면서 2000년대부터 생태적 산림경영에 이르기까지 200여 년에 걸쳐 산림에 대한 경제적, 사회적, 생태적 수요에 대응해왔다. 하지만 우리나라는 경제임업의 한 주기(60~70년)도 마치기 전에 지난 30~40년 동안 생태적 및 사회적 임업(Ecological & Social Forestry) 수요와 방제적 임업(Anti disasters Forestry) 수요까지 겹쳐 이들 수요에 복합적으로 대응해야 하는 상황이었다. 이에 현대적 의미의 지난 30년간 시대적 구분을 산림기

::표5. 제3~5차 산림기본계획

구분	전반기	후반기
제3차 산림기본계획 (1988~1997)	13대 노태우 대통령 (1988~1992)	14대 김영삼 대통령 (1993~1997)
제4차 산림기본계획 (1998~2007)	15대 김대중 대통령 (1998~2003)	16대 노무현 대통령 (2003~2008)
제5차 산림기본계획 (2008~2017)	17대 이명박 대통령 (2008~2013)	18대 박근혜 대통령 (2013~2017)

본계획 수립 기간에 따라 제3차 산림기본계획기인 산지자원화(1988~1997)시대의 경제임업, 제4차 산림기본계획(1998~2007)기의 생태임업, 제5차 산림기본계획(2008~2017)기의 사회임업 등으로 구분하였다.

　우리나라 산림경영에 있어서 기본계획 작성 체계는 4단계이다. 첫째 모든 산림을 대상으로 산림청장이 수립하는 전국 단위의 산림기본계획을 비롯해서 둘째 광역자치단체 또는 지방산림청 단위로 수립하는 지역산림계획 그리고 셋째 개별 산주가 작성하는 산림경영 계획과 국유림 관리소 단위로 국유림에 한정해서 계획을 세우는 국유림 종합계획 등이 있다. 계획 기간은 모두 10년(제6차 계획부터는 20년으로 변경되었음)이지만 전국 단위의 산림기본계획은 정권 교체 시기에 여건이 크게 달라지거나 새로운 통치자의 국정운영과 일치하기 위해서 기본계획을 수정 또는 변경하게 되었다.

　본 글에서는 한국의 정치, 경제, 사회적 상황과 산림기본계획의 기간을 같이 했던 대통령 재임기간을 중심으로 산림정책의 배경과 주요내용, 성과 등을 기술하였다.

2. 시대별 산림정책

가. 제3차 산림기본계획(1988~1997)기인 산지자원화 시대

(1) 1990년대 정치. 경제. 사회적 환경

1945년 해방 이후 우리나라는 1960~70년대 산업화와 1980~90년대 민주화를 거쳐 2000년대 이후 정보화 사회로 발전해나가고 있다. 1980 년대 우리나라 정치, 경제, 사회 상황은 출산율이 급격하게 줄어들고 경제는 급속하게 성장하였으며 정치적으로는 민주화 운동이 확산되었다. 1950년대 6·25 전쟁 후 우리 사회의 가장 큰 문제는 인구증가와 황폐된 국토였다. 이에 정부가 시급히 마련하여 추진해야 할 정책 중 하나는 출산정책과 치산녹화 정책이었다. 당시 사회현상을 가장 잘 나타내는 것은 출산율이었다. 1960년대 우리나라 출산율은 6.0명 수준이었으나 강력한 산아제한(産兒制限)정책으로 1990년대에는 1.5명으로 줄었고, 급기야 2010대에는 1명 이하인 0.9명까지 줄어 출산율의 엄청난 변화가 있었다. 이에 1990년대 들어서면서 출산정책이 전면적으로 수정됐다. 정부는 1989년 피임사업을 중단하고 사실상 산아제한 정책을 중단했다. 1996년 인구정책의 목표를 '산아제한'에서 '자질 향상'으로 변경했다. 인구의 질적 향상을 위해 노력하겠다는 뜻이었다. 적극적인 출산장려 정책으로 전환된 것이다.

경제는 1980년대 중후반 86아시안 게임과 88올림픽을 성공적으로 개최하였고, 대외경제 여건도 3저 현상(국제금리, 유가, 환율 등 3가지 모두 낮은 상태)으로 유례없는 호황기를 맞았다. 하지만 1990년대는 80년대 후반 금리, 유가, 환율 등 3저 현상이 사라지게 됨으로 수출과 경제성장 역시 크게 둔화되는 시기였다. 이에 따라 정부는 다시금 경제안정에서 경제성장을 중시하는 정책으로 바뀌었다. 또한 1990년대는 국제화, 세계화

를 위한 시장을 개방한 시기이기도 하다. 이는 보호무역과 자국민 위주의 투자환경에 대해 외국으로부터 끊임없이 시장개방의 압력을 받았기 때문이었다. 한편 정치적으로는 1987년 6월 민주화 운동을 겪으면서 경제도 민주화 요구가 증대되었다. 노사분규의 급격한 증가 속에서 경제적 성과에 대한 공정한 분배 목소리가 높아졌다. 이로 인해 임금은 빠른 속도로 상승하였고 부동산 가격의 급등과 고금리 등 국제경쟁력을 약화시키는 요인으로 작용하게 되었다.

1987년 12월 16일 제13대 대통령 선거에서 당선된 노태우 후보가 당선되어 1988년 2월 25일 제6공화국 첫 번째 노태우 정부가 시작되었다. 노태우 정부는 과거 권위주의적 민주주의에서 자유민주주의로 이행하는 과도기적 정부라고 할 수 있다. 노태우 태통령은 취임 초기부터 여소야대 정국으로 정책을 강력하게 추진하지 못했다. 제5공화국 청산이 제6공화국의 최대 과제였지만 그것은 근본적으로 어려운 일이었다. 이에 따라 정치적 반전을 목적으로 여당인 민주정의당은 당시 재보궐 선거에서 참패로 궁지에 몰려던 통일민주당 김영삼과 신민주공화당 김종필을 3당 통합을 이루어 1990년 1월 거대 여당인 민주자유당을 탄생시켰다. 김영삼 대통령의 문민정부(1993~1997)는 3당 합당으로 집권하였다. 문민정부는 집권 초기 국민들에게 정치, 경제적인 희망과 꿈을 주었다. 하지만 얼마지 않아 계속된 실정과 급진적 개혁으로 국민들의 피로도는 쌓였고, IMF(국제통화기금) 관리체제를 맞게 되었다. 다만 지방자치제 실시, 5·18특별법 제정 등은 문민정부의 업적이다. 문민정부(1993~1998)는 부정부패 척결, 경제 회복, 국가 기강확립 등 세 가지를 국정과제로 들면서 '신한국' 창조를 선언했다. 먼저 정경유착, 뇌물 등 불법적인 지하 경제활동을 없애기 위해 1993년 금융실명제를 실시하였다. 금융

실명제로 무기명, 가명이 불가능해지면서 비리 척결과 뇌물의 출처도 알수 있게 되는 바탕이 되었다. 또한 부동산 거래도 부동산 실명제가 1995년 실시되었다. 부동산도 차명, 가명, 무기명으로 거래하는 것을 금지했다. 2020년 8월 한국개발원(KDI) 코리언 미라클 시리즈에서도 1993년 금융실명제를 한국경제 질서를 바꾼 개혁으로 평가하였다. 이는 당시 우리 사회의 정치적 사회적 경제적 투명성을 높힌 계기가 되었다. 이어 추진한 1995년 부동산 실명제 역시 경제개혁의 일환이었다.

또한 선거를 통한 지방자치단체장을 선출하는 지방자치제를 1995년 전면 실시했고 신군부 세력의 중심이었던 하나회를 없앴으며, 전임 대통령이었던 전두환과 노태우에게 처벌을 시키고자 했다. 하지만 문민정부 말에는 국민 대화합을 이유로 특별사면하였다. 조선총독부 건물을 없앤 것도 김영삼 문민정부의 역사 바로 세우기 운동의 일환이었다. 그리고 1993년 종료된 우루과이라운드의 결과를 수용해야 했고, 세계무역기구(WTO)에 1995년 가입했으며 경제협력개발기구(OECD)에도 29번째 회원국으로 1996년에 가입했다. 그러나 1997년 외환위기를 맞았다. IMF의 금융지원을 받은 우리나라는 IMF의 요청을 수락하는 수밖에 없었다. 주식 시장을 외국인에게 개방했고, 수많은 기업과 은행은 도산했으며, 기업의 구조조정으로 많은 근로자들이 해고되었고 회생이 가능한 기업에게는 많은 공적자금 투입되었다.

(2) 1990년대 국내외 산림 환경(**여건 및 상황**)

1990년대 초 우리 산림은 많이 푸르러졌으나 경제성이 있는 나무가 적었고, 나무를 심고 가꾸겠다는 의식은 높아졌으나 산주가 자발적으로 가꾸기에는 어려운 상황이었다. 또한 우리 풍토에 알맞고 전국적으로 보급을 권장할 만한 경제수종이 개발되지 못한 상황이었다. 목재수요는 전국적인 건설 붐으로 증가하였고 이 때문에 수입목재 의존도는 커가고 있었다. 사유림의 소유 규모는 영세성을 탈피하지 못하고 있으며 농촌인력 부족과 더불어 임금 상승에 따른 조림, 육림 등 산림경영비가 상승하고 있었다. 반면에 산림의 공익기능은 점차 증가하고 있었다.

이에 따라 산림은 국민경제의 기본이 되는 의식주 어느 부문과도 깊은 관련이 있었다. 산림은 임산물 생산에 의하여 목재, 각종 공업 원료, 연료 등을 공급하고, 국토보전, 수원함양, 보건휴양, 환경보호 및 야생동물의 서식처를 제공하고 있다. 또한 우리 경제의 고도성장에 대응하여 산지를 자원화하고 산림의 다목적 이용(multiful use)을 극대화하는 것이 필요한 시점이었다. 1980년대 우리 경제는 년 평균 10%씩 고도 성장을 이룩하였으나 임업 성장은 2%에 불과하였다.

세계적으로도 인구증가와 생활수준 향상에 따른 목재소비량은 계속 증가하였고, 이에 열대우림을 비롯한 산림자원은 급속하게 감소하였다. 이는 세계 각국의 인구증가, 경제발전, 식량증산을 위한 농경지 확대로 산림자원은 감소하였고, 산업시설 및 주택용지 공급 등으로 산림이 다른 용도로 전용되었다. 이에 따라 세계 각국은 자국 산림자원 보호에 치중하고자 자원 민족주의(Resource Nationalism, 천연자원을 보유한 국가가 자국의 이익을 위하여 자원을 정치적으로 이용하려는 현상)와 외교정책상 목재를 무기화하려는 정책이 확산되었다. 열대우림 국가들은 원목 수출보다는 자국 내 가공 공장을 설립하여 목재가공품 수출을 늘였으며, 목재의 이용기술 개발에 중점을 두었다. 반면에 유럽, 일본, 북미 등 공업 선진국들은 목재자원 확보 경쟁이 심화되어 목재 수입정책을 강화하고 해외 산림개발을 확대하였다.

산지자원화기(1988~1997)는 1987년 산림청이 농림수산부로 복귀하면서 제3차 산림기본계획인 산지자원화계획을 수립하고 가치있는 산림자원 개발에 역점을 두었다. 단기소득 임산물 중 단일 작목 최대 수출 품목인 밤을 집중 육성하였고, 1992년 4월 5일 식목일에 광릉수목원 내에 국토녹화기념탑을 건립하여 국토녹화의 완성을 공표하였으며, 1997년 경기도 여주에 목재유통센터를 설치하여 국산재를 이용한 목재산업의 경쟁력을 강화했다. 또한 산림경영의 필수 기반 시설인 임도를 확충하였고, 임업기계 도입과 임업기능인 양성을 통해 산림사업의 효율성을 증진하였다. 또한 풍성해진 숲의 효용가치를 제고하기 위해 1989년 유명산과 대관령 자연휴양림을 개장하여 산림휴양시대를 열었다.

(3) 주요 산림정책

(가) 산지자원화 정책과 신임정 5개년계획

우리나라는 1973년부터 1987년까지 제1, 2차 치산녹화 계획을 추진하면서 국민과 정부가 합심하여 성공적인 산림녹화를 이루었다. 이에 산림정책도 녹화된 산림을 바탕으로 산지에서 소득을 올리고 산림의 공익기능을 증진하는 이른바 경제개발과 환경보존에 조화를 도모하기 위한 새로운 10년 계획으로서 제3차 산림기본계획인 산지자원화 계획을 수립하게 되었다. 기본 목표는 첫째, 국민 수요에 부응하는 산지의 합리적 이용 둘째, 우량 목재자원의 조성과 경영기반 확충 셋째, 임산물의 안정적인 공급과 유통체계 정비 넷째, 다양한 산촌 소득원의 개발과 다섯째, 쾌적한 생활환경을 조성 및 산림문화 창달이었다. 또한 정부가 주도하던 규제 위주의 산림정책도 조장 위주로 바뀌었다.

우리나라는 80년대 중후반부터 급속한 도시화와 국민들의 소득수준이 높아지면서 생활 여건도 크게 변하였다. 산림에 대한 새로운 수요가 창출되면서 산림정책 또한 이에 대처할 필요가 있었다. 즉 산림정책이 녹화 정책에서 자원화 정책으로 전환된 것이다. 특히 산지자원화계획 기간 후반기(1993~1997) 동안 다양한 산림관련 제도 개선을 추진함으로써 경영임정(林政)의 기틀을 마련하였다.

첫째, 전국 산림을 기능과 이용목적에 맞게 합리적으로 재편하여 산지 관리 체계를 정비했다. 둘째, 임업진흥촉지지역 선정 및 개발을 통해 임업의 구조개선을 추진(1997년 「임업진흥촉진법」을 제정)했고, 임산물 소득원 개발 및 임산물 유통 가공업의 지원을 통해서 임업의 생산성을 향상시키고, 임업인의 경영능력 및 권익을 증진시켜 임업을 경쟁력 있는 산업으로 육성했다. 또한 임업 세제 개선을 통해 산림경영을 활성화 하기 위한 제도적 장치를 마련했다. 셋째, 국유림관리는 영림서 조직을 지방산림관리청으로 개편하고 책임경영제를 도입하여 현장 경영체제로 전환했다. 산불 예방 및 진화 체계를 확립하기 위하여 산불방지 조직을 보강하였다. 특히 산림청이 1987년 내무부에서 농수산부 소속으로 돌아온 것은 부처 변경이라는 의미뿐만 아니라 산림에 대한 국민들의 관심이 바뀐 시점이었다. 앞으로의 산림정책 방향을 알리는 기준이 된 것이다. 즉 우리 산림은 산지자원화기를 거치며 재화와 서비스를 생산하고 공급하는데 사회적 수요를 충당하고 경제재와 공공재를 조화 있게 산출할 수 있게 되었다.

제3차 산림기본계획인 산지자원화 계획(1988~1997)의 전반 5년이 지난 뒤 김영삼 대통령의 문민정부가 출범하면서 산지자원화 계획을 수정 보완할 필요가 있어 후반기 5년(1993~1997) 동안 추진할 내용을 담아 신경제 임업발전 5개년 계획(신임정계획)을 마련하였다. 동 계획을 수립하게 된 배경은 1988년부터 산지자원화 계획을 추진하여 오던 중 문민정부 출범과 같은 시대 상황이 변하여 현행 산지관리 제도로는 다양한 토지 수요에 충족할 수 없고, 임업경영 여건도 여전히 어려운 실정이며, 산림환경 수요는 날로 증가하는 등 산림정책의 대 전환이 요구됨에 따라 산지자원화 계획을 대폭 수정 보완한 계획을 수립하게 된 것이다.

신임정 계획의 기본 방향은 첫째, 산지이용 체계 정비로 보전과 개발의 조화를 도모하고 둘째, 산림경영 구조 개선으로 활력있는 임업을 육성하며 셋째, 살기 좋고 아름다운 국토 환경을 조성하는데 그 목적을 두었다. 계획의 주요내용은 국토 이용의 효율성 증진을 위한 산지관리 제도 확립, 불량한 산림의 수종 갱신, 체계적인 육림 관리, 종묘 관리 체계 개선, 보속생산 기반을 갖추기 위한 적극적인 산림자원의 조성, 사유림 협업체 육성 등 임업경영 주체를 육성하고 단기 소득원개발, 맑은 물 공급과 쾌적한 생활환경 조성, 산림휴양 공간 확충, 산림 내 생물 다양성 보전 관리, 산림의 다양한 환경적 가치 추구를 위한 환경 임업 육성, 지구 환경 보전 협력에 강화와 우량 대경재 생산과 산림의 공익기능 확충을 위안 국유림과 공유림의 경영 개선, 산촌문화의 발굴, 임업기술 개발 보급의 확대, 산림 관련법령 제도의 정비 및 산림행정 기구의 기능 개편을 들 수가 있다. 당시 예측한 산림자원의 장기 전망은 2030년 ha당 임목축적은 124㎥이었다. 2020년 기준 우리나라 ha당 임목축적은 165㎥로 예측보다 크게 증가하였다.

(나) 산림청의 농림부 환원

1967년 국토녹화를 위해 농림부 산림국으로부터 산림청이 발족되었다. 하지만 산림녹화사업이 부진하자 박정희 대통령은 산림행정을 보다 효율적으로 수행하기 위하여 농림부 소속의 산림청을 국무회의를 거쳐 1973년 3월 3일 자로 당시 지방행정을 주관하는 내무부로 이관하여 녹화사업을 추진토록 하였다. 이에 따라 산림청은 내무부 외청으로서 범국민적인 녹화 운동을 주요내용으로 하는 제1, 2차 치산녹화사업을 성공적으로 완수하였다. 치산녹화사업을 완수하자 내무부 소속으로 15년이 지난 1987년 1월 산림청은 다시 종전에 소관 부처였던 농수산부로 돌아왔다. 농수산부는 산림청이 이관되면서 명칭을 농림수산부로 바꿨다.

1986년 3월 정부는 농어촌 발전 종합대책을 발표했는데 이와 관련해 산림사업을 농어촌 소득원 개발사업과 연관해 추진한다는 새로운 방침이 세워졌다. 농가 부채 문제의 해결을 포함한 한국 농업에 대한 종합적인 대책으로 제시된 가운데 산림청의 농수산부로 이관 작업이 추진된 것이다. 이는 산림청의 고유 업무가 농업정책과 관계가 있으며 내무행정과는 이질적이기 때문이었다. 농림수산부 소속으로 이관된 산림청은 새로운 산림정책을 모색하게 되었다. 이는 제3차 산림기본계획으로 수립된 산지 자원화 계획이 산지 효용에 극대화라는 기본목표 아래 산지 소득원 개발과 산림의 공익기능 증진을 포함하게 되는 주요 원인이 되었다.

반면 내무부 산하에서 수립한 제1, 2차 치산녹화 계획은 영림감독 및 시업 대집행 등 산림을 공공재로 인식하는 환경임업적 성격이 강했다. 산림청 소관부처가 농림수산부로 바뀌면서 산림정책 역시 임업소득 증대와 산림의 다양한 이용을 중시하는 쪽으로 변했고 산림의 기능 역시 경제재 쪽에 비중을 두는 쪽으로 전환했다. 지방행정과 공공정책을 수행하는 내무와 1차 산업정책을 추진하는 농림수산부의 역할과 정책 성격이 달라 산림정책 목표 사업의 우선순위 등도 달라질 수밖에 없었던 것이다. 이에 따라 산림청의 농수산부 복귀는 산지이용, 산촌소득 등 산림과 임업의 경제성과 효율성을 중시하는 산지자원화 정책의 필요조건을 자연스럽게 충족되었다.

(다) 국토녹화에서 산지자원화로 전환

제1~2차 치산녹화 10년 계획의 성공으로 우리나라의 산림녹화는 1987년에 완수되었다고 볼 수 있다. 하지만 산지자원화기에 들어서면서 단순한 녹화가 아니라 산림경영을 목표로 산지를 자원화해야 한다는 과제가 새롭게 대두되었다. 산지자원화기 조림정책은 치산녹화기의 조림정책과는 근본적으로 달랐다. 치산녹화기에는 년 10만 ha 이상씩을 조림하였으나 산지자원화기는 년 3~4만 ha로 조림 사업량이 현저히 줄어들었다. 1960년~2010년 50년간 조림 면적은 461만 ha이다, 이 중 1960년~1973년의 13년간 조림 면적은 195만 ha로 전체의 42.3%를 차지하고, 1, 2차 치산녹화기(1973~1987)에는 206만 4,000ha, 3, 4차 산림기본계획기(1988~2007)는 53만 1,000ha를 조림하였다. 조림 수종도 침엽수가 절반이 넘는 54.4%, 활엽수가 38.5%가 되었다. 연간 조림 면적은 1985년까지 높은 증가세를 보이고 이후 급격히 감소하였다.(배상원 2013 및 산림청 통계연보) 즉 그 동안의 양적 조림에서 질적 조림으로 전환하게 된 것이다.

질적 조림은 불량림의 수종갱신(更新) 사업을 통하여 경제림으로 조성하는데 중점을 두었다. 산불이나 각종 산림병해충 피해산림을 경제림으로 조성하고, 리기다, 포플러와 같은 속성녹화 수종 및 불량목은 선택적으로 갱신하였다. 또한 농산촌의 소득 증대를 위하여 유실수나 오동나무와 같은 속성수 조림을 권장하고 지역 특성에 맞는 옻나무, 두충나무, 두릅나무, 후박나무 등 소득으로 연결될 수 있는 나무를 심을 수 있도록 조림기술을 보급하였다. 마을 주민들이 공동으로 휴식하는 장소에도 마을 숲을 조성하고 지역별로 특색있는 수종을 시범적으로 조성하며 휴양림 조성 지역, 주요 도로변, 관광지 및 사적지 주변 등 주요 경관지역에는 환경조림을 실행하였다.

조림수종도 치산녹화기에는 10대 조림 수종을 중심으로 나무를 심었다. 하지만 1985년부터 10대 조림 수종을 21개 조림 수종으로 확대하였고, 입지 여건에 알맞은 수종을 적지적수의 관점에서 다양하게 심고, 침엽수 일변도의 조림을 목재가공용으로 우수한 유용활엽수 조림에도 힘을 쏟았다. 조림방법도 다양화하여 강송이나 해송 등 소나무를 중심으로 하여 천연하종 갱신을 확대함으로써 조림비의 절감을 도모하였고, 잣나무와 편백 등 성림지에는 수하식재를 통하여 복층림 조성을 유도하였다. 생태계의 조화로운 안정을 기하기 위하여 침엽수와 활엽수를 혼식하여 혼효림을 유도하고, 표고자목이나 펄프 용재를 얻기 위하여 참나무류를 대상으로 맹아갱신 사업도 적극적 추진하였다.

산지자원화기 조림사업은 몇 가지 개선할 과제도 있었다. 첫째, 활엽수 벌채지에 잣나무, 낙엽송 등 장기수종을 일률적으로 식재함으로써 활엽수 맹아에 의한 조림목의 피압으로 사후관리에 어려운 점이 나타났고, 지정양묘 제도로 산주가 심고 싶은 수종을 공급하는데 어려운 점과 당초 경제림 조성을 위해 계획하였던 복층림 또는 혼효림의 조성과 같은 숲의 다양성 확보는 미흡했다. 둘째, 5대강 유역 수원함양림 종합관리계획과 2002년 월드컵 대비 국토경관조성 사업을 추진하면서 별도의 예산확보 없이 기존 조림사업 중에서 실행함으로서 산주의 자부담 기피로 추진에 어려움이 있었다. 5대강 유역 종합관리사업은 산주에게 경제적 이익이 적은 반면 수질개선, 수자원 확보 등 중요한 공익기능이 높으므로 사업비를 전액 국가와 지방자치단체에서 보조하여 추진하는 방법을 적용할 필요성이 있었다.

(라) 1996년 강원 고성 산불과 송이 산 등 피해지 복구

1996년 4월 23일 12시 22분경에 강원도 고성군 죽왕면 군부대에서 폭발물 폐기 처리 중 산불이 발생하였다. 이 산불은 주변의 소나무가 주류를 이루고 신갈나무 등 참나무가 혼효된 산림으로 번졌다. 강원지역은 봄철에 특히 바람이 강하게 부는데 당시에도 바람의 속도가 17~20m/sec였고 공중습도도 26~53%로써 낮은 상태였다. 기압의 급속한 변동과 서풍, 북서풍, 남서풍 등 바람 방향이 불규칙하게 변화하여 초기 산불 진화에 어려움이 커서 대형 산불로 진행되었다.

총 산림피해 면적은 약 3,762ha나 되었다. 이 중 입목지가 3,610ha, 조림지가 152ha였다. 산림피해지 임지 생산능력은 III~IV급이 90% 이상을 차지하고 있어 생산력이 낮은 것으로 분석되었다. 고성지역은 일반적으로 다른 임지보다 척박하여 복구조림시 비료 주기가 고려되어야 할 것으로 조사되었다. 또한 지역주민의 주요 소득원인 송이생산 산림이 피해를 입었다.

송이가 나는 소나무 산의 피해면적은 약 440ha이며, 소나무가 완전히 고사된 면적이 400ha, 소나무가 일부 생존한 면적이 40ha 정도로 조사되었고 이 지역은 10~70%의 소나무가 고사되었다. 소나무가 완전히 고사된 지역은 송이 균근이 생존하더라도 공생기주인 소나무 고사와 환경 변화로 인해 1~2년 이내에 균사가 완전히 소멸될 것으로 예상되었다. 또한 소나무가 일부 생존한 지역은 균사 생존이 유지되어 수년 내에 회복이 가능한 것으로 예상하였다. 지표 및 지피물에 기생하는 미생물은 거

의 죽었을 것이나 토양 내에 서식하는 균근성 미생물은 살아있어 조림에는 큰 영향이 없을 것으로 분석되었다.

　산불피해지 복구는 연차적으로 자연복구와 인공복구를 병행한다는 원칙으로 추진되었다. 임지여건과 시기성을 고려하여 조림, 사방, 자연복구 등 적정한 복구방법을 적용하고 단계적으로 추진하였다. 조림복구는 지역주민의 소득원인 송이생산을 다시 재개 할 수 있도록 복원조림을 추진하고, 마을 주변·국도변·해안가 등 풍치지구에는 큰나무로 경관림 조성과 일반 산림지역에서 소묘(1~4년생)에 의한 경제수 조림을 추진하였다. 복구사업을 추진함에 있어 시기성을 감안하여 송이 발생 산림의 복원과 경관림 조성은 우선적으로 추진하고, 경제수 조림은 산림생태계의 회복시기를 고려하여 저지대에서 고산지역 산림으로 순차적 진행을 하고 토심이 얕고 척박한 지역은 생태계가 어느 정도 회복한 다음에 추진한다는 원칙을 정하였다. 산불로 소나무가 완전히 고사된 지역은 송이 균사 보존 및 생육 촉진을 위하여 용기묘 식재(5,000본/ha)와 파종조림(5,000상/ha)을 병행하였다.

　산불피해지 경관림 조성은 국도나 마을 주변지역, 관광지 주변 등 경관이 필요한 지역에 해송, 소나무, 산벚나무, 느티나무, 단풍나무류 등의 큰나무를 식재하여 쾌적한 생활 환경을 조성하고, 경제수 조림은 적지적수의 원칙에 따라 지역에 맞는 향토수종을 선정하여 혼효림이나 복층림을 이룰 수 있도록 계획하였다. 해안지역은 해송·상수리 등 내염성 수종을 식재하고, 대능선을 중심으로 상수리, 굴참나무, 신갈나무 등 내화성 수종을 식재하여 방화수림대를 구축하고, 급경사지·척박지는 물갬나무, 아까시나무 등 비료목을 식재하여 지력의 향상을 유도하고 토심이 깊고 지력이 좋은 지역은 소나무·자작나무·고로쇠나무·상수리·들메

나무 · 잣나무 등 경제수를 식재하며, 내륙 산림지역 및 해풍을 받지 않는 산림에는 소나무 · 잣나무 · 낙엽송을 식재하였다. 하지만 불행하게도 산림복구가 완료 단계에 접어들었던 2000년 4월에 다시 동해안에서 대형 산불이 발생하여 인공복구지 중 1,200ha가 다시 피해를 입었다. 이에 2001년부터 2004년까지 복구조림을 추진하는 어려움을 겪게 되었다.

(마) 임업진흥촉진지역과 산별 산림경영계획

1988년 제3차 산림기본계획인 산지자원화 계획이 시작되면서 임업진흥촉진 사업이 착수되었다. 임업의 산업화를 위한 추진전략으로서 임업진흥촉진지역은 산촌 사회의 발전과 산주 소득의 향상에 기여할 수 있는 사유림 지역을 대상으로 했다. 구체적으로 읍 · 면 단위 산림면적 중에서 산림율 70% 이상인 지역을 지정했다. 또한 임업진흥촉진지역 내에는 3,000ha 규모의 면단위 임업진흥단지를 구분해서 지정하고 정부의 지원을 집중한다는 방침을 세웠다. 정부가 지원할 수 있는 행정, 재정, 기술 지원을 집중하고 영림계획 작성 경비를 전액 국고에서 지원하며 산림경영을 전담하여 지도할 수 있는 임업기술지도원을 우선적으로 배치해서 기능인 작업단 운영뿐만 아니라 산림경영기반 구축과 임업생산시설 확충 등을 우선적으로 지원하였다. 1997년까지 전국 87개 군, 515개 단지에 151만 5,000ha가 임업진흥촉진지역으로 지정되었고, 21세기에는 이 지역에서 국내 목재 공급량의 70%를 공급한다는 계획을 추진했다. 임업진흥지역으로 지정되면 산림을 다른 용도로 전용하는 것을 억제했고 불가피하게 지정이 해제된 경우에도 대체 지정해서 전체 150만 ha을 유지하도록 하였다. 또한 1990년 1월 13일 산림법을 전면 개정하여 임업진흥촉진지역 지정을 법제화했다. 이와 관련하여 별도의 「임업진흥촉진법」이 제정된 것은 1997년이다.

아울러 산림청에서는 임업진흥 촉진지역과는 별도로 1995년부터 지리산 등 전국 주요 산을 중심으로 산림경영계획을 수립하고 1995년 6월 산림법 시행령을 개정하여 법적 근거를 마련하였다. 산별 경영계획은 임업진흥촉진 지역과는 두 가지 측면에서 차이점을 보였는데 권역 설정과 영림계획 작성 원칙이었다. 우선 읍·면 행정구역을 중심으로 권역을 설정했던 임업진흥지역 제도와는 달리 산을 중심으로 권역을 설정하여 임산물 유통가공 등 산림투자를 집중시킴으로써 지역 경제권을 형성하고자 했다. 또한 임업진흥촉진 지역의 경우에는 사유림만을 대상으로 했으나 산별 계획은 국유림과 사유림, 공유림을 연계해서 공동으로 사업을 추진함으로써 사업의 효율성을 높이고자 하였다. 산별 산림경영 계획에 따라 1997년까지 총 26개 단지에 75만 9,000ha가 지정되었으며 이 가운데는 국유림이 15개 단지 69만 6,000ha, 사유림과 공유림 중심의 11개 단지 6만 3,000ha를 지정했다. 우선 국유림 15개 단지를 시범 운영하면서 점차 확대하고자 국유림 시범단지에 연결된 사유림을 연계하여 지정하는 한편 산지이용 체계개편 과 연계해서 생산임지 중심으로 권역을 확대하였다. 이와 함께 국유림의 경우 산별 사업 단지별로 국유림 경영팀을 구성해 구역별 책임경영제를 실시하는 등 임업을 활성화하기 위한 시도를 하였다.

(바) 산지이용체계 재편

1993년 김영삼 대통령의 문민정부의 출범은 우리 사회 전반에 걸쳐 커다란 변화가 주었다. 이러한 변화는 산림정책에도 커다란 영향을 주었다. 제3차 산지자원화기 후반 새로운 정부 출범과 함께 신임정 발전 방향 등 중장기 발전계획이 순차적으로 수립되었으며 1995년에는 산림 제도개혁 심의회가 구성되어 개혁 방안을 제시했다. 그 중 하나가 1980년 대 도입된 산지이용구분 제도이다. 이 제도는 당시 산지를 초지와 농지로 전용하려는 움직임에 대한 대응책이기도 했다. 임업 부분에 꼭 필요한 산지는 보전임지로 묶어두고, 그 밖의 산지는 준보전임지로 지정함으로써 임업 이외의 수요에 대응하고자 하였다. 하지만 1990년대 들어 산지전용 수요의 대부분을 농업용 보다는 비 농업용 수요가 차지하였고 그 내용도 다양해지고 복잡해졌다. 이에 따라 실제 수요에 효과적으로 대처하기 위해 1990년 산지이용 체계 개편 계획이 발표되었고 1994년 12월 22일 산림법 일부와 1995년 6월에 산림법 시행령이 개정되었다.

임업연구원(현 국립산림과학원)을 중심으로 수년에 걸친 작업 결과 1996년 9월 산림의 이용목적을 고려한 새로운 산림이용 구분 기준이 마련되었다. 그때까지 보전임지와 준보전임지로 구분했던 산지를 생산임지, 공익임지, 준보전임지(산업임지)로 재편*되었다. 산지 이용을 합리적으로 추진하기 위해 기능과 목적에 따라 산지를 구분한 것이다. 이와 함께 그동안 10여개 정부 부처와 40여 개의 법률에 따라 분산 관리되던 산림을 산림청장이 산림자원 관리지침을 제정해서 효율적으로 관리할 수 있도록 했다. 산지 별 관리 방향은 원칙적으로 모든 산지에서 지속가능한산림경영을 수행하되 생산임지에서는 집약적인 임업생산을 하고, 공익 임지에서는 산림환경 기능의 유지 증진 그리고 준보전임지에서는 타 산업용 토지 공급을 용이하게 하는 방향으로 했다.

---

* 「산지관리법」이 2002.12.30. 제정되어 현재는 임업용산지와 공익용산지를 보전산지, 보전산지 이외의 산지를 준보전산지로 구분하고 있다

(사) 산림휴양시설 조성

1988년 대관령과 유명산에 우리나라 최초로 자연휴양림이 조성되었다. 이를 시작으로 산지자원화 계획 기간 동안에 산림욕장, 숲속수련장 등 다양한 산림휴양 시설이 조성되었다. 이는 국민들의 휴양과 레저 수요에 부응하기 위한 것이었다. 이에 따라 자연휴양림을 비롯한 각종 산림휴양 시설과 산림교육 시설을 확충하기 위한 정책이 추진되었다. 치산녹화기에 국민들이 합심하여 이룩한 녹화된 산림을 이제 국민과 함께 즐기는 산림으로 가꿔 나가겠다는 정책이었다.

또한 산림휴양정책이 성과를 거두고, 국민들의 호응이 높아지면서 1995년 말까지 자연휴양림 56개소, 산림욕장 13개소, 숲속수련장 15개소가 조성되었다. 특히 자연휴양림은 경관이 아름답고 임상(林相)이 울창한 산림 가운데 국민들이 쉽게 이용할 수 있는 지역에 조성되었다. 자연휴양림을 조성하기 위한 면적은 국유림, 공유림은 100ha 이상, 사유림은 30ha 이상으로 지정했다. 또한 자연휴양림 조성을 촉진하기 위해 1990년에 산림법을 개정해서 자연휴양림 조성에 대한 법적 근거를 마련하였다.

(아) 제3차 산지자원화계획 주요 성과

첫째 산림자원조성 기반 구축은 제3차 산지자원화기간 동안에는 32만ha의 경제림 조성과 303만 ha의 육림 사업을 실행했다. 이것은 치산녹화계획 기간 동안 추진했던 조림사업 양과는 현저히 줄어든 반면 육림 사업을 대폭 확대한 결과이다.

둘째 임업의 생산성 향상과 산업화 여건이 조성되었다. 임산 자원을 효율적으로 육성하기 위한 기반으로 산촌 종합 개발을 추진하였고, 산지의 기능과 목적에 따라 산지이용 체계를 확립했다. 아울러 임산물에 안정적인 공급과 유통체계 정비를 위해 임업진흥 지역에서의 생산을 높이고 외국으로부터 목재 수입을 지속적으로 확대했다. 또한 임산물의 수집, 출하, 공판을 담당할 원목 집하장, 임산물 직매장을 설치했다. ha당 임도 밀도는 1987년 0.15m에서 1997년 1.9m 향상되었고 임산물 유통 센터 등 92개소의 유통 시설을 설치되었다.

셋째 사유림 경영 확대, 임지의 집단화, 다목적 생산 계획, 임업진흥촉진지역 150만 ha 지정과 이 지역에 따른 정부의 집중 지원과 임도시설 기계화를 도모했다. 특히 이 지역에 임업경영을 위한 기반 시설 확충하고자 1997년까지 12,413km 임도를 개설했고 장기적이고 안정적인 임업 노동력을 공급하기 위해 109개의 국유림 영림단을 구성했다. 또한 사유림경영을 활성화하기 위해 1974년부터 시작한 사유림 협업경영 사업이 전국적으로 보급되어 1997년 232개의 협업체가 결성되어 산림경영 기반이 확충되었다.

넷째 산림휴양 · 문화 영역은 산림의 공익화라는 정책 목표를 달성하고자 1980년대 중반부터 늘어나고 있는 휴양 레저 수요에 부응하기 위해 1998년부터 유명산, 대관령 자연휴양림을 시작으로 산림휴양 · 문화시설을 확충했다.

다섯째 임업의 활성화와 산촌진흥을 위해서 임업진흥촉진지역을 지정하고, 특히 대상지역 내 3,000ha 규모의 면 단위 임업진흥단지로 구분 지정해서 집중 지원함으로써 경영규모 확대를 통한 경제임업의 기반을 마련했다. 또한 낙후된 산촌의 정주 환경개선과 소득원 개발로 활기찬 산촌을 조성하기 위하여 1995년부터 산촌종합 개발 사업을 추진했다

여섯째 산림자원 외교는 목재의 안정적 확보를 위한 기반을 확대하기 위해서 1993년부터 해외산림개발을 확대해 24,000ha에 이르는 해외조

림을 실시했으며, 산림자원 보유국과 임업협정을 체결하는 등 산림자원 외교를 강화했다. 산지자원화 계획을 통해서 그동안 정부 주도로 추진해 왔던 녹화, 규제 위주의 산림정책을 자율과 조장 위주의 정책으로 변화 시켰다는데 큰 의미가 있었던 기간이었다. (산림청 50년사 발췌 요약)

나. 제4차 산림기본계획(1998~2007)기인 지속가능한 산림경영 시대
(1) 2000년대 정치. 경제. 사회적 환경

1997년 12월 15대 대통령 선거에서 김대중 후보가 당선되면서 평화로운 정권 교체가 이루어졌다. 김대중 정부(국민의 정부, 1998~2003)는 집권 초기 1997년 11월부터 시작된 IMF(국제 통화 기금) 외환위기를 재정·금융 긴축정책과 대외개방, 금융 및 기업 구조조정, 국민들의 금 모우기 운동 등을 통해 위기를 조기에 극복하였다. 2000년에는 햇볕 정책을 통해 북한을 지원을 했으며, 김대중 대통령이 북한을 방문하여 김정일과 1차 남북정상회담을 가졌다. 김영삼 정부 때도 남북정상회담을 추진했지만 김일성의 사망으로 무효화된 적이 있었다. 1972년 7.4 남북공동성명과 1991년 남북기본합의서 내용을 바탕으로 2000년 6.15 남북공동성명을 선언했으며 이때부터 남북교류가 활발해져 이산가족 상봉도 시작되었다. 또한 1998년 12월 동남아시아국가연합(ASEAN)과 중국 및 일본과의 정상회담을 갖는 등 활발한 외교활동을 전개하였다.

2002년 12월 16대 대통령 선거에서 노무현 후보가 당선되었다. 노무현 정부(참여정부, 2003~2008년)는 더불어 사는 균형 사회를 건설하고자 수도 이전 및 혁신도시 건설, 공공기관 지방 이전을 추진하고, 평화와 번영의 동북아 건설을 3대 국정목표로 삼았다. 하지만 국회가 대통령으로서의 선거 중립 의무를 저버렸다는 이유로 2004년 탄핵 소추하면서 대

통령의 권한이 정지되었는데 헌법재판소에서 이를 기각하면서 탄핵 소추는 실패하였다. 수도 이전 정책을 2004년에 추진하였고, 한미 FTA 자유무역협정을 맺는 등 신자유주의(국가가 시장의 위기가 오면 개입은 하지만 그 외에는 개입하지 않는다) 정책을 추진했다. 과거사 정리 사업을 통해 6 · 25 전쟁 피해자, 제주 4.3 사건 피해자, 5.18 민주화 운동 피해자들에게 국가적 보상을 추진했다. 남북관계는 2007년 개성공단 본격 가동과 제2차 남북정상회담을 가졌으며, 6.15 남북공동성명을 구현한다는 10.4 남북공동성명인 남북관계발전과 번영을 위한 선언을 했으며 이산가족 상봉도 다시 한번 이루어졌다.

사회적으로는 2000년대 초까지 1.5명 내외에서 머물던 출산율이 더욱 떨어져 급기야 2005년 1.1명 수준으로 떨어졌다. 이에 저출산에 대한 위기의식이 급속하게 확산되었다. 이에 따라 출산정책은 자녀를 많이 낳아 잘 기르자는 것으로 전환됐다. 2000년대 들어서 결혼 연령이 높아지고, 청년층 실업이 심각해지면서 저출산뿐 아니라 고령화 등 여러 가지 사회문제들이 대두되었다.

경제는 IMF 이후 범국민적인 노력 등으로 차츰 회복되었다. 기업들은 구조조정을 통해 부채 비율을 IMF의 요구수준 이하로 낮췄으며 금리도 다시 저금리 기조로 바뀌었다. 이로 인해 시중 자금이 부동산으로 몰려 부동산 과열 양상을 보이게 되었다. 정부도 이를 바로 잡기 위해 세제 개편 등 많은 노력을 했지만 갈 곳 없는 자금은 부동산으로 몰리게 되었다. 이런 과잉 유동성을 막기 위해 정부는 다각적인 부동산 정책을 추진하게 되었고 그 중 하나는 현재의 '종부세'를 신설하게 되었다. IMF 이후 한국 경제의 모습은 많은 부분들이 달라졌다. 노동시장의 유연성을 어느 정도 달성했으며 과거와 같이 기업들은 무리한 투자를 지양하게 되었다.

노무현 대통령은 2008년 재임 마지막 해 신년 연설을 통해서 재임 4년에 대한 평가에서 참여정부는 경기 활력에 최선을 다했지만 무리한 경기 부양은 하지 않았으며 지난 국민의 정부로부터 넘겨받은 경제 위기를 무난하게 관리했다고 자평했다. 특히 우리 사회의 진보세력이 앞으로 정치적, 사회적으로 주도적인 세력이 되기 위해서는 대외 개방에 대한 인식을 바꾸지 않으면 안 되기 때문에 한미 FTA를 통해서 우리 경제의 활력을 높이고자 하였다고 회고하였다.

(2) 국내외 산림 환경(여건 및 상황)

우리나라의 경제개발은 1962년 정부 주도로 제1차 경제개발 5개년 계획에 따라 시작되었다. 그 후 매 5년 마다 경제개발계획이 추진되었으나 제5차 계획 이후부터는 명칭을 경제사회발전 5개년 계획으로 바뀌었고, 제7차 계획은 문민정부의 신경제 계획과 겹쳐 시행됨에 따라 1996년에 사실상 종료되었다. 1997년 이후 정부는 재정정책이나 공공재 관리 등 꼭 필요한 것만 담당하고 가급적 정부 개입을 최소화했다. 1990년대 중반 우리나라 경제.사회적 여건은 WTO, OECD 체제하에서 세계적으로 무한 경쟁 시대가 전개되고 있었다.

임업에서도 기술, 자본과 임산물의 국제교류가 자유화되고 있어 우리나라도 목재의 안정적 공급과 임산업의 경쟁력 강화가 요청되고 있었다. 사회 구조는 국민들의 소득과 여과 시간이 늘어나면서 산림휴양 인구가 급속하게 늘어나고 있었고 아울러 맑은 물, 깨끗한 공기에 대한 산림의 환경 · 공익 기능이 중시되고 있었다. 또한 과학기술 혁신과 정보통신의 발달로 산업이 첨단화되고 있어 지식 정보를 활용한 산림자원관리에 있어서도 과학화, 정보화가 촉진되고 있었다. 한편 지자체의 성숙과 지방화 시대가 진전됨에 따라 산지 개발 수요가 늘어나고 산림 사업의 대한 자율성 보장 요구가 확대되고 있으며 이에 따라 산림정책 추진에 있어서도 중앙과 지방정부 간의 협력 중요성이 증대되고 있었다. 아울러 통일 가능성에 대비에서 남북 산림협력 증대가 필요해져 북한산림 황폐지 복구 대책이 현안과제로 부각되면서 통일에 대비 한반도 산림관리 구상이 시작되었다.

1990년대 말 여전히 우리 산림은 녹화는 이루었으나 아직도 30년생 이하의 어린 나무가 88%에 달하고 과거 치산 녹화기에 심은 나무는 본격적인 육림 시기에 도달했다. 또한 사유림 소유 규모는 평균 2.4ha에 불과하고 10ha 미만의 산주가 96%를 차지하였다. 한편 인구 증가와 경제 산업이 성장함에 따라 목재 수요는 계속 증가하고 있어 수입목재는 전체 목재 수요의 96%를 차지하였고 산림의 공익기능 평가액은 국민총생산에 10%에 달하지만 산림 예산은 1996년 3,721억 원으로서 정부 예산의 0.41%에 불과하였다. 산림에 대한 수요도 변화하고 있었다. 산지 이용수요는 과거 농업용에서 레저·공공용으로 전환되고 있었으며 물 또한 수요가 증가하여 산림의 맑은 물 공급 기능이 증대하고 있었다. 이렇듯 1990년대 우리나라 경제사회의 급속한 변화 속에서 산림분야도 새로운 계획인 제4차 산림기본계획(1998~2007)이 수립되었다. 산림정책은 지속가능한 산림경영을 목표로 심는 정책에서 가꾸는 정책으로 전환하고, 사람과 숲이 어우러진 풍요로운 녹색국가를 구현하는데 중점을 두었다. 또한 1997년 시작된 IMF 경제위기를 극복하고자 1998년 숲가꾸기 공공근로 사업을 착수하였고 이를 통하여 숲을 가꾸면서 일자리를 창출하는데 역점을 두었다. 또한 식물자원을 체계적으로 보전하고 관리하기 위해 1999년 국립수목원을 개원하였고 2001년 「수목원조성 및 관리에 관한 법률」을 제정하였다. 또한 산림생태계의 현지 내 보전을 위해 2004년 백두대간 보호구역을 확충하고 울창해진 숲을 지키기 위해 산림보호와 재해방지에 더욱 힘을 쓴 기간이었다. 초대형 헬기를 도입해 산불 진화 역량을 강화하였고, 2005년「소나무 재선충병 방제 특별법」을 제정하여 재선충 방제에 노력을 했다.

세계적으로도 산림면적과 생물종이 지속 감소하고 있으며, 목재 수요량을 증가하고 있으나 공급여건은 악화되어 산림파괴형 벌채임업에 대한 국제적인 규제가 강화하고 있었다. UN은 1992년 전세계 정상들이 참여하는 '리우환경회의(Rio-Summit)'를 개최하여 3大 환경협약인 '기후변화협약' '생물다양성협약' '사막화방지협약'을 체결하였다. 이에 따라 산림문제가 범지구적인 관심사로 부각되어 유엔 차원의 산림원칙 성명의 산림협약화의 움직임과 지속가능한 산림경영의 이행과 평가의 국제적 규범화가 추진되고 있었다.

(3) 주요 산림정책

(가) 제4차 산림기본계획과 수정계획 수립

제4차 산림기본계획(1998~2007)은 '지속가능한 산림경영 기반 구축'을 목표로 산림의 자원·산업·환경을 구분해 첫째, 보다 가치 있는 산림자원조성 둘째, 경쟁력 있는 산림산업 육성 셋째, 건강하고 쾌적한 산림환경 증진을 목표로 추진전략도 산지, 임업, 환경, 산촌 등 4개 분야로 나누었다. 첫째, 산림의 다양한 이용 수요를 충족시킬 수 있는 조화로운 산지관리 체계 확립 둘째, 경영기반 구축과 지속적인 경제림화 촉진으로 산림산업의 경쟁력 강화 셋째, 산림생태계 보존과 산림환경 기능 증진으로 삶의 질 향상에 기여 넷째, 임업인 육성가과 산림 소득원 개발로 활력있는 정주 공간 조성이었다.

하지만 2003년 참여정부가 출범할 당시 우리 산림과 임업을 둘러싼 대내외적 여건 또한 어느 때보다도 복잡하게 진전되고 있었다. 대외적으로는 FTA가 확대되는 등 국경 없는 경제 시대가 심화되는 한편 지속가능한 산림경영에 대한 국제적인 요구 또한 커지는 가운데 이를 실천할 수 있는 구체적인 노력이 요청되었다. 또한 기후변화협약 대비해서 정책적 노력을 모색하는 가운데 사막화 방지 등을 위한 동북아지역 산림협력이 현안으로 부각되었다. 또한 대내적으로도 산림경영은 침체되는 가운데 2000년 동해안 산불, 2002년 태풍 루사, 2003년 태풍 매미 등과 같은 대규모 산림 재해가 발생함에 따라 이를 방지하는 과제가 현안으로 떠오르는 한편 국민들의 소득 수준 향상에 따른 산림휴양 수요와 도시 녹지공간 확충에 대한 수요도 크게 늘어났다.

이에 따라 대내외적 여건 변화를 반영하여 2003년 8월에 제4차 산림기본계획을 변경한 계획이 발표되었다. 변경된 계획은 '사람과 숲이 어우러진 풍요로운 녹색 국가 구현'을 새로운 정책 목표로 첫째, 경제적 효율성보다 생태. 환경적으로 건강하고 지속적으로 이용 가능한 산림자원관리 둘째, 임업인에게 희망을 주고 국가 경제에 기여하는 산림산업 육성 셋째, 산림재해 및 산지훼손 방지를 통한 국민 생활 안정 및 산림 환경 보전 넷째, 국민들에게 쾌적한 생활환경을 제공하는 녹색공간 확충 등을 중점목표로 추진하였다.

(나) 숲가꾸기 공공근로(1998~2002) 및 정책사업(2003~2007)

1998년 IMF 경제 위기가 본격화되자 정부는 대량으로 발생한 실업자를 구제하기 위의 경제대책조정회의를 열고 실업대책을 마련하고자 하였다. 그 해 2월 5일 산림청은 대통령직 인수위원회 숲 가꾸기 추진계획을 보고하고 이어서 산림사업 확대를 통한 고용창출 계획을 발표했다. 이는 제4차 산림기본계획기간 중 중점적으로 추진하고자 했던 나무 심는 정책에서 숲을 가꾸는 정책으로 전환하고자 하는 기본 방향과 일치하는 것이었다.

숲 가꾸기 공공근로 사업은 1988년 4월부터 신청자 접수를 받고, 숲 가꾸기 공공근로 5개년 사업(1998~2002)을 추진하였다. 이 기간 중 투입된 총 예산은 5,712억 원이며 같은 기간 투입된 중앙부처 공공근로사업에 32%에 달했다.

숲가꾸기 공공근로사업의 성과는 첫째, 고용 창출 및 실업 극복이었다. 이는 양적 측면의 고용 실적 이외 고용창출 속도, 생산성 향상 등 질적인 면에서도 다른 공공근로사업에서 찾아볼 수 없는 기록을 남겼다. 1998년부터 2002년까지 추진된 숲가꾸기 공공근로 5개년 사업은 작업 특성상 인력 의존도가 높아 저소득 계층의 고용창출 효과가 컸다. 전국 286개 기관, 1,000여 개 사업장에서 연인원 1,553만 명, 연평균 13,000명의 실업자를 고용했다. 이는 같은 기간 중앙부처에서 시행한 공공근로사업 중 가장 많은 실업자 고용한 것이다.

둘째, 5년간 추진한 숲 가꾸기 면적은 43만 6,591ha로 당초 목표 38만 6,000ha를 13% 초과 달성했다. ha당 작업 인원도 당초 40명에서 36명으로 줄어 생산성도 크게 향상됐다. 또한 전체 사업 중 간벌(솎아베기) 26%, 천연림 보육이 31%로 이들 사업이 전체 사업량의 57%를 차지하여, 단순 노동력에 의존하는 덩굴 제거, 풀베기 등에 비해 숙련된 기술이 요구되는 간벌과 천연림 보육의 사업비율이 높아 고용 창출과 함께 생산성 측면에서도 성과를 거뒀다. 이밖에 숲 가꾸기 사업을 통해서 임도 및 등

산로 정비, 도시숲 가꾸기, 병해충 피해목 벌채, 유실수 간벌 등 다양한 산림사업을 추진했다.

셋째는 기술 인력 양성과 기계화 촉진이었다. 급증하는 실업자를 고용할 목적으로 시작된 숲가꾸기 공공근로 사업 초기에는 여러 가지 시행착오를 겪었다. 숲가꾸기 담당 공무원들은 근로자 지도, 감독에 많은 어려움을 겪었다. 산림 작업에 경험이 없는 실직자를 고용함으로써 노무 관리가 어려웠기 때문이다. 그러나 점차 기술 능력을 갖춘 근로자를 선발하여 산림조합 중앙회 소속 강릉, 양산, 진안 등 3개 훈련원과 임업연수부(현 산림교육원) 등에서 2주간의 기술 교육을 실시한 다음 현장에 투입함으로써 이러한 상황은 차츰 개선되기 시작했다. 아울러 2001년부터 숲가꾸기 사업에 참여하고 있는 기술인력 중 자활 의지가 있는 사람을 선발하여 자활영림단을 조직함으로써 안정적인 일자리를 제공하였다. 2001년 국유림 숲 가꾸기 사업장에 13개의 자활 영림단 223명을 조직하였으며, 2002년에는 민유림까지 확대하여 국유림 16개단, 민유림 3개단 등 총 9 개단 227명의 기능인을 양성했다.

네째는 민간단체의 참여이다. 정부 차원에서 추진한 숲 가꾸기 공공근로사업 이외에도 환경운동연합, 경제 정의 실천 연대, 녹색연합 등 시민단체가 주도에 창립한 '생명의 숲 가꾸기 국민운동' 역시 1,500여 명의 자원봉사자를 모집해 숲 가꾸기 현장 체험을 실시함으로써 숲 가꾸기에 대한 국민적 관심과 성원을 더했다. 이처럼 숲 가꾸기 사업이 전국적으로 확산되고 정착되기까지 민간단체의 참여가 커다란 기여를 했다. 1998년 3월 창립한 사단법인 생명의 숲 가꾸기 운동은 그해 8월부터 본격적으로 사업에 참여하기 시작했다. 숲 가꾸기 국민운동은 시민단체와 정부 간의 새로운 파트너십을 형성하여 공동의 목표를 가지고 협력한 성공적인 사례가 되었다. 숲가꾸기 공공근로 사업을 통해 숲 가꾸기에 대한 중요성이 확산됨에 따라 숲 가꾸기 5개년 계획을 10년 계획으로 변경했다. 이는 경제 여건이 호전되면서 2002년 말로 중앙부처 공공근로사업이 종료됨에 따라 2003년부터는 숲 가꾸기 공공근로사업이 숲 가꾸기 정책사업으로 전환한 것이었다.

이후에도 시민단체와 함께 숲가꾸기 모니터링, 시범림 조성사업을 연계 추진함으로써 시민단체와의 파트너십을 강화하였으며 국민들의 숲에 대한 인식도 크게 달라져 2004년 2월 산림청 훈령으로 '지속가능한산림자원관리 지침'을 마련하여 숲 가꾸기 기술을 적용할 수 있는 기반을 마련했다. 제4차 산림기본계획기간 동안 숲가꾸기 사업실적은 총 271만 3,000ha이었다. 이는 당초 계획 156만 ha 대비 174%를 실행한 성과였다.

(다) 경제림 육성과 경관림 조성
1) 경제림 육성
산림청은 전국 인공조림지 및 우량 천연림에 대한 면적과 임목의 생육 상태 등을 조사·분석하여 경제림으로 집중 육성할 대상지를 구분하기 위하여 1999년부터 2001년까지 경제림 육성을 위한 산림실태조사를 실시하였다. 당시 경제림에 대한 정의는 "임산물의 지속가능한 생산을 주목적으로 하는 산림으로서 토양능력급수가 III급지 이상으로 집단화된 산림, 현재 뿐 아니라 잠재적인 가능성이 있는 산림, 그리고 목재생산 이외에 유실수, 특용수, 버섯 생산 목적으로 관리하는 산림"이라고 규정하였다. 따라서 산림유전자원보호림 등 법정제한림은 경제림에서 제외되었다.

실태 조사결과 인공조림지가 1,770천ha로 전국 산림면적의 27.6%에 이르렀고, 인공조림지 중 침엽수림이 1,617천ha로 91%를 차지하였다. 경제림 대상지는 3,293천ha로 조사되었는데 인공조림지가 1,666천ha, 그리고 천연림이 1,627천ha를 차지하였다. 경제림 대상지 중 육림이 우선적으로 필요한 산림은 2,150천ha로 인공조림지가 1,000천ha, 천연림이 1,150천ha로 나타났다. 이와 같은 조사결과를 바탕으로 2002년 12월에 경제림 육성 종합 대책을 수립하였으며, 실태 조사결과에 임업진흥권역, 과거 경제림 단지, 생산임지 중에서 육성대상 산림, 산림상태가 좋은 집단적 준보전임지, 부실초지·한계농지 등 접근성이 좋고 경사도가 낮으며 임지생산력이 높은 곳 등 20만 ha를 추가하여 총 350만 ha가 경제림 육성 대상지로 결정되었다. 또한 효율적인 경제림 육성을 위해서는 대상지에 산림사업을 집중하는 등 집약적인 경영이 필요하므로 1개 단지별 5,000ha 이상으로 경제림 육성단지를 지정하여 경제림 육성사업을 집중하도록 하였다. 전국의 경제림 육성단지는 국유림 105개 단지, 민유림 345개 단지로 총 450개 단지가 지정됐으며 면적은 292만 ha이다. 이와 같은 경제림 육성단지를 중심으로 조림 및 육림사업의 확대, 조림수종 정비 및 한계농지 등 유휴토지에 대한 산림자원 조성을 주요방향으로 하는 대책을 수립하였다.

첫째, 인공조림지와 우량천연림에 대한 간벌 등 육림사업을 집중 실시하였다. 또한 조림 및 육림사업의 질적인 개선을 위하여 조림 및 육림사업 설계를 강화하고 감리제도를 도입 하였다. 리기다소나무 조림지의 계획적 수종개량 및 육림 관리를 위해서 481천ha의 리기다소나무림을 점차 벌채하고 산주 희망에 따라 경제수 또는 유실수 등을 식재하도록 하였다.

둘째, 조림수종의 정비를 위하여 기후대별 대표 수종을 조림권장 수종으로 선정하는 것을 목표로 목재생산 목적의 경제림은 임지 적응력이 높고 경제적 가치가 큰 수종을 주 수종으로 하고, 특수용재 생산, 산림생태계 안정적 관리, 자연친화적 자원조성 등을 위하여 지역적 특성에 따라 부 수종을 두도록 하였다. 장기적으로 활엽수 목재 수요가 증가될 것을 감안하여 침 · 활엽수를 같은 비율로 조림하도록 방향을 조정하였다.

셋째, 한계농지 등 유휴토지에 대한 산림자원 조성을 촉진하기 위하여 산림법에 한계농지의 산림 조성을 촉진할 수 있는 근거를 신설하여 토지소유자의 희망에 따라 한계농지에도 소나무, 잣나무, 참나무류 등 장기성 수종을 심을 수 있도록 하고, 한계농지에 나무를 심고 가꿀 경우 지목은 농지로 계속 존치하되 벌채허가 · 전용허가에 대한 특례규정을 두어 손쉽게 벌채 · 전용할 수 있도록 함으로써 자발적 조림을 유도하는 방안을 강구 하였다.

2) 경관림 조성

산림청에서는 주요 댐과 도로변 등의 산림을 잘 가꾸어 관광 명소화하고 한국의 이미지를 제고하고자 1999년부터 경관림 조성 4개년 계획을 추진하였다. 사업대상은 관광 유람선이 운항되는 주요 관광댐(호수) 등 이었다. 이는 수변과 조화된 숲을 만들어 쾌적한 경관과 특색있는 관광숲으로 가꿈으로서 지역경제의 발전과 연계될 수 있다. 꽃, 열매, 단풍등 4계절 특색있는 경관림이 되도록 하면서 수원함양기능을 동시에 발휘할 수 있는 수종을 우선적으로 선택하고 주변 산림에 대한 숲가꾸기를 실행하여 잘 가꾸어진 산림이 조성되도록 하였다. 대상지로 선정된 12개소의 댐 · 호수별 특색있는 경관림을 조성하기 위하여 산벚나무, 진달래, 단풍 등 지역별 · 댐별 특색있는 조림을 실행하고, 나무가 없는 공한지와 불량임지는 정리한 후 해당지역의 경관수종을 식재하며, 조림지에 대한 간벌 등 육림사업과 천연림에 대한 보육사업을 실행하여 줄기가 곧은 우량림을 육성하여 경관 조성과 수원함양 기능을 증진하는 방침으로 사업을 추진하였다.

(라) 세계 산의 해, 산의 날과 산림 헌장

2002년은 UN이 정한 '세계 산의 해'이다. 유엔이 '세계 산의 해'를 정한 취지는 산이 맑은 물과 깨끗한 공기를 제공하는 원천이고 목재 등 임산물과 광물자원 같은 에너지원의 생산기반일 뿐만 아니라, 다양한 생명체를 품고 있는 생태계의 모태이기 때문이다. 또한 산은 관광, 휴양 활동의 공간이며 문화와 예술의 근원이기도 하다. 아울러 세계 인구의 10% 가량이 산에서 살고, 세계 인구의 절반인 30억 명이 산에서 마실 물을 얻고 있다. 그러나, 인구증가와 산업화·도시화에 따라 산은 심각한 위험에 처해 있다. 예를 들면 지난 40년 동안 전 세계 인구 100만 이상의 도시는 78개에서 290개로 늘어났는데, 이와 같은 도시의 토지수요로 산림이 감소하고 있어 산의 생태계가 파괴되고 있다.

지구상에서 수 만 년 전 인류가 농경생활을 하기 전에는 육지 중에서 산림은 62억 ha였으나 2000년 현재는 총 38억 ha에 불과하다. 약 40%가 줄어든 것이다. 지금도 매년 1,300~1,700만 ha의 산림이 사라지고 있다.

2001년 12월 11일 코피 아난 UN사무총장도 '세계 산의 해'를 공식 선언하면서 "후손들에게 풍부한 자원을 제공해 줄 산을 가꾸고 보존하는 것은 전 인류의 과제"라고 강조한 바 있다. 이에 따라 UN에서는 산이 가진 경제·환경·문화적 기능 등 다양한 가치에 대하여 국제사회가 보다 많은 관심을 가지고 파괴되고 있는 산을 잘 보전할 것을 촉구하기 위해서

2002년을 '세계 산의 해'로 지정한 것이다.

산림청에서도 2002년 '세계 산의 해'를 기념하기 위한 다양한 사업을 추진하였다. 먼저 산림청에서는 2002년 4월 5일에 임업인과 산악관련 단체 등 500여명이 참석한 가운데 제53회 식목일 기념식을 광릉수목원에서 야외 광장에서 개최하여 김대중 대통령께서 기념사를 통해 산림정책 방향을 제시하였으며 산을 사랑하고 가꾸자는 국민들의 마음을 담은 「산림헌장」을 선포하였다.

아울러 2002년은 세계 '월드컵 축구대회 개최'와 함께 '세계 산의 해'를 기념하여 지역별로 특색 있는 기념 동산 41개소를 조성하고 내 나무 갖기 캠페인을 전개하였으며, '100만인 사이버 숲 잇기', 세계 산의 해 포스터·만화 배부, 홈페이지를 제작하여 국민들에게 산의 소중함을 널리 알리기 위해 다양한 활동을 전개하기도 하였다. 또한, 매년 10월 18일을 「산의 날」로 지정하고 우리 나라의 산을 대표할 수 있는 100대 명산을 선정하여 공표 하였다.

또한 2002년 '세계 산의 해 기념식'에서 산을 지키고 가꾸려는 소중한 정신이 담긴 '산림헌장'을 선포하였다.

산림헌장

숲은 생명이 숨 쉬는 삶의 터전이다. 맑은 공기와 깨끗한 물과 기름진 흙은 숲에서 얻어지고, 온 생명의 활력도 건강하고 다양하고 아름다운 숲에서 비롯된다.

꿈과 미래가 있는 민족만이 숲을 지키고 가꾼다.

이에 우리는 풍요로운 삶과 자랑스러운 문화를 길이 이어가고자 다음과 같이 다짐한다.

숲을 아끼고 사랑하는 일에 다 같이 참여한다. 숲의 다양한 가치를 높이도록 더욱 노력한다. 숲을 울창하게 보전하고 지속가능하게 관리한다.

아울러 '산의 날'은 자연생태계의 근간인 우리의 산을 지키고 가꾸기 위한 국민의식을 제고하며, 건전한 산행문화를 정착시켜 산이 가진 다양한 가치를 제고함으로 궁극적으로는 산을 통해 국민들의 삶의 질을 한 단계 더 높이고자 지정한 것이다. 매년 10월 18일을 '산의 날'로 지정한 것은 절기상 우리 선조들이 즐겨 산을 오르는 풍습이 있는 중구(重九, 음력 9월 9일)가 속한 주(週)로서 전통을 계승한다는 측면과 대체로 이 시기가 단풍 절정기로서 우리 산이 가장 아름다운 시기임을 고려하여 지정한 것이며, 또한 나무 木의 十과 八이 합쳐진 글자라는 의미도 있다.

(마) 대규모 산불발생 및 태풍 피해지 복구

1) 2000년 강원 동해안 산불피해지 복구조림

2000년 4월 7일 강원도 고성, 강릉, 삼척 등에서 산불이 발생하였다. 고성군 토성면, 고성군 현내면, 강릉시 사천면, 삼척시 근덕·원덕읍에서 발화되어 다음 날 8일 각각 1차 진화되었다. 그러나 1차 진화된 지역에서 다시 재불이 발생하여 많은 피해를 입게 되었다. 4월 10일 삼척시 근덕·원덕읍에서 1차 진화되었던 산불이 재발생되어 강풍을 타고 번져 15일 진화되기까지 많은 재산 피해를 낳았다. 4월 11일에는 고성군 현내면에서 발생한 산불이 번져 진화되었고, 고성군 거진읍에서 발생된 산불은 11일 진화되었다. 4월 12일에도 강릉 홍제동, 대전동, 동해 삼화동, 삼척 미로면 등에서 집중적으로 산불이 발생하여 엄청난 규모로 번졌다.

동해안 산불로 인한 피해액은 산림소실이 632억 원, 건축물 피해 304

억 원, 농·축·수산물 피해 35억 원, 사회간접시설 15억 원, 기타 군사시설이 85억 원으로 총 1,071억 원에 이르렀다. 피해 면적은 고성군이 2,696ha, 강릉시 1,447ha, 동해시 2,244ha, 삼척시 16,751ha로 총 23,138ha로 조사되었다. 이는 여의도 면적의 약 77배에 해당되고, 연간 우리나라의 조림면적 보다 많은 대규모이다.

산불진화가 완료됨과 동시에 즉각적인 복구사업의 추진을 위하여 산림청에서는 「동해안 산불피해지 산림항구복구계획(5년)」 수립에 착수하였다. 산림청은 강원도, 임업연구원, 농촌경제연구원, 국립환경연구원, 국립수목원, 강원도 산림개발연구원, 백두대간새생명시민연대 등과 함께 2000년 6월부터 12월까지 계획을 수립하였다. 이를 위해 산불피해지를 2000년 6월부터 8월까지 정밀조사하고, 대책협의회·지역공청회 등을 통해 지역주민 및 각계 각층의 의견을 수렴하였다. 2000년부터 2005년까지 5년 동안 복구대상 산림은 총 23,484ha로서 이중 민유림이 14,273ha, 국유림이 9,211ha였다. 인공적인 복구대상은 12,168ha로서 산불피해면적의 52%를 차지하였다

복구 방법별로는 송이복원조림, 경관림 조성, 경제수조림, 녹화조림, 생태시업, 산림농업 및 사방복구로 구분하여 추진하였다. 송이복원조림지 대상지역은 산불로 인한 송이생산 피해지와 송이발생 가능임지로서 송이 복원조림을 추진하기 위하여 대상지역 내에 있는 모든 나무를 벌채하고 소나무 용기묘 1ha당 5,000본씩 심거나 파종조림을 실행하였다. 경관림 조성은 관광지역으로서 피해 전의 경관을 회복할 수 있도록 마을 주변, 주요 도로변, 항·포구 주변, 시가지 주변, 공원·관광지 등에 소나무, 산벚나무, 층층나무, 칠엽수, 향토 꽃나무 등을 식재하였다. 산간지대에는 경제수 조림을 추진하여 피해목을 대상으로 벌채하고 소나무, 해

송, 느티나무, 피나무 등을 식재하였고 산주가 희망할 경우 음나무, 매실나무, 매화나무 등 특용수를 식재할 수 있는 방안을 강구하였다.

빠른 피복을 위한 녹화조림을 추진하기 위하여 인공조림 피해지로서 임지생산능력이 중(中)미만 임지에 대하여 피해목은 존치토록 하고 속성수인 오리나무, 상수리나무 등을 식재하여 경제성 보다는 녹화위주 조림 방법을 선택하였다. 또한 수관울폐도 1/3 이하로 경사 30° 이상 지대에는 피해목을 존치하면서 소나무, 리기다소나무, 오리나무, 상수리 나무 등을 임지공간에 식재하여 조기에 녹화할 수 있도록 하였다. 다만 조림이 불가능한 황폐산지 및 계간침식지는 가능한 피해목을 존치하여 나지화를 피하고, 산지사방과 야계사방으로 조기에 피복될 수 있도록 하고 소나무, 오리나무, 상수리나무, 싸리류를 식재하였다. 산불 피해로 소득원을 소실한 지역주민의 경제적 회생을 목적으로 산·약초 및 특용수 재배 가능지에 피해목을 가능한 존치하면서 장뇌, 산더덕, 산마늘, 곰취, 음나무, 가시오갈피 등을 재배할 수 있도록 품목별 단지를 조성하였다.

2) 2005년 강원 양양 낙산사 산불피해지 복구조림

낙산사 산불은 2005년 식목일 전날인 4월 4일 밤에 발생하여 강풍을 타고 번져 4월 6일 새벽에 진화되었다. 불이 나자 산림청 헬기와 동원된 인력의 신속한 조치로 피해를 줄였지만, 천년고찰 낙산사를 포함하여 민가 160동이 소실되었고 350여 명의 이재민이 발생되었다. 이 지역은 특별재난지역으로 선포되었다. 산림청에서는 산림복구 추진을 위해 산불진화 후 4월 7일부터 12일까지 강원도, 양양군과 합동조사를 실시하였고, 산불로 인한 산사태 등 2차 피해를 줄이기 위해 산지사방 22ha 및 사방댐 5개소를 설치하는 등 6월 말까지 응급복구를 완료하였다.

항구적 산림복구 추진을 위해 국립산림과학원, 강원대학교, 환경운동
연합 등 민간전문가와 5개 분야 공동조사단을 구성하여 산불피해지에 대
한 정밀조사를 실시하였다. 정밀조사 결과를 중심으로 수 차례에 걸쳐
지역주민 및 관계 전문가 의견을 수렴하고 강원대학교 산림과학연구소
의 연구용역을 거쳐 『양양(낙산사) 산불 산림복구 종합계획('06~'08)』을 수
립(2005년 9월)하였다. 그 주요내용은 3개년 동안 191억 원을 투입하여,
1,098ha에 나무를 심고, 기타 지역은 자연적 복원(118ha)을 유도하는 계
획이었다.

천년고찰 낙산사 주변은 사찰문화재 복원과 연계하여 소나무 대경목
(수고 10~15m)을 옮겨 심고, 낙산사 이용객의 편의를 제공하기 위해 산책
로, 의자 등 휴게시설을 병행 시설하는 등 낙산사 주변 6ha에 대하여는
특수조림을 실시하였다. 낙산사 등 산불피해지의 산림복구가 완료되면
산림생태계는 차츰 원상회복이 되겠지만, 산불발생 이전과 같이 아름다
운 소나무 숲으로 복원되려면 40~50년의 기간이 필요하다. 또다시 낙산
사 산불과 같은 재난성 산불이 발생되지 않도록 사전 준비하고 대비하는
것이 무엇보다 중요할 것이다.

3) 태풍 루사 피해지 복구

2002년에는 태풍 루사 등으로 산림에 사상 최대의 피해가 발생하였다.
피해 규모는 산사태 3만여 개소(2,700ha), 임도 6천여 개소(622km), 밤
낙과 피해 36천ha 등 피해액도 총 2,982억 원에 달했다.

응급복구사업으로 우선 시급한 피해지는 정리하였으나, 워낙 큰 피해
로 연내 완전복구는 불가능하여 가용 인력과 장비를 총동원한 종합 복구
계획을 세워 단계적으로 추진할 수 밖에 없었다. 먼저 1단계로 농경지와

마을주변 등 복구가 시급한 지역과 2차 피해가 우려되는 지역을 대상으로 년 말까지 복구를 완료한다는 목표로 우선 복구에 최선을 다하고, 2단계로 산사태 우려 지역을 포함한 좀 더 광범위한 지역에 대해서 2003년 우기 이전까지는 복구사업을 마칠 계획을 수립하였다. 특히, 수해를 계기로 그간에 추진해온 일부 임도와 조림사업이 취약하다는 문제점이 제기되어 이들 사업 전반에 대해 일제 점검을 실시하고 재해예방 효과가 발휘될 수 있도록 다각적인 개선방안을 강구하게 되었다.

또한 일손이 부족한 지역에는 퇴직한 사방공무원도 활용하고, 조기설계 조기착수 등 공사기간 단축 조치를 강구하였고, 복구사업의 우선 순위를 정하여 계획기간 내에 공사를 마무리하도록 하였다.

아울러 앞으로 산사태의 방지를 위해 그 효과가 입증된 사방댐을 2003년부터 대폭 확대(110 → 200개소)하였으며, 견실한 임도가 될 수 있도록 구조개량사업에 주력하고, 임도시설 기준을 강화하였다. 아울러 낙엽송 조림지에 대해서는 간벌 등 숲가꾸기 사업을 확대하고, 수해 위험지의 숲가꾸기 산물은 최대한 수집하여 활용토록 하였다.

(바) 지속가능한 산림경영(SFM) 정책

1970년대 전 세계적으로 급격히 증가한 인구와 산업화로 인해 지속적으로 야기된 지구환경문제가 경제성장의 한계를 가져올 수 있다는 분위기 속에서 지속가능한 발전 개념이 등장했다. 1992년 브라질 리우에서 개최된 유엔환경개발회의(UNCED, Rio-Summit)에서는 세계 산림감소와 황폐가 지구환경을 악화시키는 주요한 원인의 하나로 인식되어 산림을 지속가능하게 경영(SFM; Sustainable Forest Management)을 해야 한다는 새로운 패러다임이 부각되었다.

이 회의에서 채택된 '산림성명'에 따르면 '지속가능한 산림경영'이란 "산림자원 및 산지는 현재와 미래세대 사람들이 사회적, 경제적, 생태학적, 문화적, 정신적인 필요를 충족하기 위해 지속적으로 경영되어야 한다. 이러한 필요는 목재, 목제품, 물, 식료, 사료, 의약품, 연료, 주거, 고용, 여가, 야생동물의 서식지, 경관의 다양성, 탄소흡수원·저장고와 같은 산림의 재화 및 서비스와 기타 임산물에 대한 것이다"라고 규정하였다. 즉 지속가능한 산림경영은 산림의 다양한 편익을 영구적으로 제공할 목적으로 산림을 보전하고 경영활동을 조직하며 관련 제도의 정비까지도 포함하는 매우 포괄적인 개념으로서, 사회·경제적인 필요성 또는 요구의 변화에 신속하게 대처하는 방안까지도 포함하는 매우 폭넓은 개념이다.

이러한 국제사회의 변화에 능동적으로 대처하기 위하여 우리나라도 1995년부터 태평양 연안의 온·한대림 12개국으로 구성된 몬트리올프로세스에 가입하여 '지속가능한 산림경영'을 실천하기 시작하였다. 이를 위해 산림기본법, 제4차~제5차 산림기본계획 등 '지속가능한 산림경영'을 구현할 수 있는 법적·제도적 기반을 마련하였다. 또한 '지속가능한 산림경영'을 평가할 수 있는 기준과 지표를 마련하기 위하여, 1993년 국립산림과학원에서 '산림환경자원의 지속가능한 경영방안(1993~1994)' 연구를 통해 우리나라에 적용할 지속가능한 산림경영의 기준과 지표를 설정하고자 하였다. 또한 몬트리올 프로세스의 7개 기준 67개 지표의 국내 적용성을 평가하기 위해서 2001년 홍천군 및 평창군 산림을 대상으로 시범적 적용하는 등 일련의 과정을 거쳐 우리나라에 적용이 가능한 7개 기준과 28개 지표를 2005년 10월 공표하였다.

또한 우리나라는 지속가능한 산림경영의 평가 수단으로 산림경영인증

(FSC : Forest Management Certification)림을 점차 확대해 나가고 있다. 아울러 제5차 산림기본계획(2008~2017) 기간 동안 국유림 산림경영인증 림을 2017년까지 30만ha로 확대할 계획이며, 또한 국제산림인증과 상호 인증이 가능하도록 한국형 인증시스템 개발에도 노력을 기울이고 있다

(사) 중국과 몽골 사막화 방지조림

우리나라에서 관측된 황사의 주 발원지는 중국 중·서부 반건조 지역 과 고비사막 등 몽골의 중남부지역으로 토양사막화가 가장 심하게 진행 되고 있는 지역이며, 황사발원지별 분포를 보면 내몽고 37%, 고비사막 24%, 황토고원 19%, 만주 등 20%를 차지하는 것으로 분석되었다. 우리 나라에 유입되는 황사의 발생 횟수가 80년대에는 서울의 경우 연평균 3.9일이던 것이 90년대에는 7.7일 그리고 2000년 이후에는 12.4일로 증 가하였고, 또한 지속일수가 계속 증가하여 우리 국민의 생활에 심각한 피해를 주고 있다.

중국 정부도 사막화를 방지하기 위하여 1980년대부터 '삼북방호림(三 北防護林, Three North Shelter Belt)'사업을 추진하여 2004년까지 133만 ha의 사막지역에 조림을 시행하였다. 또한 중국 정부는 한국 정부(산림 청)의 사막화 방지 시범조림의 성공을 보고 중국 사막화방지 사업의 성공 가능성을 보았다고 평가하였으며, 중국 인민일보는 사막화로 인해 거주 지역을 이동해야만 했던 현지 주민들이 사막화방지 조림사업의 성과를 통해 다시 고향으로 돌아갈 수 있게 되었다고 평가했다.

우리 정부는 그 동안 정부 차원에서 중국의 사막화를 방지하기 위하여 중국 서북부의 감숙성 백은시, 내몽고 통료시, 귀주성 귀양시 수문현, 신 강 위구루자치구 투루판시, 영하 회족자치구 평라현 5개 지역 등에 남산

면적의 약 24배에 해당하는 약 8,000ha에 나무를 심었다. 또한 공동연구사업 및 능력배양을 위한 교육훈련 사업 등 다양한 측면에서 중국정부의 사막화방지를 위한 노력을 지원하였다. 아울러 동북아산림포럼, 환경운동연합 등 우리 민간단체의 대중국 사막화방지 조림사업도 활발히 진행되어 민간부문 협력을 통한 한·중우의도 다져왔다.

몽골의 경우 고비사막 등 토양사막화가 심하게 진행되고 있었다. 이에 몽골 정부는 국토의 사막화 확산을 저지하기 위해 총 3,700km의 숲 울타리(그린벨트)를 조성하기 위한 몽골그린벨트* 국가프로그램(2005~2035)을 수립하고 국제사회의 지원을 요청하였다. 이에 노무현 대통령의 2006년 5월 몽골을 국빈 방문을 계기로 우리 정부는 2006년 5월 한·몽골 양국 정상 간 산림분야 협력 합의에 따라 2007년부터 10년간 몽골의 룬솜과 달란자드가드 지역의 3,000ha를 대상으로 몽골그린벨트 조림사업*을 추진하였다. 아울러 동북아산림포럼, 국제로타리, (사)푸른아시아 등 우리나라 민간단체의 몽골 사막화방지 조림사업도 지속적으로 추진되었고, 이를 통하여 몽골 국민들의 사막화방지 필요성에 대한 인식도 크게 개선되었다.

(아) 남북 산림협력 및 정상 기념식수

2000년대 남북화해 분위기가 높아지면서 개성공단 주변의 나무심기 행사도 추진되었다. 남북 화해협력 사업으로 조성된 개성공업지구와 주변 북한의 산림에서 나무심기를 통해 우리나라 한반도의 평화와 번영을 염원한다는 취지였다.

---

* 몽골그린벨트 1차 10년(2007~2016) 사업이 성공적으로 끝나고, 연장 2차 5년(2017~2022) 도시숲 사업도 진행되었다.

나무심기는 2005년 11월 3일(목) 진행되었다. 시·도 산림과장, 지방산림청장, 산림조합중앙회장, 환경재단, 산지보존협회 등에서 90여 명이 참석하였고, 개성공업지구 관리위원회에서 20여 명 그리고 북한에서 근로자와 참사관 등 40여 명이 참여하였다. 나무는 전나무, 잣나무, 낙엽송, 상수리나무 대묘 26,000여 그루를 18ha에 식재하였다. 개성공단 나무심기는 남북 모두 남북화해협력 사업이란 점에서 큰 의미가 있었으며 언론에서도 많은 관심을 표명하였다.

또한 2007년 10월 4일은 산림청 역사에서 매우 의미 있는 날이다. 노무현 대통령과 김정일 국방위원장이 10월 2일부터 4일까지 정상회담을 평양에서 개최하였고, 이를 기념하여 남측에서 가져간 소나무로 평양식물원(2007.10.4.조선중앙식물원)에 기념식수를 하였기 때문이다. 이는 남북이 통일되는 상징을 나타내면서 북한의 산림복구를 여망하는 우리의 바램도 담겨있었다.

2007년 정상회담을 얼마 남겨두지 않은 8월 26일경부터 기념식수 준비가 시작되었다. 실무준비팀이 북한에 가서 북한측과 정상회담 절차를 협의하면서 기념식수에 대하여 합의가 이루어진 것이다. 수종은 정상회담의 의미를 충실히 살리면서 우리 국민과 친숙한 상징성이 있고, 우리나라 고유의 특산수종이며 식재지 주변 환경과 조화가 이루어져야 하며 기후와 토양 등 생육 환경에 적합한 것으로서 소나무, 느티나무, 구상나무를 추천하게 되었다.

소나무는 백두산에서 한라산까지 한반도 전역에서 자생하고 있고, 우리 민족의 절개와 인내, 그리고 당당함 및 겸손을 상징하고 민족의 문학, 예술, 생활, 정신 속에 살아있는 나무이다. 느티나무도 한반도 전역에서 자생하면서 풍치목, 정자목으로 심겨지고 천년을 사는 밀레니엄 나무로

2000년에 선정된 바 있다. 풍요와 장수 그리고 희망을 상징하고 마을의 손님을 제일 먼저 반기고 마을을 지키는 수호신 같은 나무로 여겨진다. 구상나무는 우리나라 특산수종으로 고산지대에 분포하고 사철 푸른 상록 교목으로서 푸른 빛으로 민족의 기개를 상징한다.

이 중 소나무가 선정되었다. 기념 식수목으로는 대전 정부청사 내에 식재된 반송으로 결정되었다. 이 소나무는 수령이 약 40~50년이 되었고, 수고가 3m, 수관폭이 약 4m에 달하며 수형이 아주 좋아 그야말로 기념 식수목으로서는 더할 나위 없는 것이었다. 또한 기념식수에 사용될 흙과 물은 우리 민족의 영산인 한라산 백록담과 백두산 천지연에서 가져와 남과 북의 흙과 물을 합하여 민족화합의 의미를 부여하도록 하였다.

기념식수는 노무현 대통령 내외분과 김영남 상임위원장이 한라산 흙과 백두산 흙을 세 삽씩 넣으신 뒤에, 남측의 통일부 장관과 농림부장관 그리고 북측의 평양시인민위원회 위원장과 내각책임참사가 흙을 한 삽씩 넣었고 이어 대통령 내외분과 상임위원장이 물을 주는 순으로 진행되었다. 김정일 위원장은 당초 참석하는 것으로 되었으나 마지막 변경되었다.

2018.4.27. 판문점 정상회담시 소나무를 기념식수 하였고, 2018.4.19. 평양을 방문한 문재인 대통령은 북한 최룡해 부위원장과 한국에서 가져간 모감주나무를 백화원 영빈관 정원에 기념식수를 하였다.

(자) 북한 황폐산림 녹화 준비

'북한의 산림정책 환경연구'란 전범권 박사 학위 논문에서 북한의 산림정책을 김일성 시대, 김정일 시대, 김정은 시대로 구분하였다. 김일성 시대(1950~1994)는 벌채, 양묘, 조림, 산림자원 조사, 연구, 산림 행정 조직 등 다양한 분야의 산림정책이 추진되었다. 이와 같은 산림정책 중에서 특히 1950년대 초부터 1960년대 초까지 집중된 목재생산은 전쟁 이후 복구를 위해서 목재 공급을 늘리는 데 집중되었고, 1970년대부터 1980년대에는 경제림 조성을 주요 산림정책으로 특징 지울 수 있다. 또한 1970년대 중반부터 시작된 다락밭 건설은 산림정책에 중요한 영향을 준 정책이라 할 수 있다. 김정일 시대(1995~2011) 산림정책은 양묘, 산림조성, 산림과학, 산림 정보화, 산림행정 조직 등의 정책이 추진되었다. 이같은 다양한 분야의 정책 중에서 국토관리차원에 산림관리 정책, 원림화정책 및 양묘정책이 특징적인 산림정책이었다. 특히 원림화 정책은 경제림 정책을 유지하면서 상당 부분을 도시와 농촌의 환경 개선에 관심을 둔 정책이었다. 또한 1998년 국토환경보호성 설치 등 행정 체계 구축으로 산림조성 과학화와 정보화 구축에 진전이 있었다. 2012년부터 집권한 김정은 시대는 김정일 시대의 주요 산림정책인 원림화, 수림화 정책을 계승하고 있다. 2014년 신년사에서 나무 심기를 전 군중적 운동으로 힘 있게 벌여 모든 산들을 푸른 산으로 우거지게 하여야 한다고 강조하였다.

요약하자면 김일성 시대 산림정책은 초기 목재생산(벌채)과 후기 치산치수 였고, 김정일 시대는 산림의 원림화 · 수림화 정책이었다. 김정일 시대는 김일성 시대 후반의 경제와 환경 균형에서 흐름을 환경이나 생태 중심으로 정책을 변화시킨 것이다. 이것은 북한 산림환경이 김일성 시대보다 더 악화 되었음을 보여주는 것으로 해석할 수 있다. 실제 2008년 북한 산림을 위성 영상으로 분석한 결과도 이와 같은 해석을 뒷받침한다. 김정은 시대는 원림 녹화이다. 원림 녹화는 김정일 시대 원림화 · 수림화 정책과 유사한 것으로 해석된다.

북한 당국이 발표한 자료를 토대로 추정해보면 북한은 연간 평균 10만

~20만 ha의 산림을 조성한 것으로 파악된다. 그럼에도 불구하고 북한의 산림이 여전히 황폐한 상태라는 현실은 북한이 추진한 산림복구정책이 실패하였다는 것을 반증하는 것이다. 하지만 또 한편으로는 2019년 북한을 방문한 여러 전문가들의 시각은 최근의 북한의 산림 상황이 상당히 나아졌다는 의견도 많다. 이것은 최근 2~3년 동안 산림복구 정책이 제대로 추진된 것 아닌가 하는 생각도 든다.

FAO 보고에 의하면 1987년 기준 북한 산림면적은 897만 ha이었고, 1998년 북한 발표 자료는 753만 ha, 2006년 북한이 UNCCD에 제출한 보고서에 의하면 893만 ha로 발표 시기나 기관에 따라 차이가 심하다.

자료에 따르면 북한의 기후대는 위도나 해발고도가 높아짐에 따라 온대림, 한대림, 냉대림에 걸쳐 있고 지리적 분포가 넓어서 다양한 식물이 자라고 있으며, 임상별 면적은 침엽수림 20%, 활엽수림 63%, 혼효림 17%로 분포되어 있고, 산림축적은 과도한 벌채 등으로 인하여 남한의 1/2 수준인 약 47.5㎥/ha으로 추정하고 있다.

북한은 평지보다 산지가 많기 때문에 부족한 식량난을 해결하기 위하여 농경지 확장을 위한 산지개간, 새땅 찾기와 같은 특수사업을 추진하는 등 무분별한 산지의 타용도 전환이 빈번하게 발생되고 있다. 북한의 산림과 임업관련 산업은 모두 국유화되어 있고, 산림을 기능에 따라 특별보호림, 일반보호림, 목재림, 경제림, 땔나무림으로 구분하여 임업성, 국토환경보호성, 인민보호성, 산림국 등에서 담당하고 있다. 임업성은 산림관리, 이용, 보호에 관한 업무를 총괄하는 기관이지만 간접적으로 국토환경보호성의 감독을 받고 있으며, 국토환경보호성은 임업성 뿐만 아니라, 농업이나 수산 관련 업무에 대해서도 토지의 이용과 환경보호라는 측면에서 감독하고 있다.

총 산림면적 9,165	산림면적 (입목지)	산림 황폐지 면적			
		계	개간산지	무립목지	나지
9,165(100%)	7,534 (82%)	1,631(18%)	972(11%)	533(6%)	126(1%)

:: 표7. 북한 산림 입목지 및 황폐지 변화 추이*

구분	1999년	2008년	2018년 (15도 이상)*
산림 면적	916만 ha	899만 ha	906만 ha
산림입목지	753만 ha	615만 ha	644만 ha
산림황폐지	163만 ha	284만 ha	262만 ha
황폐화율	18%	32%	28%

북한 임농복합경영 최소 경사도 〈출처〉 한반도 산림지도집(국립산림과학원, 2021)

국립산림과학원에서 1999년 인공위성 영상자료를 분석한 결과에 의하면 북한의 산림은 9,165천ha이며, 황폐지는 1,631천ha로 전체 산림의 18%를 차지하고 있다. 특히 황해도·평안도 등 서부지역을 중심으로 조성된 다락밭용 개간산지가 약 60% 이상을 차지하고, 남포·개성 등 도시 인근 지역의 산림 황폐가 더 심한 상태인 것으로 확인되고 있다.

북한 산림황폐화의 원인은 식량 증산을 위하여 1976년과 1981년에 시작된 자연개조사업으로 다락밭 등 개간산지를 조성한 것이 가장 큰 원인으로 볼 수 있으며 1990년 이후 석유 도입량 감소에 따라 부족한 연료를 보충하기 위한 무분별한 임산연료 채취, 외화 획득을 위한 과도한 벌채 및 매년 북한 전역에 빈발하는 산불과 솔나방, 솔잎혹파리 등 산림병해충의 피해로 산림 황폐화가 가중되고 있다.

---

* **북한 산림 입목지 및 황폐지 변화 추이 분석** 국립산림과학원이 위성영상을 토대로 1999년부터 10년 단위 산림 황폐지를 분석한 결과로서 1999년부터 2008년까지 북한 산림 면적의 32%인 284만 ha가 황폐화 된 것으로 분석됨. 2008년부터 2018년까지 분석한 결과에서는 북한 산림 면적의 28%인 262만 ha가 황폐화 된 것으로 나타나 일부 지역이 회복되고 있는 것으로 분석되었음. 그러나 인구밀도가 높은 평안남도와 황해도 등의 산림황폐화 피해는 여전히 심각한 것으로 파악되고 있음.

북한의 산림황폐화는 집중호우 시 토사유출에 의한 농경지 매몰로 식량난을 가중시키고, 하천 범람을 초래하여 도로 등 산업기반시설을 붕괴시키는 등 막대한 경제적 피해를 주고 있으며, 환경적인 측면에서 야생 동·식물의 서식지가 파괴되고 생물 다양성 감소와 사막화를 진행시키고 있다. 북한 당국도 산림황폐화의 심각성을 인식하고 자체적으로 복구의 노력을 기울이고 있다. 1990년대 들어 산림 황폐지 복구의 체계적인 추진을 위하여 국토환경보호절(10.23)을 제정하고 국토관리총동원기간(봄, 가을)을 설정하여 산림조성, 강·하천 정비, 도로 정비 등을 실시하고 있다. 또한 국가 차원의 산림복구 추진을 위하여 2001년에 산림조성 10개년 계획을 수립하였고 2006년에는 산림 황폐화 방지를 위한 국가실천계획을 수립하여 유엔사막화방지협약(UNCCD)에 제출한 바 있으나, 재정·기술력 부족 등으로 인하여 추진되지는 못하였다. 결국 심각한 식량난, 에너지난 등 총체적인 경제난을 고려하면 자력에 의한 산림복구는 사실상 불가능한 상태로 볼 수 있다.

북한 산림복구 지원사업은 1999년부터 평화의 숲 등 민간단체를 통하여 시작되었으며, 2007년에는 북한의 황폐산림 복구를 위한 대북 지원 17개 단체가 컨소시엄 형태로 '겨레의 숲'이라는 단체를 설립하여 체계적인 사업추진이 되도록 하였다. 민간단체는 묘목 지원, 양묘장 조성, 산림병해충 방제사업 위주로 사업을 하였고, 특히 금강산 밤나무 단지 조성은 성공적이고 모범적인 사업으로 평가받기도 했다. 이와 함께 강원도와 경기도가 중심이 되어 금강산 지역 솔잎혹파리 방제나 개성 개풍 양묘장 조성 등 산림분야 지원사업을 추진한 바 있다.

이러한 민간단체와 지방자치단체 지원사업은 남북간 산림협력사업의 창구를 유지하고 북한 산림복구 필요에 대한 국민적 공감대 형성에 기여했다는 점에서 긍정적 평가를 받았으나, 실질적인 성과는 다소 미흡한 것이 사실이다. 민간단체와 지방자치단체는 북한과 개별적으로 접촉하여 중복적인 협력사업을 추진하였고, 현지 정보가 없는 상태에서 일회성·행사성 위주의 사업 추진이 불가피 하였다. 산림사업은 지속적인 사후관리가 대단히 중요하나 북한 측에서 사후관리를 위한 모니터링을 거부하고 협력사업 보다는 사업에 필요한 자재와 장비 지원만을 요구하는 성향 때문에 한계를 드러낼 수 밖에 없었다.

정부 당국자 간 협력사업은 2005년, 2006년 개성공단 나무심기 행사와 2007년 평양지역 산림병해충 방제사업을 추진한 바 있으나, 전반적으로 북한의 핵 문제 등 정치·군사적인 상황으로 부진하였다. 2002년 8월 제2차 남북경제협력추진위원회 및 2005년 8월 제1차 남북농업협력위원회에서 임진강 상류 치산치수에 필요한 묘목 제공 및 양묘장 조성, 산림병해충 방제 사업을 추진하기로 합의한 바 있으나 북한 측이 거부하였고, 2007년 12월 개성에서 개최된 남북 보건의료·환경보호 협력분과위원회에서 사리원 양묘장 조성 및 산림병해충 방제 약제 지원을 합의한 바 있으나, 진행되지는 못하였다.

다. 제5차 산림기본계획(2008~2017)기인 녹색복지국가 시대

(1) 2010년대 정치. 경제. 사회적 환경

2007년 대통령 선거에서는 한나라당 이명박 후보가 '경제 대통령'을 내걸고 제17대 대통령에 당선되었다. 이명박 정부(2008~2013)는 섬기는 정부, 활기찬 시장, 능동적 복지, 인재 대국, 성숙한 세계 국가를 5대 국정목표로 삼았다. 4대강 사업, 대중교통체계 개편, 그리고 저탄소 녹색성장을 국정과제로 채택하고 이를 추진하였다.

국회에서도 집권 여당이 과반 의석을 넘었다. 그러나 집권 3년이 지나자 이명박 정부와 여당인 한나라당에 대한 평가는 긍정적이지 못하다. 집권 초기부터 광우병 쇠고기 수입 파동을 비롯해 부자 감세, 4대강 사업, 세종시 수도 이전 문제 등 주요정책을 일방적으로 추진하였고 2007년 시작된 세계적인 금융위기로 인한 경기 침체로 국민들은 정치적, 경제적 피로감이 커져 국정 운영이 원활하지 못했다.

박근혜 정부(2013~2017년)는 제6공화국의 여섯 번째 정부이다. 2012년 12월 19일에 실시된 제18대 대통령 선거에서 박근혜 후보가 당선되어 2013년 2월 25일 제18대 대통령으로 취임했다. 하지만 박근혜 대통령의 비선 실세인 최순실이 국정에 개입했다는 의혹이 불거져 2016년 박근혜-최순실 게이트가 비화되면서 결국 2017년 3월 박근혜 대통령은 탄핵되었다.

박근혜 정부 국정 철학은 지금까지의 국가중심 발전모델에서 벗어난 국민행복과 국가발전의 선순환을 지향했다. 또한 국정운영 기조로 지속가능한 발전과 사회 대통합을 위해 국가발전 패러다임의 전환을 제시했다. 국정의 중심을 국가에서 국민 개개인에게 맞추고, 경제성장 모델을 기존의 선진국 추격형에서 세계시장 선도형으로, 생산성 중심의 질적 성장을 목표로 했다. 내수·서비스업·중소기업 균형성장과 원칙이 바로 선 자본주의를 목표로 성장과 복지의 순환 관계를 구축하고 사회적 자본 중시하며 안전 우선과 정부 운영방식 역시 민관협치·소통, 정책평가 중심, 부처 간 협력을 추구하였다. 또한 박근혜 정부는 '국민 행복, 희망의 새 시대'라는 국정 비전을 제시하며 추진 기반으로는 '신뢰받는 정부'를 명시했다. 일자리 중심의 창조경제, 맞춤형 고용·복지, 창의교육과 문화가 있는 삶, 안전과 통합의 사회, 행복한 통일시대의 기반구축 등이다.

2000년대 국제적으로 산림 여건은 전체 지구 육지면적의 3분의 1을 차지하고 있는 산림이 연간 약 1,300만 ha씩 감소하고 있었으나 감소율은 둔화 추세로 바뀌었다. 이는 중국, 미국 등 조림 확대에 따른 것이다. 세계 총 임목축적(林木蓄積)은 정체이나 단위면적당 축적은 약간 증가추세이다. 한편 세계 목재수요는 세계적인 경기의 불확실성으로 증가율이 둔화되고 있다. 특히 2012년 Rio+ 20 유엔환경회의에서 주창된 녹색경제(Green Economy) 이념 아래 목재생산도 산림의 지속가능성 요구가 증대되면서 지속가능한산림경영(SFM) 인증 목재의 점유율이 증가하고 있어 목재생산국 뿐 아니라 목재소비국까지 SFM 원칙에 따라 불법으로 벌채된 목재의 생산과 유통을 막았다.

이에 산림정책도 2008년부터 2017년까지의 제5차 산림기본계획 기간 동안에는 '지속가능한녹색 복지국가 실현'을 목표로 산림의 생태·환경적 건강성이 중시되는 가운데 새로운 산림행정에 대한 국민들의 수요가 급증했던 기간이었다. 2000년대 산림정책의 주안점은 인간과 자연, 개발과 보전, 경제와 환경이 서로 조화를 이루는 통합적인 개념이었다. 국제산림협력을 강화해서 국제적 수준의 지속가능한산림경영을 실천하고 산림이 지닌 새로운 미래가치를 창조하기 위해 한반도 생태계의 중심축 회복을 위한 산림보호 관리체계를 마련함으로써 백두대간과 DMZ 산림훼손지 복원에 노력했다. 아포코(아시아 산림협력기구, AfoCO)와 같은 국제기구 설립과 유엔 사막화 방지 협약(UNCCD) 제 10차 당사국 총회(COP10)를 성공적으로 개최하는 등 산림녹화 모범국가로서의 위상을 높였고 산림부문 공적개발원조(ODA) 사업을 적극 전개하였다.

특히 이명박 정부 국정과제인 녹색성장 정책에 맞추어 목재산업 진흥과 목재 문화를 확산하고 목재펠릿 산업과 같은 산림 바이오매스 에너지의 실용화를 촉진하는 한편 산림탄소상쇄제도를 시행하여 온실가스 감축을 위한 산림탄소상쇄 숲 조성에 민간기업의 참여를 확대하였다.

또한 박근혜 정부는 국민들의 시대적 요구를 반영해서 산림휴양·문화시설과 산림교육 프로그램을 대폭 확대하였다. 그동안 산림휴양 중심에서 점차 영역을 넓혀서 산림치유, 산림교육, 산림문화, 산림레포츠를 아우르는 산림복지 정책을 확대해 나갔다. 한편 수목장림을 조성해서 친자연적인 장묘 문화를 소개했고 후반기에는 수목장림도 산림복지 정책에 포함하여 추진하였다.

(3) 주요 산림정책

(가) 제5차 산림기본계획 추진 성과

이명박 정부(2008~2013)는 제5차 산림기본계획 전반부(2008~2012)에 해당한다. 이 기간은 2007년 시작된 미국발 금융위기 대응과 지방분권화의 요구 그리고 국제적으로 높아지고 있는 탄소 저감 압력에 대처하기 위한 '저탄소 녹색성장' 정책에 따라 산림정책도 지속가능한산림경영(SFM)과 산림탄소 관리를 더욱 강화하는 '지속가능한녹색 복지국가 실현'을 비전으로 수립된 제5차 산림기본계획 전반부이다.

우선 지속적인 숲가꾸기 사업 성과로 임목축적은 126㎥/ha(2010)를 달성하여 OECD 평균 121㎥/ha를 초과하게 되었다. 목재 자급률은 이 기간 약 6.2% 올라간 16%를 달성하였고, 목재펠릿 산업의 기초가 마련되었다. 산림 탄소의 효과적인 관리를 위해 탄소흡수원 유지 및 증진에 관한 법률이 2012년 2월 제정되었고 개도국의 주요 온실가스 감축 수단으로 인정받는 REDD+(산림황폐화 방지 활동) 협력 사업을 인도네시아에서부터 본격 시작하였다. 또한 이 기간 동안에 우량종자의 안정적인 공급 및 관리 기반을 마련할 위해 '국립품종관리센터'를 2008년 8월에 개원하여 산림분야 신품종 관리를 시작하였다. 임업의 산업화를 지원할 한국임업진흥원을 2012년에 설립하여 산양삼 등 특별 임산물에 대한 품질 관리 제도를 도입하고 이를 관리토록 하였다. 또한 늘어나는 국산 목재 생산품에 대한 관리를 체계화하기 위해 「목재의 지속가능한이용에 관한 법률」을 2012년 5월에 제정하였고, 목재산업 진흥 5개년 계획을 수립하여 추진하였다.

녹색 서비스에 대한 국민 요구에 부응하기 위해 「산림문화 및 휴양에 관한 법률」을 제정하여 숲길 개념을 체계화 하였고 지리산 둘레길을 개통하여 둘레길 붐을 일으켰다. 또한 「산림교육 활성화에 관한 법률」을 제정하여 유아와 청소년의 교육에 대한 새로운 지평을 열었다. 도시숲과 학교숲을 확대하여 1인당 도시숲 면적이 2012년에는 2007년 대비 13.6% 늘어났다. 산지 생태계 보전을 강화하기 위해 산지전용타당성조사 제도를 도입하였고, 「민북지역 산지관리 특별법」을 제정하게 되었다. 산불과 병해충 발생은 크게 감소하였지만 2011년 우면산 산사태 등 강우 패턴 변화에 따른 산사태 피해가 급증하였다. 국제산림협력 분야에서도 획기적인 전기가 마련되었다. 2010 세계산림과학자총회(IUFRO), 2011 UN 사막화방지협약 당사국 총회(UNCCD)를 우리나라에서 개최하였고, 우리나라가 주도하여 설립한 아시아산림협력기구(AFoCO)가 2012년에 출범하였다.

그러나 이러한 성과에도 불구하고 체계적인 산림자원 조성과 사유림 경영의 부진은 구조적으로 지속되고 있고, 임산업 기반과 임업 시장 기능은 아직도 취약하다. 산림보호구역 관리는 파편화되어 있는 문제를 안고 있고 변화하는 재해 패턴에 대한 대비가 부족하다. 산림복지에 대한 수요는 급증하는데 이에 대한 서비스 공급 기관이 따라가지 못하고 있고, 은퇴자와 청년을 위한 안정적인 일자리 문제를 적시에 대응하지 못한 점은 아쉽다

박근혜 정부(2013~2017)은 제5차 산림기본계획(2008~2017) 후반부에 해당한다. 국정 목표는 국민행복이다. 이는 그동안의 양적, 외형적 성장 정책을 지양하고, 질적, 내면적 후생을 중시하겠다는 것이다. 또한 동북아시아의 안보 불안과 질서 재편, FTA 확대에 따른 도전과 기회, 양적 성장 패러다임의 실패와 오랜 관행 및 적폐 해소 문제 그리고 다원화 및 선진화되고 있는 국민 선호도 변화에 대응 등이 박근혜 정부가 추진해야 할 주요 이슈였다.

이에 박근혜 정부 산림계획의 기조는 '온 국민이 숲에서 행복을 누리는 녹색 복지국가'의 비전을 이룩하기 위해 숲을 활력있는 일터, 쉼터, 삶터로 재창조하는 것을 목표로 하고 있었다. 이는 산림이 가진 경제적, 환경적, 사회적 가치들의 선순환 구조를 확립하는 것으로서 산림청은 박근혜 정부 기간 동안 추진할 7대 전략별 정책 과제를 마련하였다.

첫째 산림자원분야 전략으로는 지속가능한기능별 산림관리체계를 확립해 나가는 것이다. 이를 위해 기존의 경제림 개념을 세분화하여 목재 생산림과 일반경제림으로 나누고 그 외에도 생활 환경림, 자연 보전림, 방재림, 수원함양림, 자연휴양림 등으로 나누어 관리하며, 우수 인재를 선발하여 선도산림경영단지를 조성하고 운영토록 하였다. 또한 국제기준에 부합하고 국내 여건을 반영한 한국형 산림인증 시스템을 개발하고 국내 사유림에 대한 인증 비용을 최소화하는 한편 비인증 외국산 목재의 유통을 제한하였다. 사유림 경영 구조를 효율화하기 위해 산지은행 제도

및 산림재해 보장 제도를 도입하고, 산림 전문경영인 육성과 경영지도 체계 선진화 방안을 마련하였다.

둘째는 산림탄소 분야 전략으로 기후변화에 대한 선진국형 산림탄소 관리 체계를 구축하는 것이었다. 2020년 신기후 체제에 대비하기 위해 산림탄소 확보를 통해서 국내 온실가스 배출량의 약 20%(약 4,000만 이산화탄소 톤)를 자발적으로 상쇄하는데 기여할 수 있도록 국내 산림탄소 흡수기능 유지 및 증진 사업을 확대하고, 열대 개도국들과 협력하여 REDD+ 사업을 추진하였다. 또한 「탄소흡수원 유지 증진에 관한 법률」에 규정된 산림탄소상쇄제도의 폭을 넓히고 등록부를 마련하였다.

셋째 산림산업 분야 전략은 시장 기능을 활동할 수 있도록 기반과 여권을 마련하는 것이다. 우선 대부분의 비용보조 체계를 소득보전직불제로 개편할 수 있는 방안을 마련하고 또 자발적인 산림 투자에 따른 공익가치를 보상받을 수 있는 새로운 제도 마련과 산지전용권 거래 제도를 도입하는 것을 검토하였다. 보호구역 설정 등 비자발적 산림 유지에 따른 공익적 가치를 보상할 수 있는 산림환경 서비스 직불제를 도입할 수 있도록 기반을 마련했다.

넷째 산림생태 분야 전략으로는 산림생태계 와 생물자원의 통합적인 보존과 이용 체계를 구축하는 것이었다. 우선 기후대별 권역별로 국가가 관리하는 국립수목원을 확충하고 국가 산림식물 분포도를 조사하여 제공하고 각 부처로 나눠져 있는 산림내 보호구역에 협력체계를 구축하는 것이었다.

다섯째 산지재해 분야 전략은 국토의 안전성 제고를 위해 산지 및 산림재해 관리 시스템을 선진화 과학화하는 것이다. 산지 관리는 산림의 생태적 지역적 특성을 유지하면서 저밀도 개발만 허용하고 개발 후에도 산지로 관리하는 생태적 관리시스템을 도입하였다.

여섯째 산림복지 분야 전략은 산림복지서비스를 확대할 수 있는 인프라를 구축해 나가되 확대 재생산이 가능하도록 선순환체계를 만드는 것이었다. '생애주기별 산림복지 시스템'이 실질적으로 작동될 수 있도록 종합적인 인프라인 산림복지 네트워크를 구축하는 것이었다. 산촌은 산촌이 갖고있는 자원과 여건을 활용한 지역 산림 비즈니스 모델을 산촌별로 개발하여 지역산업과 일자리 창출을 할 수 있도록 지원하였다. 수목원과 정원 인프라도 확충하여 이들 시설이 산림복지시설로 활용되도록 하였다. 아울러 2016년 한국산림복지진흥원을 설립하여 국립산림치유원, 국립숲체원, 국립하늘숲 추모원등 산림복지 기관을 총괄하여 운영하는 전담 공공기관화 하였다. (산림청 50년사 발췌 요약)

(나) 산림부문 녹색성장 계획 추진

2008년 8월 15일 광복절 기념사에서 이명박 대통령은 녹색성장 정책이 다가올 60년의 우리 국운을 감당해줄 것이라고 선언했다. 이어서 2009년 정부는 녹색 기술과 청정에너지를 통한 '저탄소 녹색성장(Low Carbon Green Growth)'을 새로운 국가 비전으로 제시함에 따라 녹색성장과 관련한 산림의 역할이 주목받게 되었다. 정부는 녹색성장 전략(2009~2050)과 관련한 사항을 이행하기 위해 2009년 초 국가에너지위원회(지식경제부), 지속가능발전위원회(환경부), 기후변화대책위원회(총리실)를 합쳐서 대통령 직속의 녹색성장위원회를 발족했다. 아울러 「저탄소 녹색성장 기본법」을 제정(2009.12.29.)하여 5년마다 정부에서 녹색성장 계획을 수립토록 하도록 했다.

이에 산림청에서도 녹색성장 주요 부처로서 국가정책을 체계적이고 실천적으로 뒷받침하기 위해 관계부처 합동으로 수립된 제1차 녹색성장 추진계획(2009~2013) 중에 산림이 제공하는 다양한 혜택을 극대화하는 여러 정책을 반영하였다. 우선 산림 부분 추진과제로 의제 설정 단계부터 적극적으로 의견을 개진해서 산림의 탄소흡수원 확충, 산림바이오매스 활용, 녹색공간 확충 등이 포함되는 등 성과를 거두었다. 특히 관련 예산이 대폭 증가한 가운데 정부업무 평가 중 녹색성장 부문에서 우수한 성적을 나타내 정부내 산림청의 위상을 높였다. 제2차 녹색성장 5개년계획(2014~2018)은 제1차 계획과 달리 과제 선정을 하향식으로 진행해서 온실가스 감축, 에너지 수요관리 및 신재생에너지 보급, 녹색 기술과 ICT 융합 등 전략과제에 집중했다. 산림 부분에서는 산림의 탄소흡수원 확충, 녹색 복지 공간 창출, 산림바이오메스, 글로벌 그린 리더십 구현을 중심축으로 13개 세부과제가 반영됐다.

대표적인 녹색성장 과제는 목재펠릿 산업이었다. 2009년 정광수 산림청장이 임명장을 받는 자리에서 이명박 대통령은 녹색성장과 산림의 역할 중에서 신재생에너지인 목재펠릿 보급에 대해서 당부를 하였다. 이에 산림청은 정부의 핵심 정책인 저탄소 녹색성장에 큰 역할을 해야 했다. 특히 농촌에서 목재펠릿 사용을 확대하여 농촌 연료 혁명을 이루고자 하였다. 이명박 대통령께서도 산림자원이 녹색성장 기여해야 한다는 큰 기대를 갖고 계시기 때문에 산림청으로서도 산림분야 녹색성장에 더욱 역점을 두어 추진하였다. 이에 목재펠릿의 산업화를 촉진하고자 국내 목재펠릿 제조시설 및 목재펠릿 지원 및 보급사업을 추진하였다. 목재펠릿의 국산화를 위해 2008년 말부터 경기도 여주 산림조합 목재유통센터에 국내 최초로 목재펠릿 제조공장을 설립하였다. 2009년에는 전국적인 공모사업을 통해 경기 양평, 충북 청원과 단양, 경남 김해 등 4개소에 목재펠릿 제조시설을 추가로 조성하였고, 산촌생태마을, 농어촌뉴타운 지역을 중심으로 목재펠릿을 사용하는 보일러를 2008년 시범사업을 거쳐 2009년부터 본격적으로 보급하였다. 2015년 주택용 목재펠릿 보일러는 약 19,000대, 주민시설 약 11,000대, 일반 산업용 80대, 국가 및 공공기관에도 97대가 보급되어 있다.

국내생산량 증대로 목재펠릿의 수급이 안정화되고 캠핑문화가 확산되면서 목재펠릿을 연료로 쓰는 난로(스토브) 및 조리기구 등 민간 영역에서의 연소기 보급도 활성화되었다. 이처럼 난방, 산업, 발전 등 다양한 분야의 목재펠릿 소비량이 증가에 국내 목재펠릿 소비량은 2009년 1만 8천 톤에서 2015년 147만 8천 톤으로 상승하였다. 다만 소비량의 대부분을 수입산이 차지하고 있는 실정이다. 국내산 목재펠릿 생산량이 저조한 가장 큰 이유는 수입산의 비해서 가격 경쟁력과 안정적인 수요처가 부족하기 때문이다. 이에 목재펠릿이 등급을 4단계로 구분하고 품질이 좋은 국내산 1, 2 등급은 주로 가정용, 대부분 수입산 3, 4등급은 발전용과 산업용으로 보급하고 있다.(산림청 50년사 발췌 요약)

(다) 산림복지 활성화

산림청은 2017년 제5차 산림기본계획(2008~2017)을 수립하면서 산림을 국민의 삶의 질 향상을 위한 중요한 수단으로 인식하여 '지속가능한 녹색 복지국가 실현'이라는 정책 비전을 제시했다. 정책 비전인 '녹색 복지국가'는 산림을 경제, 환경, 사회적으로 중요한 국가 자원으로 육성하여 '지속가능한 복지국가 기반'을 구축하겠다는 것이었다. 도시를 중심으로 녹색 공간을 확대하고 임업인의 복지 뿐만 아니라 산촌 주민들의 복지 증진 사업 등을 포함하였다. 하지만 정책 비전에서 언급한 복지 개념을 구체화하여 실천 가능한 개념으로 발전시키지는 못하였다. 이에 산림복지를 산림문화 · 휴양에 분야에 집중하면서 관련법 개정과 제도 보안이 이루어졌고 세부 정책을 추진했다. 먼저 산림문화휴양 기본계획(2008~2017)에서는 주요추진 전략으로 기존 산림휴양뿐만 아니라 청소년 산림교육 활성화, 치유의 숲 조성 그리고 수목장 조성 등과 같은 분야를 포함했다. 산림을 활용한 국민들의 복리 증진 방안에 적극적인 모색을 시작한 것이다. 2009년에 '산림복지'라는 구체적인 개념이 등장하기에 이르렀는데 이는 휴양, 문화, 교육, 수목장과 함께 등장한 유아숲체험, 숲태교 등 다양한 개념을 묶은 것이다. 2010년 3월에는 「산림문화휴양에 관한 법률」을 개정하여 치유의 숲을 제도화하였고, 2010년 9월부터 시행했다. 2011년 7월에는 이를 산림치유지도사 제도로 발전시켜 양성기관을 지정하게 되었다. 또한 2012년 6월에는 산림치유지도사 양성과정별로 평가 기준을 제정하였고, 2014년부터 산림치유지도사 활동 범위를 확대하게 되었다.

산림복지는 2010년 이후 외형적인 체계를 갖추는 양상을 보였다. 국내에서 복지에 대한 사회 전반의 관심이 높아짐에 따라 산림을 국민 복리 증진에 활용하고자 하는 정책적인 움직이 가속화 되었다. 산림청은 2010년 11월 '요람에서 무덤까지 숲이 책임집니다'라는 슬로건 아래 인생 주기를 7단계로 구분하여 출생기, 유아기, 아동청소년기, 청년기, 중장년기, 노년기, 회년기로 나누고 이에 따라 숲 태교, 숲 유치원, 숲 캠프 및 산악레포츠, 자연 휴양, 요양, 수목장 등의 산림 복지서비스를 제공한다는 개념으로 이른바 산림복지 G7 프로젝트(GREEN WELFARE 7 PROJECT)를 발표했다. 2011년 4월에는 G7 프로젝트를 포함하는 생애주기별 산림복지 개념을 제시해서 개인의 출생부터 사망까지의 각 생애주기에 적합한 산림복지 서비스를 제공하는데 역점을 두었다.

2013년 출범한 박근혜 정부는 140대 국정과제를 발표하면서 맞춤형 고용 복지를 5대 국정 목표 중에서 두 번째로 포함시켰다. 국정과제 가운데 하나로 생태휴식공간 확대 등 행복한 생활문화공간 조성이 포함되었다. 그 세부과제로는 도심 생태휴식공간과 숲길 등이 포함됐다. 또한 농림축산업의 미래성장산업화 국정과제에 '산림부국 실현'이 세부과제로 포함됐으며 이를 실현하기 위한 사업으로 산림복지 공간 확충이 포함되었다. 그 후 산림복지 서비스 인프라 구축과 관련된 '산림복지단지 조성 및 운영에 관한 특별법'이 2013년 5월 29일 입법이 추진되었다. 동 법률은 심의과정에서 「산림복지진흥에 관한 법률」로 제명이 바뀌어 2015년 3월 27일 제정되었다.

아울러 산림청은 산림복지 비전 선포식(2013. 7. 24)을 통해 '산림복지로 국민행복시대 실현'을 비전으로 하는 별도의 산림복지 정책인 산림복지종합계획을 발표하였다. 산림복지 정책 도입을 위해 수년 동안 체계적, 행정적, 학문적으로 노력한 첫 결실이었다. 산림복지가 법률 용어로 처음 등장한 것은 2015년 1월 20일 「산림기본법」 개정부터이다. 그 이후 2015년 3월 27일 「산림복지진흥에 관한 법률」이 제정되면서 법률 용어로 사용되었다. 그동안 산림정책이 산림자원관리 중심에서 산림 서비스를 통한 국민의 삶의 질 향상이라는 산림복지로의 전화를 입법에 반영한 것이다. 법률상 산림복지의 정의는 산림 문화, 산림휴양, 산림교육, 산림치유, 산림레포츠 등을 그 구성 요소로 하고 있다.

산림청은 급증하는 산림복지 수요에 대응하고 정책을 보다 체계적으로 추진하고자 2017년 1월 내부 국단위 조직 중 산림이용국을 산림복지국으로 재편하였다. 아울러 산림복지정책과를 신설하였고, 도시숲경관과를 산림자원국에서 산림복지국으로 이관하였다. 또한 이를 집행하기 위해 「산림복지진흥에 관한 법률」에 따라 산림청 산하 공공기관으로 한국산림복지진흥원이 2016년 4월 설립되었고, 2016년 8월 2일 개원하였다. 한국산림복지진흥원은 산림복지서비스 제공을 전문으로 하는 공공기관으로서 숲과 함께 국민들의 생활을 보다 건강하고 풍요롭게 하고, 온 국민이 산림복지서비스를 통해 행복한 삶을 영위할 수 있도록 우리나라 산림복지 서비스의 중심기관으로서 역할을 하고 있다. 또한 그동안 산림휴양, 치유, 교육, 등산, 레포츠 등 개별적으로 추진해 온 산림복지 정책을 보다 효과적이고 효율적으로 실행하기 위해서는 산림자원의 체계적 보전 관리, 산림휴양 및 산림 복지시설의 조성과 운영을 위한 산림복지 관련 조직을 더욱 체계화하고 보강할 필요가 있다.

(라) 국제산림협력

국제산림협력 주요 분야는 첫째, 산림투자 협력(해외 자원, 국내 기업 지원 등) 둘째, 산림 연구 협력 셋째, 공적개발원조(ODA)사업 등이다. 주요한 협력 과제는 해외조림과 산림자원개발, 개발도상국의 황폐지 복구, 생물 다양성 보전, 산불 방지 등으로 다양하다. 산림정책이 산림복지, 기후변화 등으로 다양화되고 국제협력의 필요성이 증가하면서 중국과 산림복지협력, 포르투칼과의 소나무 재선충병 협력, 인도네시아 이탄지 복구 및 산불 관리 협력, 에디오피아 산림 및 기후변화 협력 등 국가별 특성과 협력 필요성에 맞추어 세부 약정을 체결하고 협력사업을 추진하고 있다.

1) 해외조림

우리나라 해외조림 사업은 이미 1993년부터 인도네시아, 호주, 뉴질랜드, 베트남, 중국 등 8개국에 한솔홈데코, 이건산업, 동해펄프 등 13개 기업이 진출하였다. 이들 기업은 2008년까지 18만 ha의 조림을 실시하여 목재자원 해외공급기지를 조성하였다. 아울러 해외조림 사업은 탄소배출권 조림 및 바이오에너지 자원 확보 등 친환경적인 대체에너지 개발을 위한 투자처로 저탄소 녹색성장의 신성장 동력으로 새롭게 부각되었다.

이에 산림청은 해외산림자원 개발에 대한 투자를 촉진하기 위해 해외산림자원개발 기본계획을 수립하였다. 2008년부터 2017년까지 25만 ha 해외조림을 실시할 목표로 2008년에는 정책자금 지원 대상에 '바이오에너지 및 탄소배출권 조림'을 포함하고 해외조림목에 대한 반입조건 규제완화 등 정책지원을 확대하였다. 2006년에 인도네시아와 50만 ha 조림투자 MOU(양해각서)를 체결한데 이어 2008년 동남아 3개국(인도네시아, 베트남, 캄보디아)과 산림자원외교를 통하여 제2차 한·인도네시아 산림포럼 개최, 베트남과 산림자원개발 협력방안 논의, 캄보디아 및 우루과이와의 임업협력약정 체결 등 해외 산림투자에 가시적인 성과를 거두었다.

또한 2009년 3월 6일에는 당시 대체에너지로 주목을 끌고 있는 목재펠릿 산업의 원료 확보를 주요 내용으로 하는 '한-인도네시아 목재 바이오매스 에너지 산업육성 협력에 관한 양해각서'를 인도네시아 자카르타에서 양국 정상(이명박 대통령, 유도요노 인도네시아 대통령) 임석 하에 양국 산림청장이 체결했다. 이 양해각서 체결을 통해 인도네시아는 원료개발을 위한 적정 산림지 20만 ha를 제공하고, 한국 측은 목재펠릿 산업육성을 위한 계획 수립과 한국기업의 투자 유치 등을 추진하게 된다. 아울러 양국은 산림바이오매스 산업육성을 위한 조림, 가공시설 설치 지원 및 임업협력사업의 개발에 상호 협력하고 산업조림, 탄소배출권조림, 바이오에너지조림 및 지속가능한 열대림 관리와 개발을 위한 협의채널로

'한-인도네시아 산림협력센터'를 설치하여 운영하게 된다. 이로써 우리나라는 대체에너지 원료 공급 산림지 20만 ha를 추가 확보하게 됨으로써 이미 확보한 조림대상지 50만 ha를 합쳐 총 70만 ha(제주도 면적의 4배)의 산림자원 개발을 위한 토지를 인도네시아에서 확보하게 되었다.

해외조림은 단순히 나무를 심는 조림사업이 아니라 지속가능한 경제성장을 위한 자원 확보 및 국제화 시대에 국가간 협력을 강화하는 친환경적인 협력모델 사례가 된다. 이를 통해 우리나라는 장기적이고 지속적인 목재자원 확보가 가능해지고, 투자유치국은 한국기업의 투자유치를 통한 공장설립과 고용창출 등 경제를 활성화 시킬 수 있게 된다. 앞으로도 목재공급원 조성을 위한 산업조림과 기후변화 대응을 위한 탄소배출권 조림, 바이오에너지 조림을 확대 실시하고, 해외산림자원개발의 효율적 추진과 지원을 위해 추진체계 정비, 정책지원 확대, 지원 인프라 구축으로 해외산림자원에 대한 개발·투자 환경 조성이 적극 필요하다.

2) 공적개발원조(ODA)

우리나라는 해방 이후 6·25 전쟁을 거치면서 빈곤 국가로 전락하였다. 이에 경제를 일으켜 가난과 굶주림으로 벗어나기 위해서 국제식량농업기구(FAO), 유엔개발계획(UNDP) 등으로부터 원조를 받았다. 이를 발판으로 우리나라는 70~80년대 급속한 경제성장과 더불어 1987년 처음으로 공적개발원조(ODA)를 시작함으로써 경제협력개발기구(OECD) 출범 이후 원조를 받는 수혜국에서 원조를 주는 공여국으로 위상이 바뀐 최초의 사례가 되었다. 공적개발원조는 개발도상국의 경제개발 및 복지 증진을 위한 경제적 자원의 공공이전을 의미한다. 또한 우리나라는 1996년 OECD에 가입한 지 13년 만인 2009년 11월 OECD 개발원조위원회(DAC)

24번째 회원국으로 가입하였다.

이에 따라 산림청에서도 2010년 국제산림협력 추진단을 출범시키고 국제산림협력을 확대해 나갔다. 녹화 사업에 성공한 우리의 경험을 바탕으로 중국, 몽골, 미얀마 등에서 우리의 녹화 모델을 전수하고 교육을 통해서 산림관리 기술을 전수했다. 이제 세계적으로 이미 알려진 우리의 황폐 산림 복구 기술과 경험은 개발도상국가에서 산림 복구 사업을 추진하는데 시금석이 되었고 또한 개발도상국과 담당 공무원을 초청하거나 우리의 전문가를 파견에서 산림 복구 사업을 지원하고 있다. 아울러 유엔사막화 방지 협약(UNCCD) 등 국제기구에도 적극 참여하여 우리의 산림복구기술을 전파하는 활동을 펼치고 있다.

3) 북한산림복구 계획 수립

제63회 식목일 나무심기 행사와 정부업무 보고시 이명박 대통령은 한반도 조림계획을 수립하도록 지시하였다. 이에 따라 산림청을 주관으로 통일부, 환경부, 국가정보원, 농림수산식품부 등 관계부처와 남북 산림협력에 관한 의견을 수렴하고 토론을 거쳐 부처간 추진방향의 공감대를 형성한 후 북한산림복구 기본계획 수립에 착수하였다.

산림청에서는 계획 수립을 전담할 '북한 황폐산림 복구 TF팀'을 구성('08. 4. 11)하였다. TF팀은 조림, 사방, 양묘, 병해충 방제 등 분야별 담당자와 국립산림과학원 연구진으로 구성하고, 학계, 전직 산림공무원, 민간전문가 등으로 자문단을 구성함으로써 풍부한 경험을 바탕으로 한 실무능력과 전문성을 확보하였다. TF팀을 중심으로 정부기관, 학계, 민간단체, 지방자치단체, 전문가 등이 참석한 북한 산림복구 전문가 회의를 개최하여 대북 산림협력 경험을 공유하고 기본계획 수립에 대한 자문과

의견을 수렴하였다.

북한 산림복구 기본계획은 단기 5년('08~'12), 장기 10년('13~'22) 계획으로서 북한 황폐산림 163만 ㏊를 복구하여 푸른 한반도(Green Korea) 실현을 비전으로, 대북 경협 4대 원칙 ① 북핵 진전, ② 경제적 타당성, ③ 재정부담 능력, ④ 국민적 합의 등과 연계하여 추진 방향을 설정하였다. 주요 내용으로는 푸른 한반도 복원을 위하여 정부·민간단체·지방자치단체 간 협력체계를 구축하여 황폐된 북한 산림을 단계별로 복구하고, 북한의 수용 가능성이 높고 상징성이 큰 지역(개성, 금강산 등)부터 시범사업으로 우선 추진하며, 조림, 사방 위주의 단편적인 복구에서 벗어나 에너지, 농업이 패키지 형식으로 지원되는 종합적인 복구가 될 수 있도록 하고, 안정적 추진을 위하여 법과 제도 등 체계를 정비한다는 내용을 담고 있다.

정부의 북한 산림복구 기본계획 수립과 더불어 북한 산림에 대한 정확한 실태를 파악하기 위하여 국립산림과학원을 주관으로 최신 인공위성 영상을 활용한 북한 산림 황폐실태를 분석하였다. 기존의 연구 자료는 1999년에 분석한 것으로 10년이 지난 현재 북한 상황은 많이 변화하였을 것으로 추측하고, 북한 전역에 대한 산림황폐지를 유형별(나지, 무립목지, 개간산지)로 분류하고 개성지역에 대한 조림 CDM 사업 잠재적 대상지 분석도 병행하였다.

또한, 범정부적 북한 산림복구 사업의 본격적인 추진에 대비하여 산림 분야의 특수성이 반영되고 산림복구 지원정책의 명확한 법적 정당성을 확보할 수 있는 법제 연구를 추진 하였다. 북한 조림에 민간기업의 참여를 유도하고 탄소배출권 확보와 연계할 수 있는 전략을 수립하기 위해 북한 산림황폐지의 조림 CDM 사업 타당성 분석 연구도 추진하였다. 황폐된 북한 산림복구를 통한 푸른 한반도 실현이라는 비전은 그저 바라만 봐서는 이룰 수 없다. 남한의 헐벗은 산하를 푸르게 만들었던 우리의 경험으로 볼 때 철저한 사전 준비와 체계적인 실행이 없이는 불가능할 것이다. 북한 산림복구는 더 이상 미룰 수 없는 시대적 과제이기에 남북이 상생 협력하여 지속적으로 추진해 나갈 수 있기를 기대해 본다.

3. 마무리

영국 역사학자 E.H 카(1892~1982)는 『역사란 무엇인가?』에서 역사란 '과거와 현재의 끊임없는 대화'라고 하였다. 또한 역사학이란 움직이지 않고 가만히 있는 상태의 학문이 아니라 항상 변화하고 발전하는 진보적 학문이라고 한다. 결국 역사란 우리가 언제 어디서 무엇을 했으며, 지금은 어디에서 무엇을 하고 있고, 또 앞으로 어디에서 무엇을 할 것인가라는 과거와 현재 그리고 미래로 변화하면서 발전하는 것을 뜻한다. 이처럼 우리는 역사적 기록을 통해서 사물의 정체성을 확인하고 우리가 걸어온 길을 되돌아보면서 앞으로 나갈 길을 모색하는 성찰의 기회로 삼는다. 조선시대 국정의 문란, 일제의 산림수탈과 6·25 전쟁 등으로 인한 산림 황폐화의 뼈아픈 역사를 경험했던 우리는 세계적으로도 유래가 없는 최단기간에 산림을 복구한 역사도 함께 갖고 있다. 이에 최근 지난 30년간에 산림정책 또한 앞으로 산림정책이 더 발전할 수 있는 밑바탕이 되고 경험이 될 것이다

지난 30년 동안 10년 단위 산림기본계획은 세 번 추진되었고, 5년 단위 대통령은 6명이 재임했다. 산림청장은 평균 재임기간 1.8년으로 19명이 재직하였다. 그 동안 우리나라 정치, 경제, 상황도 많이 바뀌었고 그에 따라 산림정책도 크게 변화하였다. 1988년 노태우 정부와 1993년 김영삼

문민정부는 산지를 자원화해서 국가적 자산으로 육성해야 한다는 시대적 과업을 완수하였고, 1998년 김대중 정부와 2003년 노무현 정부의 산림정책은 정책 패러다임이 전환된 시점이 되었다. 지속가능한 산림경영이 기본 방향으로 정착되고 숲가꾸기 사업, 산촌생태마을의 체계적 개발, 산림의 휴양문화 가치 제고, 한반도 생태계 중심축인 백두대간의 체계적 보호와 관리, 국제산림협력 및 남북산림협력 등 근본적인 정책변화가 시도되었다. 2008년 이후 이명박, 박근혜 정부 산림정책은 전 국민을 대상으로 하는 녹색복지국가 조성을 새로운 비전으로 삼았다. 이를 추진하기 위한 핵심전략으로는 산림복지 활성화와 기후변화 시대에 대응한 저탄소 산림정책이었다.

앞으로 우리 사회는 4차 산업 혁명을 본격적으로 맞이하게 될 것이다. 2017년 국립산림과학원 배재수 등은 제6차 산림기본계획(2018~2037) 기간인 향후 20년간 추진할 산림정책에 대해 2030 산림 및 임업 핵심이슈를 도출한 바 있다. 정치, 경제, 사회, 환경 및 기술 분야에 큰 영향을 미치는 메가트렌드를 도출하고, 이들이 국내 산림 및 임업분야에 미치는 영향을 분석하였다. 정치 분야는 전자 민주주의의 발달, 안보와 통일, 경제 분야는 저성장과 시장개방, 사회 분야는 저출산 고령화 와 환경과 삶의 질을 중시하는 생활양식, 환경 분야는 기후변화, 기술 분야는 사물 인터넷(IoT)과 인공지능 등의 스마트 기술 발달이 대표적인 메가트렌드로 도출하였다.

또한 이러한 결과를 바탕으로 수립된 제6차 산림기본계획은 「산림기본법」 제11조 및 시행령 제4조~제6조 규정에 따라 산림청장이 산림자원 및 임산물의 수요와 공급에 관한 장기 전망을 기초로 하여 지속가능한 산림경영이 이루어지도록 전국의 산림을 대상으로 20년마다 수립하여 시행하는 최고 상위의 계획이다. 6차 계획 이전까지는 10년 단위 계획이었으나 2017년 「산림기본법」을 개정하여 국토계획 및 환경계획 등 관련 국가계획과의 연계 강화를 위해 20년 계획으로 변경하였다. 이에 따라 제6차 계획은 향후 20년간의 산림정책의 비전과 장기 전략을 제시하는 법정계획으로서 계획 기간은 2018부터 2037년까지 20년이다. 이 계획은 지역산림계획 및 산림경영계획을 수립하는 기준이 되며, 기본원칙과 방향을 제시하는 산림분야 최상위 계획이다. 다루는 분야도 산림자원, 산림산업, 산림복지, 산림보호, 산림생태계, 산지 및 산촌, 국제산림협력, 산림행정 등에 관한 종합계획이다.

제6차 산림기본계획은 시대적 요구에 따라 건강한 산림을 자원순환경제의 플랫폼으로 활용하여 질 좋은 일자리를 제공하고, 직·간접적으로 삶의 질 향상에 기여하도록 산림을 지속가능하게 관리하는 사람 중심의 정책방향을 비전으로 설정하였다. 첫째는 일자리가 나오는 경제산림이다. 목재, 청정임산물 등 산림산물과 더불어 다양한 공익가치를 경제적 가치화하여 친환경 소재이자, 재생가능한 천연자원인 목재의 국내 생산을 확대하여 국민들에게 청정임산물 공급으로 국민의 식생활을 풍요롭게 향상시키고, 둘째는 모두가 누리는 복지산림이다. 도시생활권 녹색공간 확충, 산림교육 정착 등을 통해 생활 속 산림복지서비스를 제공해야 한다. 이를 위해 산림휴양, 산림레포츠 등 풍성한 국민여가 환경 조성과 산림치유 확산을 통해 국민건강 회복 및 증진에 기여하는 등 산림 이용을 확대하여 국민 삶의 질을 향상시키며, 셋째는 사람과 자연의 생태산림이다. 보전과 이용이 조화로운 합리적 산림관리를 통해 사람과 산림이 공존하는 것이다. 이를 위해 산림의 다양한 질적·양적 편익 등 산림생태계 서비스의 사회적 인식을 확산하고, 산불·산사태로부터 국민을 보호하는 안전한 산림으로 관리하며 지역에서 일자리를 창출하고 지역균형발전에 산림산업이 기여하는 것이다. 또한 건강하고 안전한 생활환경 조성에 기여함으로서 산림을 지역·자연 중심의 생태공간으로 조성하고 생태적 산림관리의 필요성에 대한 국민적 공감대 형성해 나가는 것이다.

하지만 다양한 전문가들이 연구한 결과 중장기 미래를 예측한 것 일지라도 늘 예상하지 못하는 상황이 벌어지곤 한다. 2020년 코로나 바이러스(COVID 19) 팬데믹 사태로 인하여 우리나라를 비롯하여 전 세계 정치, 경제 뿐 만 아니라 모든 사회적 일상이 변하고 있다. 또한 계속되는 기후위기와 코로나 이후에도 개인들의 일상뿐만 아니라 지역사회, 국가, 세계 차원에서도 뉴노멀(New Nomal)이 자리를 잡을 것이다. 이렇게 급격한 변화 속에서도 산림정책은 어떠한 역할을 할 것인가?

– 2020 숲과 문화연구회, 산림청 자료 참고

3부

숲은 과학이다

산림과학, 기후변화,
산림보호

숲속에 버려지는 폐목재도 자원화 해야

우리나라는 세계적으로 가장 빠르게 모범적으로 황폐했던 산림을 복구한 나라이다. 국토면적이 좁고 산림을 가꾼 역사가 짧지만 산림을 관리하는 측면에서는 이제 세계적인 수준이다. 1970년대를 시작으로 지난 40여 년간 110억 그루의 나무를 심었고, 산림자원 축적량(나무량)은 11배나 증가되었다. 유엔 기후변화협약에서도 인정한 유일한 탄소흡수원인 산림은 우리 국민의 삶터이고, 쉼터인 동시에 일터로서 녹색성장을 뒷받침하고 있다.

하지만 아직도 국토면적의 65%가 산림이면서 목재자급률은 15%에 불과하다. 이러한 현실임에도 연간 국내 목재발생량 764만 ㎥중 372만 ㎥ 약 50%만 이용되고 나머지 50%는 경제성이 없어서 버려지고 있는 실정이다. 이렇게 이용되지 못하고 숲속에 방치되고 있는 나무들은 과연 어떻게 재활용 할 수 있을 것인가 ?

저탄소 녹색성장 시대에 나무는 환경자원의 차원을 넘어서 경제자원이다. 다 자란 나무는 온실가스 흡수량이 점점 떨어지기 때문에 이를 베어 내고 다시 심는 선순환이 이뤄져야 한다. 활용가치가 높은 나무로 경제림을 조성하는 것이 우선이다. 베어낸 나무는 제재용, 합판용, 펄프용, 연료용 등 다양한 용도로 사용된다.

강원 영서와 수도권 국유림 43만 ha를 경영하는 북부지방산림청에서는 목재자원의 순환이용을 위해 작년부터 산림부산물의 자원화사업을 추진 중이다. 숲속에 버려지는 임지잔재(林地殘材) 자원화사업이 그것이다. 숲가꾸기 사업장에서 나무 몸통만을 사용하고 그동안 이용가치가 없다고 버려졌던 자투리나무, 잔가지, 잎사귀 등을 산업용으로 자원화하는 사업이다. 동화에 나오는 아낌없이 주는 나무처럼 알뜰하게 사용하자는 취지다.

2012년에는 경기도 양평과 여주일원 국유림 33.7ha에서 총 5,273톤의 목재를 생산했다. 그중 80%는 원목으로 사용하였고, 20%는 산림부산물로 생산하여 MDF(중밀도섬유판), PB(파트클보드) 등을 생산하는 목재회사에서 사용했다. 벌목으로 버려지는 나뭇가지 등을 재활용하는 사업을 국유림에서 시범적으로 실시해서 폐목재를 자원화하는 산림정책의 근거자료를 만들어 가고 있다.

2013년에는 경기도 이천 일원에서 시범사업을 실시하고 있고, 9월말 산업계, 학계, 관공서 등과 현장토론회를 통해 폐목재 자원화에 대한 공감대를 형성해 나갈 계획이다.

폐목재를 자원화하는 것은 기후변화시대에 온실가스 저감 뿐만 아니라 목재류 수입 대체효과를 기대할 수 있다. 올해 국유림 벌채 현장에서 발생하는 폐목재 12만 톤을 자원화할 경우 17만 이산화탄소 톤의 온실가스 저감효과와 매년 176억 원의 수입대체를 통한 무역수지 개선효과도 기대된다. 이를 에너지연료로 사용할 경우에는 매년 3만 6천 석유환산 톤의

에너지를 절감할 수도 있다고 한다.

녹색성장시대에 버려지는 폐목재를 어떻게 자원화할 것인지는 산림현
장에서 풀어야 할 숙제다. 산림바이오매스의 이용은 매년 증가되고 있는
데 국내 목재자급율은 15%로, 대부분 목재를 수입에 의존하고 있는 것이
현실이다. 목재가 모자라 값이 치솟는 상황에서 있는 나무를 제대로 사
용하는 방법이 무엇보다 중요하다.

녹색성장시대 산림바이오매스는 재생가능한 자원(Renewable
resources)으로서 화석연료를 대체하는 에너지임에 틀림없다. 폐목재까
지 재활용하여 자원화하는 사업에 사회 각계각층의 관심과 협력이 필요
한 때다.

- 경기신문

차세대 산림바이오매스 에너지 개발 서둘러야

　우리나라는 현재 쓰고 있는 에너지의 95%를 수입에 의존하고 있다. 전체 수입액의 25%를 에너지 수입에 쓰고 있는 것이다. 그런데 얼마 전 어느 정유회사 광고 카피를 보니 '석유를 수출하는 기업'이라고 표현하였다. 우리는 석유 에너지의 100%를 수입하는 나라인데 석유를 수출한다고 하니 의아하게 생각한 적이 있다. 알고 보니 해외에서 원유를 들여와 고급 휘발유, 경유, 항공유 등 고부가가치 석유제품을 만들어 내수용으로 공급하고 나머지를 수출한다는 것이다.

　정부는 미래에 유망한 성장산업으로 바이오, 기후, 나노 등 3가지를 선정하고 바이오 미래전략, 기후변화 대응전략, 나노기술 산업화 전략을 마련하였다. 그 중 눈에 띄는 것이 기후변화에 대응한 바이오에너지 산업 육성이다. 바이오 에너지 산업은 사실 오래전부터 미국, 일본, 캐나다, 브라질과 같은 국가에서 집중 연구하고 투자해 왔다. EU 등 유럽 국가들도 1970년대 석유위기를 겪은 후부터 태양광발전, 풍력, 조력과 같은 재생에너지(Renewable Energy) 사용을 늘려 왔는데 그 중 가장 보편화되고 많이 사용하는 것이 산림바이오매스를 이용한 에너지 산업이다.

산림바이오매스란 벌채나 숲가꾸기 작업에서 생산되는 잔가지 등 산림부산물과 폐목재 등을 말한다. 산림바이오매스의 장점은 첫째 국내 산림자원을 이용, 석유를 대체함으로써 에너지 자급률 향상에 기여할 수 있으며, 둘째 숲가꾸기 사업을 통하여 농산촌 지역의 고용과 소득을 창출할 수 있고, 셋째 많이 사용하면 할수록 유엔기후변화협약에서 탄소배출권으로 인정받을 수 있다.

우리나라는 전 국토의 64%가 산림이지만 아직 경제적 자원으로서의 가치는 낮다. 총 목재 수요의 83%를 외국에 의존하고 있는 것이 현실이다. 하지만 우리 산림기업들은 '70~'80년대 인도네시아, 베트남, 솔로몬 등 해외에 진출해서 원목을 들여와 목재산업을 일으켰다. 합판, 파티클보드(PB), 중밀도 섬유판(MDF) 등으로 1차 가공한 후 수출에 역점을 둔 것이다. 또한 2000년대 들어 이들 기업은 대규모 해외 조림사업을 추진하여 많은 기술과 경험도 갖게 되었다. 국내적으로도 성공적인 치산녹화 사업의 결과 숲이 많이 울창해져 본격적인 숲가꾸기 작업이 실행되고 있으며, 여기서 생산되는 부산물을 수집하여 에너지원으로 활용한다면 1석 3조의 효과를 얻을 수 있을 것이다.

하지만 아직 산림바이오매스에 대한 인식은 매우 낮은 실정이다. 산림바이오매스는 나무 조각(Wood chip)이나 목재펠릿(Wood pellet)으로 이미 개발되었고, 이를 사용하는 전용 보일러와 난로도 보급되어 있다. 벌써 목재펠릿은 경제성이나 편리성이 뛰어나 충분히 석유와 대응할 정도가 되었다. 원래 인간은 오래전부터 나무를 땔감으로 사용했는데 이제는 열효율이 높고 편리하게 이용할 수 있도록 개량해서 쓰는 단계로 발전한 것이다. 앞으로는 보다 혁신적인 기술개발을 통하여 산림바이오매스를 전기, 가스, 수송용 연료 등 현대적인 에너지로 사용해야 한다. 이것이 바이오연료(Biofuel)의 대표인 것이다.

그 동안 바이오연료 산업은 옥수수, 콩, 감자와 같은 식량자원(1세대 바이오매스)을 사용함으로써 많은 논란을 야기 시켰다. 하지만 산림바이오매스는 비식용 자원일 뿐 아니라, 국내에서나 해외에서 조림사업을 통하여 많은 양의 원료를 확보할 수 있다. 즉, 1세대 부작용을 완화시키고 차세대 바이오에너지로의 전환을 위해서는, 산림바이오매스를 이용한 전용 발전소나 열병합발전소(Combined Heat and Power) 뿐만 아니라 바이오 부탄올, 에탄올, 디젤까지 생산하는 기술 개발이 시급히 요구된다. 물론 아직 이 분야의 우리 기술력은 선진국에 비해 상당히 뒤떨어져 있는 것이 사실이다. 하지만 우리에게도 희망은 있다.

2015년 6월 초 전남 창조경제 혁신센터에서 친환경 바이오산업을 집중 육성한다는 발표가 있었다. GS칼텍스에서 폐목재와 같은 산림바이오매스 자원을 활용하여 바이오 부탄올을 개발하고, 전남 여수에 500억 원을 투자하여 상업화를 위한 실증 플랜트를 건설한다는 반가운 소식이다. 하루 빨리 성공하여 바이오 에너지도 수출하는 날이 오기를 간절히 기대한다.

- 서울신문

소나무 재선충병 피해목 활용

　한번 감염되면 100% 고사하는 소나무재선충병이 최근 들어 충청·강원 등 중부지방까지 북상하여 확산 조짐을 보이고 있다. 산림청에서도 2015년 10월부터 2016년 4월말까지 '전국 소나무류 이동 특별 단속'을 실시하고, 연일 산림청 간부들이 현장을 찾아 방제 작업자들을 격려하면서 주민들이 피해목을 땔감으로 사용하지 않도록 주의를 당부하는 등 소나무재선충병 확산 저지에 총력을 기울이고 있다.

　소나무재선충병은 1988년 부산 금정산에서 처음 발견되었다. 당시 최초 발견된 피해목은 103그루에 불과 하였으나 2013년에는 연간 213만 그루가 피해를 입었다. 다행히 산림청을 중심으로 지자체, 지방산림청, 산림조합 등이 협력하여 현장에서 방제 작업에 총력을 기울인 결과 2015년 피해목은 105만 그루로 줄었다. 이에 산림청은 2017년까지 완전방제를 목표로 피해목을 관리 가능한 수준인 연간 10만 그루 이하로 줄여 나갈 계획이다. 또한 임업진흥원에서도 지난 3월 초 전문 예찰과 모니터링을 전담하는 조직을 설치했고 국립산림과학원에서는 작년부터 재선충병 방제기술지원단을 구성하여 피해확산 저지와 핵심지역 보존을 위한 방제 전략과 기술을 개발하고 있다.

하지만 여기에 하나 더하여 피해고사목 활용 방안도 다양하게 강구 되어야 한다. 2015년 국내 원목이용량은 821만 m³이고 그중 국내공급은 429만 m³로서 52.3%에 불과한 실정이다. 아직도 이용되지 못하고 있는 벌채부산물이 연간 약 157만 m³에 달할 뿐만 아니라 재선충병에 감염되어 벌채, 훈증 처리된 후 현장에 비닐로 쌓여 있는 고사목이 수 십만 그루에 달한다.

현재 이들 피해고사목은 분쇄기로 잘게 부수어 연료용 목재펠릿으로 활용되고, 산림청 바이오사업단에서 개발한 사례에서와 같이 피해목을 열처리한 후 질소 등 을 추가하여 목질계 유기질 토양개량제로도 사용할 수 있다. 특히 이 방법은 열처리 과정을 거치므로서 살충효과도 있어 솔수염하늘소와 같은 매개충의 재산란 우려도 없다. 또한 숲가꾸기 산물이 축산 사료로 변신하듯 재선충 피해목을 높은 온도와 압력에서 찐 뒤 기계로 으깨는 공정을 적용하면 사료로도 가능하다.

이와 함께 재선충을 옮기는 솔수염하늘소 유충은 주로 수피 밑이나 형성층 부위에서 월동하므로 감염목이라 할지라도 침수 처리, 열 처리, 훈증 처리 등 다양한 방법을 통해서 현장해서 제재하여 가공하면 충분히 바이오매스나 용재로도 사용이 가능하다. 이제 재선충병 방제는 철저한 현장작업과 함께 발생지 주변지역을 수종갱신 조림사업 차원에서 과감하게 벌채 한다면 방제의 품질을 높일 수 있고 미래를 위한 산림자원 조성에도 도움이 될 것이다.

– 목재신문

국립산림과학원에서는 소나무재선충병 피해목을
산림자원으로 활용하기 위해 다음과 같은 연구를 수행한 바 있다

첫째는 이동식 제재기와 칩퍼를 사용해서 피해목을 방제작업 현장에서 바로 제재목 또는 에너지자원으로 이용하는 방법이다. 제재목은 열처리와 연계하여 활용할 수 있으며, 제재 후 발생하는 가지, 수피 등과 제재목으로 쓸 수 없는 피해목은 이동식 칩퍼를 이용하여 잘게 파쇄함으로써 바이오에너지자원으로 사용할 수 있다. 이 방법은 피해목을 100% 자원화할 수 있어서 산업화가 가능한 방법이다.

둘째는 이동식 열처리기를 이용하는 방법이다. 국제검역기준(ISPM15)에 의한 열처리기술을 통해 소나무재선충과 매개충을 사멸시킨 후 피해목을 용재로 활용할 수 있다.

셋째는 훈증 기술을 이용하는 방법이다. 이는 목재로의 활용가치를 높이기 위해 컨테이너를 이용해 길이 6m, 1회당 20~40㎥의 피해목을 대량으로 훈증하여 소나무재선충과 매개충을 사멸시키는 방법이다. 탑차에 적용할 경우, 피해목 적재가 용이하고 현장에 쉽게 도입할 수 있다.

넷째는 수집된 피해목을 해수에 침지시켜 매개충과 재선충을 사멸시킨 후 용재로 이용하는 방법이다. 이는 해안 인근 피해지역에 제한적으로 적용 가능한 방제 방법이 될 것이다.

피해목을 활용한다는 전제 조건으로 이와 같은 방법을 연구하고 있으나, 피해목을 임지 안에서 밖으로 끌어내지 않고서는 실현이 불가능하다. 이를 위해 지금까지 숲가꾸기와 목재생산에서 활용하고 있는 기계화 임목수집시스템의 적용이 필요하다. 기계화 임목수집시스템은 피해목이 집단적으로 많이 발생한 지역에 적용하는 것이 경제성과 작업능률면에서 효율적이다. 피해목이 단목으로 적게 발생한 지역은 경제성과 작업능률이 떨어지기 때문에 기존의 방제방법을 적용하면 된다.

미래 산업의 열쇠, 빅데이터Big Data

　우리나라는 세계적으로 대표적인 산림강국이다. 과거 6·25전쟁으로 인해 국토가 극도로 황폐해졌지만, 불과 40여년 만에 국토의 65% 이상을 산림으로 채워 세계가 부러워하는 산림 선진국으로 거듭났다. 국가 주도의 산림녹화 정책과 국민적 노력이 성공의 비결이라고 할 수 있다. 이제 우리나라는 풍부한 산림자원을 기반으로 새로운 미래를 준비해야 한다. 그동안 잘 가꾸어 놓은 푸른 숲을 고부가가치의 경제자원으로 활용하기 위해 시동을 걸어야 할 시기가 온 것이다.

　치산녹화를 최우선 과제로 삼았던 70~80년대를 산림 1.0 시대로 본다면, 산지자원화 및 지속가능한 산림경영을 목표로 삼았던 90년대부터 종전까지가 산림 2.0 시대이다. 그리고 새 정부 출범 이후부터가 본격적인 산림 3.0 시대라고 할 수 있다. 산림 1.0과 2.0 시대의 목표는 산림녹화와 자원화 기반 구축이었다. 이에 비해 산림 3.0 시대의 핵심은 산림의 부가가치 증대와 산업화를 통한 국가 경제 및 국민의 삶의 질 향상이다. 이런 목표를 이루기 위해서는 정부 3.0이 표방하는 '소통 · 개방 · 공유 · 협력'이라는 목표를 산림분야에도 적극 도입할 필요가 있다. 산림과학 3.0은 산림 · 임업분야의 신(新)산업 · 신(新)성장 동력 창출과 수요자를 위한 맞춤형 산림과학서비스를 제공하는 새로운 산림행정 패러다임이라고 할 수 있다.

2011년 전 세계 디지털 정보량은 약 1.8ZB(1ZB=1021Byte=1조GB)로 인터넷데이터센터(IDC, Digital Universe Study, 2014)의 발표에 의하면 우리나라의 경우, 2020년에 관리해야 할 정보량은 8,470억 GB로 128GB 태블릿PC에 담아 쌓아올릴 경우 한라산 높이(1,950m)의 9,640배에 달할 것으로 예측하고 있어 '빅데이터(Big Data) 시대'의 도래는 필연적이라 볼 수 있다. 산림과학 3.0을 실현하기 위해 최근 새롭게 떠오른 '빅데이터'란 문자 그대로 막대한 양의 데이터를 의미한다. 빅데이터는 기존 데이터에 비해 너무 방대해 이전 방법이나 도구로 수집, 저장, 검색, 분석, 시각화 등이 어려운 정형 또는 비정형 데이터 세트를 포함한다. 이는 초대용량의 데이터 양(volume), 다양한 형태(variety), 빠른 생성 속도(velocity)라는 뜻에서 3V라고 불리며, 여기에 가치(value)라는 특징을 더해 4V라고 정의하기도 한다. 빅데이터는 실험단계를 거쳐 이제 다양한 영역에서 현실화되고 있으며, 관련 종사자들은 물론 일반인들도 그 잠재력에 주목하고 있다.

최근의 빅데이터 활용 사례를 보면 정부 분야 뿐만 아니라 정보통신, 금융, 보험, 건설, 교육, 심지어 엔터테인먼트 분야에서도 강력한 생산성 향상 효과를 통해 질 높은 서비스를 제공하고 있는 것으로 평가된다. 전세계적으로 빅데이터가 주류를 이루면서 산림 · 임업분야에서도 경영 규칙이 새롭게 쓰이고 있다. 빅데이터를 활용해 조림, 벌채, 산불 통제, 목재 수확 등 중·장기적인 산림경영 전략의 효과 예측을 통해 지속가능한 경영목표를 달성하려는 노력을 하고 있다.

세계자원연구소(World Resources Institute)의 세계산림감시2.0 프로젝트(Global Forest Watch 2.0)는 원격탐사, 현장조사 자료 등의 빅데이터를 활용해 아마존의 산림전용률 감소 효과 등 막대한 정보를 서비스하는 부가가치를 창출하고 있다. 또한 미국 지질조사소(U.S. Geological Survey)는 방대하게 누적된 빅데이터를 활용해, 산림생태계의 미세한 변화 모니터링을 통한 산불예방 및 병해충 방제에 대한 예측 정보를 실시간으로 제공하는 프로젝트를 시도한 바 있다.

미국 오바마 정부 산하 과학기술정책실에서는 '빅데이터 R&D 이니셔티브" 추진을 위하여 6개 주요 연방정부기관과 협력하여 빅데이터 연구/기술 개발 지원 및 인력양성, 생물, 건강, 질병에 대한 데이터 확보 및 이용 확산, 국방분야 의사결정체계 구축, 지구시스템과학을 위한 빅데이터 기술 개발 등 관련 R&D 분야에 2억 달러를 투입하여 프로젝트를 실행하고 있다. 우리나라의 산림·임업분야에서도 국가산림 빅데이터를 활용해 다양한 실험을 시도하고 있다. '국가산림 빅데이터 R&D 이니셔티브'를 추진해 빅데이터 원천기술을 개발하고, 빅데이터 전문 인력을 확충해 국가 경쟁력을 강화해야 한다. 아울러 산림과학기술 공공서비스의 질적 개선을 목적으로 지속가능한 산림경영 실현에 가치를 부가할 필요가 있다. 향후 우리 산림·임업도 빅데이터를 활용한 미래의 수요 예측을 통한 전략을 수립해 리스크를 줄이고 정확도를 높이는 시스템을 구축한다면, 신성장 동력산업으로 한 단계 발돋움 할 수 있는 계기를 마련할 수 있을 것이다.

현 정부는 '개방·공유·소통·협력을 통한 정부 3.0'을 표방하고 있다. 특히 공공정보를 적극 개방, 공유하고 소통·협력함으로써 국민 맞춤형 서비스를 제공함과 동시에 일자리 창출과 창조경제를 지원하고자 한다. 이와 같은 맥락에서 빅데이터에 기반한 공공정보의 민간 활용을 통해 산림과학 3.0을 실현함으로써 다양한 일자리를 창출하고 국민의 알 권리를 충족시킬 수 있다. 또한 다양한 정보 분석을 통해 주요 정책과제를 발굴하고 국가의 미래 전략을 수립하는 등 과학적 행정을 구현할 수 있을 것이다. 이처럼 우리나라가 풍부한 산림자원을 기반으로 빅데이터를 활용함으로써 미래의 산림강국으로 도약할 수 있기를 기대한다.

- 천지일보

산림탄소순환마을의 성과

　선진국들이 이산화탄소의 발생을 줄이기 위해 저탄소 녹색마을 조성에 나서는 가운데 우리나라도 이 같은 세계적 흐름에 적극 동참하고 있다. 산림청은 경북 봉화군 춘양면 서벽리와 강원 화천군 간동면 유촌리 등 두 곳의 산촌마을을 산림탄소순환마을로 시범 조성하고 있다. 산림탄소순환마을 조성사업은 산림에서 생산되는 다양한 산림바이오매스 원료를 이용, 탄소 배출을 저감시킴으로써 산촌마을의 소득 증대를 도모하는 사업이다.

　구체적으로는 산촌지역의 폐목, 과수전정목, 톱밥 등 산림바이오매스를 이용하고, 화석연료를 쓰는 난방방식을 청정에너지인 펠릿보일러 난방시스템으로 대체하는 것이다. 또한 기존 주택의 에너지 배출을 최소화하기 위한 주택 리모델링도 추진해 초절약형 주택 단열을 꾀하는 것도 포함된다. 장기적으로는 녹색인프라 확충과 인근 관광자원과의 연계 등을 통해 교육·체험·휴양·관광이 어우러지는 마을로 탈바꿈시킨다는 목표를 갖고 있다.

우리나라 최초의 산림탄소순환마을인 봉화군 춘양면 서벽리 산촌마을은 2011년 8월부터 공사를 시작해 지난해 11월 조성을 마쳤다. 모두 110가구가 사업에 참여했고 마을에는 산림바이오매스센터와 중앙집중식보일러실, 목재 펠릿보일러 2기 등이 갖춰졌다. 국립산림과학원은 2012년 11월19일부터 2013년 1월18일까지 2개월 동안 서벽리 산림탄소순환마을 시범운영에 대한 평가 결과 발표 내용이 흥미롭다. 이 기간 동안 마을에서 사용한 펠릿량은 130t. 펠릿 사용은 화석연료(등유)를 사용했을 때보다 난방비가 5,316만 원 절감되는 효과가 있었다는 것. 또한 이에 따른 이산화탄소 배출 감축량은 166이산화탄소톤에 달했다. 이 감축량을 탄소배출권 거래가격으로 환산하면 133만 원 정도의 가치가 있다. 결국 펠릿을 사용한 가구당 소득은 50만 원 정도에 이른다는 분석이 가능하다.

이 같은 분석 결과로 보면 서벽리 산림탄소순환마을 조성사업에 대해 긍정적 평가를 내릴 수 있지만, 한편으로는 꾸준한 관심이 필요한 사항도 나타났다. 산림바이오매스센터 설비운영 자동화(모니터링) 시스템 설치와 센터 부지나 진입로의 정비, 마을 공동시설의 지속적인 관리 등에 대한 주민들의 관심 제고 등이 산림탄소순환마을로서의 성공적인 정착에 기여할 것이다.

그리고 산림청과 지자체, 마을이 함께 협력해 이런 성공 조건들을 함께 만들어 나갈 필요가 있다. 성공적으로 운영되는 서벽리 산림탄소순환마을의 현재 모습은 산림청에서 미래의 산촌 진흥을 위해 지속적으로 추진해야 할 중요한 사업이고 시책이기 때문이다.

– 농민신문

산림탄소상쇄제도, 기후변화 막는 울타리

2013년 올여름 날씨를 한 마디로 표현한다면 '예측불허'이다. 6월부터 더위가 일찍 시작된 것은 물론, 장마 기간엔 한동안 비가 오지 않는 '마른 장마'가 지속돼 의아함을 자아냈다. 제주도는 90년 만의 가뭄과 폭염, 50일 이상의 열대야 현상을 겪기도 했다. 기후변화로 생긴 눈에 띄는 환경적 변화라고 할 수 있다.

1992년 세계 정상들은 지구온난화로 대표되는 기후변화를 완화하기 위해 '기후변화협약'을 맺었다. 현재 195개 국가가 기후변화협약의 회원국이며 우리나라도 1993년에 47번째 회원국으로 가입해 활동하고 있다. 2005년에 발효된 교토의정서는 기후변화협약에 따른 온실가스 감축의 실효성을 부여했다. 교토의정서는 온실가스 의무감축 국가 간의 탄소배출권 거래를 허용한다.

선진국은 개발도상국에서 온실가스 감축 사업을 통해 확보한 감축 실적을 자국의 감축목표를 달성하는 데 사용할 수 있다. 이는 기후변화 완화라는 환경적 목표를 달성하기 위해 탄소시장이라는 경제적 수단을 활용한 것이다. 그 결과, 탄소시장은 2011년 총 거래액이 약 140조 원에 이를 정도로 비약적으로 성장했다. 이는 2011년 우리나라 총 예산의 45%에 해당하는 규모이다.

우리는 올해 탄소시장 및 기후변화와 관련된 두 가지 소식을 접했다. 먼저 교토의정서 제2차 공약기간이 시작된 올해 탄소시장 전망이 이전과 달리 그리 밝지 않다는 것이다. 2011년 세계 탄소시장에서 약 80%를 차지했던 유럽 배출권 거래소(EU-ETS)의 올해 배출권 가격은 전년보다 반 이상 하락했다. EU-ETS에서 거래되는 배출권 가격과 연동하는 청정개발체제(CDM) 배출권 역시 80% 이상 폭락한 CO_2t당 3달러 정도에 거래되고 있다.

다른 소식은 기후변화에 관한 정부 간 협의체(IPCC)의 5차 보고서 초안에 담긴 기후변화 영향에 대한 비관적인 미래 전망이다. 이 보고서는 지구온난화가 지금 추세대로 진행되면 2100년에는 해수면이 91㎝ 이상 상승해 뉴욕과 상하이, 시드니 등 세계 주요 도시들이 물에 잠길 수 있다고 경고했다. 이는 4차 보고서의 예상보다 훨씬 더 심각한 수준으로, 예방을 위해 더 강력한 온실가스 감축 활동이 요구된다. 이와 관련해 최근 주목받는 부문이 산림 활용이다. 교토의정서는 의무감축국의 온실가스 감축 목표 달성 수단에 나무를 심거나 산림경영활동을 함으로써 얻게 되는 온실가스 흡수량을 포함했다. 선진국은 개도국에서의 조림 사업을 통해 얻은 온실가스 감축 실적으로 자국의 감축 목표를 상쇄하는 것이 가능하다. 자발적 탄소시장은 조림뿐 아니라 산림경영, 산림전용 방지 대응도 온실가스 감축으로 폭넓게 인정하고 있다.

정부는 기후변화 대응책으로서 산림을 활용하고자 지난해 2월 '탄소흡수원 유지 및 증진에 관한 법률'을 제정했다. 이 법률은 산림탄소 상쇄제도를 포함해 참여 기업 혹은 개인이 조림, 산림전용 방지, 지속가능한 산림경영 등으로 얻은 온실가스 감축 실적을 자발적 탄소시장에서 거래하거나 사회공헌에 쓸 수 있다. 산림청도 이와 흐름을 같이해 2013년 5월 사회공헌형 산림탄소 상쇄 운영표준을 개발했다. 7월에 각계 이해당사자를 대상으로 산림탄소 상쇄제도 설명회를 열었고, 8월에는 사회공헌형 산림탄소 상쇄사업 1호(강원도)가 등록됐다. 이런 진척 상황을 봤을 때 앞으로도 민간기업과 산주들의 사회공헌형 산림탄소 상쇄제도 참여가 꾸준히 늘어날 것으로 전망된다.

산림탄소 상쇄제도의 가장 큰 걸림돌은 산림탄소 배출권의 수요에 있다. 자발적 탄소시장에서는 산림탄소 배출권의 안정적인 수요를 기대하기는 어렵다. 그래서 산림탄소 상쇄제도에 참여하고 싶은 기업이나 산주는 산림탄소 상쇄제도가 2015년 시작될 우리나라 배출권 거래제와 연계되기를 바라고 있다. 이 두 제도가 연계된다면 온실가스 의무감축 할당 업체는 더 저렴하게 감축 목표를 달성하고, 산주는 효율적인 산림 관리로 추가 소득을 얻을 수 있다. 따라서 추후 수립될 배출권 거래제는 산림의 온실가스 흡수 가능량을 폭넓게 인정하고 두 제도의 장점을 살릴 수 있도록 설계하는 것이 필요하다.

– 서울신문

신新 기후체제, 산림 역할 강화해야

    세계는 지금 기후변화라는 전대미문(前代未聞)의 위기에 직면해 있다. 이 거대한 적의 공격에 제대로 대응하지 못한다면 우리는 과거 세계대전이나 경제공황보다 무서운 기후재앙을 겪게 될 것이다. 2007년, 영국의 경제학자 니콜라스 스턴은 「기후변화 보고서(Stern Review)」에서 '18세기에 시작된 산업혁명 이후 도시화, 산업화, 산림벌채 등으로 온실가스 배출이 급증해 기후변화를 초래하게 되었다'고 지적하면서 이로 인한 손실액이 연간 1조 달러에 이른다고 경고한 바 있다. 또한 지금의 기후변화 현상은 지구의 온도가 올라가면서 빙하가 녹고 해수면이 상승하여 많은 해안가 도시들이 물에 잠길 것이라는 전망만을 보여주고 있지는 않다. 계속되는 기후변화는 인류 문명의 붕괴를 가져올 뿐만 아니라 이전에 지구가 겪었던 몇 차례의 빙하기보다도 혹독한 생태계의 파국을 가져올 것이라고 한다.

    우리는 그동안 산림의 사막화가 가져온 지구 생태계와 인류 문명의 소멸 과정을 지켜보았다. 『문명의 붕괴』를 쓴 제레드 다이아몬드(Jared Diamond)는 '핵전쟁이나 새로운 질병보다 숲과 같은 환경파괴(Ecocide)가 인류 문명의 더 큰 위협 요인'이라고 지적했고, 존 펄린(John Perlin)도 『숲의 서사시』에서 '세계 문명은 숲이 풍부한 지역에서 번성해 숲의 소멸과 함께 종말을 고했다'면서 숲의 파괴 과정과 그 결과를 소상히 설명해 주고 있다. 고은 시인도 강연에서 '인류의 고향은 숲이다. 우리는 숲으로부터 은혜를 받으며 살아 왔지만 인류는 문명이라는 미명아래 숲을 파괴해왔다. 그래서 지금 기후변화와 같은 재앙을 겪고 있는 것이다. 이로부터 벗어나려면 숲으로부터 사면(赦免)을 받아야 한다. 그 길은 지구의 숲을 복원하는 일이다'라고 역설하셨다. 이처럼 기후변화에 적극 대처하는 길은 온실가스 흡수원인 숲을 잘 지키고 가꾸며, 훼손된 숲을 복원하는 것이다.

다행히 2016년 12월 프랑스 파리에서 열린 '제21차 유엔기후변화협약 당사국총회'에서 선진국뿐만 아니라 모든 당사국들이 평균기온 상승을 2℃보다 낮은 수준으로 유지하기 위해 자발적인 온실가스 감축목표를 공약하고 이를 이행하기로 합의하였다. 이제 세계 각국이 온실가스 배출을 줄이기 위해 노력할 것이다. 온실가스 배출 저감 방법 중 산림분야에서 가장 효과적인 것이 바로 REDD+(Reducing Emission from Deforestation and forest Degradation) 사업이다. REDD+란 개발도상국에서 산림 황폐 및 감소를 막아 온실가스 배출을 줄이는 활동으로서 이에 필요한 재원은 선진국이 지원하는 새로운 형태의 기후변화 대응 체제를 말한다.

신기후체제에서도 산림은 이산화탄소와 같은 온실가스의 흡수원으로 인정받고 있다. 하지만 산림도 산불이나 산사태, 산림병해충 피해로 훼손되고 망가지면 오히려 온실가스 배출원이 된다. 전 세계적으로 산림이 황폐화됨에 따라 배출되는 온실가스 양이 전체 온실가스 배출의 20퍼센트에 이른다고 한다. 지금도 인도네시아, 미얀마, 캄보디아 등 열대 지역에서는 지역 주민들이 화전(火田)을 경작하기 위해 산림에 불을 놓아 숲이 망가지고 있다. 온실가스 배출을 줄이기 위해서는 우선 화전 경작부터 막아야 한다. 이번 파리기후협정에서도 산림을 포함한 온실가스 흡수원의 보전과 증진 활동을 분명히 밝히면서 특히 개발도상국의 REDD+ 사업을 강조하였다. 앞으로 개도국의 REDD+ 사업을 평가하고 인센티브를 제공하는 데 필요한 체계는 지난 10년 동안의 협상을 통해 이미 마련되었고, 브라질, 인도네시아 등 일부 국가들은 REDD+ 사업을 국가 차원에서 추진하기 위해 노력하고 있다.

이제 세계 모든 국가들이 온실가스 감축에 대한 합의를 이루었다. 한편 독일 민간연구소 저먼워치(German Watch)와 유럽기후행동네트워크(CAN Europe)가 발표한 2016 기후변화대응지수(Climate Change Performance Index)는 우리나라가 조사대상 58개국 가운데 54위를 기록, 기후변화 대응 노력이 최하위권으로 평가됐다. 우리는 스스로 온실가스 감축목표를 2030년 배출전망치(BAU, Business As Usual) 대비 37퍼센트 감축하겠다고 선언하였지만 국제사회는 이를 긍정적으로 평가하지 않는 듯하다. 물론 선언보다 중요한 것은 실천이다. 새해부터는 과거 우리의 기적같은 치산녹화 성공의 저력을 바탕으로 국제산림협력체계 구축과 저탄소 창조경제 모델을 제시하여 기후변화 대응에도 모범국가임을 보여주기를 기대해 본다.

– 서울신문

우리나라는 2020년 10월 탄소중립 선언 이후 1년 만에 2050 탄소중립 시나리오와 2030 국가온실가스 감축목표(NDC)를 확정하였다. 2050 탄소중립 시나리오는 화력 발전 전면 중단 등 배출 자체를 최대한 줄이자는 A안과 액화천연가스(LNG)발전이 잔존하는 대신 탄소포집·이용·저장기술(CCUS) 등 온실가스 제거기술을 적극 활용하는 B안으로 구성되었으며, 두 가지 안 모두 2050년 온실가스 순배출량을 '0'를 목표로 한다. 2030 국가온실가스 감축목표(NDC)는 전환·산업·건물·농축수산 등 부문별 감축방안, 흡수원을 통해 2018년 7억2,760만 톤인 온실가스 배출량을 40% 감축하여 2030년 4억3,660만 톤으로 줄인다는 도전적인 목표를 담고 있다.

– 2022 기후변화센터

산림 및 토지이용에 관한 글래스고 정상선언

제26차 유엔기후변화협약 당사국총회에서 산림 및 토지이용에 관한 글래스고 정상선언문이 발표(2021.11.2.)되었습니다. 국내 언론에서 산림 및 토지이용에 관한 글래스고 정상선언을 바탕으로 2030년까지 산림벌채 금지 선언이라고 보도했는데 이는 오해의 소지가 있습니다. 원문에 나온 deforestation은 산림전용(산림을 다른 용도 등으로 전환하는 의미)이라고 해야 맞습니다. 하지만 이를 우리 언론에서는 벌채라고 보도했습니다. 일반적으로 산림벌채는 logging이나 forest harvest 등으로 표현합니다. 세계적으로 산림자원 순환경제를 실현하기 위해 나무를 심고, 가꾸고, 베어서 이용하는 지속가능한 산림경영(sustainable forest management)을 추구하고 있습니다. 그래서 벌채는 지속가능한 산림경영의 한 과정입니다.

기후변화에 대응한 새로운 희망,
REDD+ 산림황폐방지

이른 봄소식으로 꽃이 일찍 피었다. 풀과 나무의 꽃 피는 시기는 저마다 순서가 있다. 보통 생강나무, 산수유, 개나리, 진달래, 왕벚나무, 철쭉, 아까시나무 순이다. 그러나 올해는 이상고온으로 봄꽃들이 한꺼번에 피었다. 특히 4월에 피는 벚꽃이 10일 이상 개화가 빨라지면서 개나리, 진달래와 함께 3월에 꽃을 피웠다. 조금씩 봄이 빨라지고 있음을 느끼고 있는데 벌써 아까시나무 꽃이 활짝 핀 여름이다. 5월 중순이지만 남쪽지방은 낮 기온이 30도가 넘었다.

이처럼 지구온난화로 대표되는 기후변화는 갈수록 빨라지고 있다. 기후변화의 가장 큰 원인은 인간에 의한 온실가스 배출이다. 놀랍게도 개발도상국의 산림이 사라지면서 배출되는 온실가스가 전 세계 온실가스 배출량의 17.4%나 차지한다. 최근 기후변화에 관한 정부 간 협의체(IPCC)의 보고서에 따르면, 지난 10년간(2000~2010)의 온실가스 배출 증가율(2.2%)이 과거 30년간(1970~2000)의 1.3%에 비해 크게 증가했다. 이는 국제적 관심에도 불구하고 최근 들어 온실가스 배출량이 큰 폭으로 증가하고 있다는 것을 잘 보여준다.

2014년 4월 독일 베를린에서 개최된 IPCC 제39차 총회는 과학적인 기술을 바탕으로 효과적인 온실가스 감축 수단 중 하나로 REDD+(Reduce Emissions from Deforestation and forest Degradation)의 역할에 주목했다. REDD+란 개도국에서 산림황폐 및 산림감소를 막아 온실가스 배출량을 줄이고, 산림경영을 통해 온실가스 흡수량을 늘리는 것으로서 이에 필요한 재정은 선진국이 지원한다는 새로운 형태의 기후변화대응 체제를 의미한다.

IPCC는 두 가지 측면에서 REDD+의 역할을 높게 평가했다. 첫째, 기후변화 완화 측면에서 REDD+ 활동은 효과적인 온실가스 감축 수단이라는 것이다. IPCC는 만일 온실가스를 포집·저장할 수 있는 혁신적 기술이 개발되지 못할 경우, REDD+는 온실가스를 대규모로 줄일 수 있는 유일한 대안이 될 것이라고 했다.

둘째, REDD+ 활동은 온실가스 감축뿐만 아니라 생물다양성 보전과 산촌주민들의 삶의 질을 높일 수 있는 대안이라고 평가된다. 즉, 산림을 지키는 노력이 기후변화를 완화시킬 뿐만 아니라, 생태계를 보전하고 지역주민의 생계를 보장한다는 것이다.

이러한 REDD+ 활동의 중요성을 반영하여 지난해 기후변화협약 제19차 당사국총회는 개도국이 REDD+를 실제 이행할 수 있도록 준비 단계부터 온실가스를 감축하는 이행 단계에 이르기까지 선진국이 재정을 지원하기로 결정한 바 있다. 이 결정에 따라 세계은행의 산림탄소파트너십 기구는 산림황폐를 막아서 온실가스를 감축한 개도국에게 3.9억 불 규모의 탄소기금을 지원할 계획이다.

이뿐만이 아니다. 노르웨이는 열대림 감소가 가장 심한 브라질과 인도네시아가 스스로 산림감소율을 줄였다는 것을 과학적으로 증명하면 각각 10억 불(1조 1천억 원)씩 지원하겠다고 약속하였다. 이에 인도네시아 정부도 노르웨이와 체결한 약속을 이행하기 위하여 2011년부터 4년간 우리나라 산림면적의 10배에 해당하는 65백만 ha의 천연림에서 벌채허가권을 발급하지 않는 '산림 모라토리엄(Moratorium)*'을 선언하였다. 또한 일본도 온실가스 감축 사업으로부터 발생한 실적을 개도국에게 받는 '양국 간 배출권 제도(Joint Credit Mechanism)'를 추진하고, 개도국에 투자할 온실가스 감축 사업 중 하나로 REDD+ 사업을 추진하고 있다.

---

* 인도네시아 정부는 2011년 5월 천연림에 대한 '산림개발 모라토리엄'을 공포하였고, 2018년에는 이탄지(peatland, 泥炭地)에 대해서도 모라토리엄을 선언하였으며, 2019년에는 6,600만 ha의 천연림 및 이탄지에 대해 영구적으로 개발을 금지하는 모라토리엄을 다시 선언하였다.

2021년 10월 31일 영국 글래스고에서 개최된 제26차 유엔기후변화협약 당사국 총회(COP26)가 의미 있는 합의를 하고 막을 내렸다. 당초 기대에 못 미치는 결과가 아니냐는 지적이 있었지만 지구 평균 온도 상승 폭을 1.5℃ 이내로 제한한다는 목표를 향해 나아가는 인류의 공통된 노력은 하나의 의미 있는 기여임은 분명하다. 이번 회의 주요 내용으로는 기후위기에 대응하기 위한 석탄 발전의 단계적 감축과 2030년까지 메탄 배출량을 30% 줄이자는 '국제 메탄 서약'이 출범하였고, 파리협정 이행 규칙을 확정하는 등 2015년 195개국의 만장일치로 체결된 파리협정의 약속을 재확인하였다. - 2022 기후변화센터

우리나라도 규모는 작지만 효과적인 한국형 REDD+ 모델을 개발하고 있다. 한국형 산림황폐방지 및 복원 사업 모델은 우리가 갖고 있는 장점을 최대한 살리는 것이다. 과거 우리의 산림녹화와 새마을운동의 성공 경험은 여러 개도국의 공감과 참여를 유도할 수 있다. 나아가 우리의 경험을 발전시켜 북한산림 황폐지를 복구하는 수단으로도 REDD+를 활용할 필요가 있다. 2020년 이후 새로운 기후변화체제에서 산림황폐방지와 산림복구 활동이 온실가스 의무 감축 목표를 상쇄할 수 있는 것으로 인정받는다면, 북한의 황폐지 복구가 우리나라의 온실가스 감축 목표를 상쇄하는 데도 활용할 수 있을 것이다.

- 서울신문

지구온난화, 난대수종으로 대비하자

갑작스러운 해일이 덮친 뉴욕. 기온이 급격히 떨어지더니 순식간에 모든 것이 얼어붙었다. 젊은이 몇 명은 도서관으로 피신해 책을 태워가며 추위와 사투를 벌이고 있다. 건물 밖으로 나가면 얼어 죽을 수도 있는 그야말로 절체절명의 순간이다. 이는 2004년 개봉한 영화 '투모로'의 한 장면이다. 개봉 당시 이 영화를 접하고 충격에 휩싸였다. 이는 단순히 영화, 소설이 아닌 우리가 사는 현실에서도 충분히 일어날 수 있는 일이라는 것을 직감했기 때문인지도 모른다.

이 영화의 소재가 된 새로운 빙하기의 시작은 지구온난화의 직간접적인 원인으로 일어날 수 있다. 사실 이 영화뿐 아니라 다양한 영화와 소설에서 지구온난화, 이상기후 등에 대한 위험을 예고해 왔다. 이제는 예고 차원을 넘어 범지구적 차원의 진지한 대응이 필요한 시점이다.

영화 같은 내용이 실제로 벌어진 경우도 있다. 투발루는 뉴질랜드 앞바다 남태평양 적도 부근에 위치한 9개의 작은 섬으로 이뤄진 나라다. 그런데 이 중 2개의 섬과 수도가 이미 물 아래로 사라져 버렸다. 이는 지구가 점점 더워짐에 따라 북극의 빙하와 남극의 만년설이 녹아내려 해수면이 상승했기 때문이다. 또 최고의 신혼여행지로 꼽히는 몰디브는 50년 후에 흔적도 없이 사라질지도 모른다는 게 전문가들의 견해다.

이상기후 현상은 더 이상 남의 나라 얘기가 아니다. 우리 주변에서도 어렵지 않게 목격되고 있다. 봄과 가을이 짧아지고 봄철 식물들의 개화 시기가 빨라졌다. 벚꽃의 경우 예전에는 벚꽃축제가 남쪽부터 시작해 북쪽으로 올라오며 시기를 두고 열렸다. 하지만 최근 들어서는 벚꽃의 개화시기에 지역별 차이가 없어져 전국에서 동시에 꽃을 피우고 있다. 또 가을하면 생각나던 코스모스는 계절에 상관없이 주변에서 만날 수 있다. 이런 현상은 농림업에서도 그대로 나타나고 있다. 고냉지 채소 재배지가 북상하고 있으며 밀감, 한라봉, 파파야, 구아바, 애플망고 등 열대과일이 내륙에서 재배되고 있다.

그렇다면 우리가 지구온난화와 기후변화에 대응할 수 있는 방법은 없는 걸까? 그렇지 않다. '건강한 숲', '탄력적인 숲'이 그 해결책이 될 수 있다. 소나무 침엽수림과 참나무 낙엽활엽수림으로 구성된 현재 우리 숲 환경을 지속적으로 유지해 건강한 숲을 만드는 것이 가장 중요하다. 이와 함께 다양한 수종으로 구성된 탄력적인 숲을 조성할 필요가 있다. 이때 기후변화에 잘 적응할 수 있는 나무로 숲을 조성해야 예측하기 어려운 향후 기후변화에 대비할 수 있다. 우리나라 남해안과 제주도 등지에 다수 분포돼 있는 난대상록활엽수는 이러한 역할을 충분히 해낼 수 있을 것이라 생각된다.

난대상록활엽수의 대표적인 수종인 가시나무, 종가시나무, 후박나무, 먼나무, 구실잣밤나무 등은 현재 남해안권 도시에 가로수와 경관조림으로 심어져 겨울철 도시 경관을 따뜻하게 유지하고 있다. 또 여름철에는 도시열섬화를 완화시키는 데에도 한몫하고 있다. 이는 낙엽수에 비해 산소발생 기간이 길고 높은 임분밀도에 의한 탄소흡수능력이 우수하기 때문이다. 이뿐 아니라 숲속의 습도를 적절하게 유지하는 생육환경 특성은 다양한 동식물에게 서식지를 제공할 수 있을 것이다. 이에 따라 난대상록활엽수로 숲을 꾸밀 경우 생물종이 다양해짐은 물론 천연물 신약, 첨단 정밀화학 분야의 신소재 개발도 가능할 것으로 예상된다. 이러한 난대상록활엽수를 이용해 도시근교림과 옥상녹화를 만드는 등 우리 주변에서부터 지속가능한 숲을 조성해 나간다면 한반도 내 자연재해에 능동적으로 대처할 수 있을 것이다.

지구상의 모든 생명과 자연 자원은 변화의 과정을 겪고 있다. 어제와 오늘의 우리가 다르듯, 숲의 오늘과 내일이 달라질 것은 분명한 사실이다. 기후변화에 의한 지구온난화는 숲의 생육 환경과 토양 환경을 변화시킬 것이고 우리는 그 환경에서 살아야 한다.

기후변화에 대한 걱정만 하지 말고 우리의 숲, 조림수종에 대해 깊은 고민과 선택을 해야 한다. 안정된 자연환경 조성은 하루아침에 이뤄지는 것이 아니며 시기를 놓치면 되돌릴 수 없다. 우리 국민 모두가 상록활엽수를 잘 활용한다면 눈앞에 닥친 무더운 여름과 지구온난화를 현명하게 대처할 수 있을 것이다.

— 환경일보

지구가 당면한 기후위기 문제를 해결하기 위해서는 과거 인프라 중심의 해법에서 벗어나 자연으로부터 지속가능한 해법을 찾아야 한다. 이것을 자연기반해법(Nature-based Solution)이라고 한다. 이는 자연생태계가 인간의 삶의 질 향상에 도움이 되는 생태계서비스(Ecosystem Service)를 제공한다는 과학적 근거와도 일치한다.

서울 세계목조건축대회
목재산업 발전의 계기로 삼아야

2018년 우리나라에서 세계목조건축대회(World Conference on Timber Engineering, WCTE)가 개최되었다. 세계목조건축대회는 전 세계에서 시행된 목조 건축 관련 연구결과와 설계분야의 새로운 방향 및 기술에 대한 정보를 교류하기 위해 개최되는 목조 건축분야 최고의 권위와 규모를 자랑하는 대회이다. 1988년 미국 시애틀 대회를 시작으로 2년마다 개최되고 있는데 지난 2014년 캐나다 퀘벡 대회에서 국립산림과학원이 2018년 대회의 서울 유치에 성공하면서 목조문화의 황금시대를 예고하고 있다. 회원국은 유럽을 비롯한 미국, 캐나다 등 북미 국가와 아시아의 한국, 중국, 일본, 말레이시아 등 총 50개국으로, 목구조 분야 공학자, 건축가, 연구자, 교육자 및 건축과 목재산업 관계자들 1,000명 정도가 참가하고 있다.

기후변화시대에 목제품(HWP: Harvested Wood Products)의 사용은 목제품 자체가 갖고 있는 이산화탄소 고정 능력뿐만 아니라 벌채(나무베기), 가공과 같은 생산과정에서도 철, 콘크리트, 플라스틱 등의 제품에 비해 에너지가 적게 들며, 사용 중에도 에너지 소모가 적어 온실가스 배출 감소에 매우 유리하다. 목재의 단열성능 또한 콘크리트의 8배, 철재의 400배로 아주 우수하며, 목재로 가공할 때 탄소배출량은 철강의 1/350, 알루미늄의 1/5,000정도에 불과하다. 특히, 목조주택을 지을 때의 탄소 배출량은 철근 콘크리트 주택의 40퍼센트밖에 되지 않는다니 목제품의 탄소저장을 통한 온실가스 감축효과를 인정받으면 유엔기후변화 협약에서 국가 온실가스 감축 실적으로도 활용이 가능하다.

이미 북미, 유럽, 일본 등 선진 국가들은 온실가스 배출량이 많은 건물 대신 냉난방과 단열효과가 높은 목조건물의 건축을 늘려가고 있다. 또한 혁신적인 기술개발을 통해 CLT(Cross Laminated Timber)와 같은 새로운 공법을 개발하여 10층 이상의 고층 목조 아파트를 선보이고 있으며, 조만간 20~30층 건물도 지을 계획이라고 한다. 그에 반해, 우리나라의 목조건축 산업은 걸음마 단계로, 목조전원주택 정도이지 선진국과 같이 고층빌딩은 전무한 실정이다. 반가운 것은 국립산림과학원에서 영주 산림야용자원연구소와 수원 유전자원부 종합연구동(4층 규모)을 목조로 건축한 바 있으며, 공공건물을 중심으로 목조건물이 늘고 있다는 사실이다. 민간에서도 연간 1만 동 이상의 목조주택을 시공하고 있다고 한다. 대회까지 앞으로 남은 2년, 목재업계와 건축업계가 협력하고, 산(産)·학(學)·관(官)·연(硏)이 혼연일체가 되어 성공적인 대회 개최뿐만 아니라 우리나라 목재산업 발전의 획기적인 계기가 되기를 소망해본다.

- 목재신문

제로^{Zero} 에너지하우스 목조주택

"푹푹 찌는 더위에는 은행이 최고지!" 이제 이런 시대는 지나갔다. 이건 정말 '옛날 옛적에'라는 수식어와 함께 나올 법한 말이다. 지금은 정부가 나서서 여름 실내 적정 온도를 26℃로 맞추도록 하는 시대다. 전기에너지 사용을 줄이기 위해서다. 일차적으로는 유한한 에너지의 사용량을 줄이는 것이지만 나아가 온실가스 배출을 줄이는 것이므로 지구온난화, 기후변화와 직결된다. 지구온난화, 기후변화에 대비하기 위해서는 이처럼 온실가스 배출을 줄이는 것부터 시작해야 한다.

우리가 생활하는 집, 회사 등 건축물은 그야말로 에너지를 잡아먹는 거대한 괴물이다. 우리나라에서 건축물은 산업, 수송 부문과 함께 '3대 최종에너지 소비 부문'에 당당히 그 이름을 올리고 있다. 아파트 같은 공동주택의 경우 냉난방이나 급탕 등에 사용되는 에너지는 연간 130kWh/㎡에 달한다. 이는 100㎡(구 30평) 면적의 주택에서 매년 난방용 등유 드럼통 9개(1800ℓ)를 사용하는 것과 같다. 2020년에는 건축물(가정·상업 부문)에서 뿜어내는 온실가스가 전체 온실가스 배출량의 25%까지 증가할 것으로 예상되고 있다.

이에 유럽 국가들은 온실가스 배출량이 많은 건물에 대해 발 빠르게 대처하고 있다. 독일의 경우 연간 15kWh/㎡의 에너지를 소비하는 패시브하우스를 설계, 시공토록 하고 있다. 벽, 지붕, 창호 등의 단열 성능과 기밀 성능을 강화해 외부로 빠져나가는 에너지를 최소화시키도록 한 것이다. 독일은 내년부터 새로 짓는 모든 건물에 대해 패시브하우스 수준의 에너지 성능을 갖추도록 법제화하기도 했다. 우리나라도 2020년까지 건축물 부문 온실가스 배출량을 배출전망치 대비 26.9% 줄인다는 계획 아래 패시브하우스로 신축 또는 리모델링하는 정책을 추진 중이다. 2025년에는 에너지가 전혀 들어가지 않는 '제로에너지하우스'화 한다는 목표도 세우고 있다.

그렇다면 제로에너지하우스는 무엇인가? 패시브시스템으로 에너지 손실을 최소화한 후 태양광 시스템, 수소연료전지 등을 이용해 전기를 생산하고 지열 및 태양열 시스템은 난방과 온수 등에 사용한다. 다시 말해 집에서 생활하는 데 필요한 에너지를 직접 생산함으로써 에너지와 탄소 배출을 '제로(Zero)화'하는 '100% 자급자족형' 주택인 것이다. 제로에너지하우스를 실현하기 위해서는 건축물을 이루는 가장 기본적인 재료에서부터 에너지 절약을 실천해야 한다. 많은 국내외 사례와 연구결과에서 제로에너지하우스에 가장 적합한 구조로 목구조, 즉 목조주택을 꼽고 있다. 이는 목재를 건축물에 사용할 수 있는 재료로 생산, 가공할 때 소비되는 에너지가 철강 분야의 0.6%에 불과하고 배출되는 온실가스의 양 또한 현저히 적다. 국립산림과학원 연구결과, 목조주택은 같은 규모의 철근콘크리트 주택을 지을 때보다 이산화탄소 배출량이 52% 정도 줄었다.

이뿐 아니라 목재는 자라면서 대기 중에서 흡수한 이산화탄소를 자기 몸속에 탄소 형태로 저장하고 이를 사용 기간 내내 유지한다. 또 열전도율이 콘크리트의 10분의 1, 철강의 300분의 1 정도로 매우 낮아 단열 성능이 높다. 대기 중에 수분이 많을 경우에는 흡습하고 대기가 건조할 때는 방습함으로써 최적의 습도 환경을 만들어 주는 것도 목재의 장점 가운데 하나다. 자연스러운 목재 무늬가 주는 시각적 안정감은 심리적 측면에서도 큰 이점으로 작용한다.

북미와 유럽에서는 혁신적인 연구개발을 통한 신기술과 디자인을 목조주택에 적용하고 있다. 새로운 공학목재를 개발해 철근콘크리트와 강재를 함께 사용하는 하이브리드 주택도 개발했다. 런던과 멜버른 등에서는 이미 9층 또는 10층에 이르는 고층 목조아파트를 선보이기도 했다. 최근에는 캐나다 건축가 미카엘 그린(Michael Green)이 30층 목조아파트의 설계를 마치고 시공을 앞두고 있다. 목조주택의 높이와 규모 제한을 극복하고 이를 현실화해 나가고 있다.

에너지가 들어가지 않아도 편하고 쾌적한 집, 여름에는 시원하고 겨울에는 따뜻한 집, 나아가 지구 환경에 해를 끼치지 않는 집을 원한다면 목조주택을 선택하는 것을 더 이상 미뤄서는 안 될 것이다.

– 서울신문

한지(韓紙)를 유네스코 세계무형문화재로 등재해야

한지(韓紙)는 우리나라에서 자라는 닥나무를 원료로 재래의 초지도구를 사용해서 전통적인 방식에 따라 한 장 한 장 손으로 떠 올려 만든 종이이다. 한지 만드는 기술은 우리 민족 고유의 기술로서 수 천 년 동안 전해 내려온 선조들의 문화 정신이자 장인 기술의 집약체로서 오늘날까지 고유의 초지 도구와 기법이 전승되고 있는 전통 기술이다. 국민대 김형진 교수에 따르면 우리 한지 기술은 닥나무 재배부터 찌고, 두드리고, 종이를 뜨고, 말리고, 도침하는 일련의 과정이 마치 자연과 우주에 대한 섭리와 같다고 한다.

한지의 역사는 중국 후한시대 채륜에 의해 AD 105년 경 종이가 발명된 이후 우리나라에 전해진 것은 삼국시대로 추정하고 있다. 이는 불교가 전해진 4세기말 경 불경과 함께 전해진 것으로 생각된다. 시대적 발전 단계를 보면 통일신라시대는 한지의 정착기, 고려시대는 발전기로서 송나라 사람들은 중국의 종이보다 고려지를 질기고 깨끗하다 하여 최고의 종이로 여겼고 조선시대는 완성기로서 전주, 원주 등 각지에서 한지를 대량생산하고 대중화 하였다. 쓰임새 또한 각종 생활 용품을 만드는 지승공예, 지호공예 등으로 발전되었으며, 한옥의 창호지, 장판지, 벽지에 이르기 까지 일상생활에 다양하게 쓰였다. 하지만 조선 말, 일제 강점기를 거치면서 한지는 쇠퇴기에 접어들기 시작하였고 제조기술만 남아 겨우 전승되기에 이르렀다.

안타까운 것은 한지기술이 전승되고는 있지만 국민들이 일상생활에서 한지를 보다 쉽게 접할 수 있도록 체계화 되지는 못해 점차 일본의 화지(和紙)나 중국의 선지(宣紙)에 밀려나고 있다는 것이다. 원료인 닥나무 재배 또한 미흡하며 아직도 생산 시스템이 체계적이지 못하고 지속적인 양질의 원료 조달이 어려운 실정에 있다. 그 동안 전통한지를 산업화하기 위해 지속적인 닥나무 조림을 추진해 왔지만 아직도 이렇다 할 제대로 된 조림지를 찾아 볼 수 없는 실정이다.

다행히 문화재청에는 2005년에 전통한지의 올바른 보급과 전승을 위해 한지장(韓紙匠)을 중요무형문화재 제117호로 지정하였다. 우리 한지 기술이야 말로 중국의 선지 제조기술과는 다르며, 일본이 닥나무를 사용해 만든 화지는 원료는 같지만 초지 기술은 전혀 다른 고유성을 갖고 있다. 이제 남은 것은 세계가 인정하는 유네스코 세계무형문화유산으로 등재하는 것이다. 이미 일본의 화지와 중국의 선지는 2009년에 나란히 등재된 바 있다. 우리도 한지를 유네스코 세계무형문화유산에 등재함으로써 한지의 우수성을 세계에 널리 알려 미래 첨단소재 산업 및 예술공예 산업과 융합한 새로운 한지산업 발전 방안이 강구되기를 기대해 본다.

– 목재신문

여름철 안전도 국민행복 조건의 하나다

2013년 6월에 무더위와 함께 이른 장마가 시작되는가 싶더니 7월 첫날부터 전국에 많은 비가 내렸다. 최근 지구촌이 각종 자연재해로 몸살을 앓고 있는데 해마다 이맘 때쯤 큰 피해를 가져오는 산사태도 그중 하나이다. 한 예로 지난달 유럽과 인도, 중국 등지에 기록적인 폭우가 내리면서 산사태가 발생해 수백 명이 사망한 경우를 들 수 있다. 우리나라도 예외는 아니어서 여름철 태풍과 집중호우 같은 자연재해가 점차 대형화되고 있다. 우리 기억에 생생히 남아 있는 2011년 7월 26일, 시간당 100mm가 넘는 폭우로 서울 우면산과 춘천 마적산 등 각지에서 산사태가 일어나 많은 인명 피해가 있었다.

우리나라의 산사태 발생 면적은 2000년대에 들어서면서 1980년대에 비해 약 3배가 증가했다. 그 원인은 시간당 50mm 이상 내린 폭우가 1980년대에 평균 11회 정도였다면 2000년대에는 15회로 증가한 데 있다. 국립산림과학원에서 새로운 기후변화 시나리오(RCP 8.5; 현재 추세로 온실가스가 배출될 경우)를 기반으로 산사태 발생 추이를 분석한 결과, 산사태 위험 지역이 전국으로 확대되는 추세이며 남부지역의 위험도가 비교적 높은 것으로 나타났다.

산사태는 빗물이 땅속으로 스며들면, 흙의 응집력은 약해지는 반면 무게는 늘어나 지반의 균형이 깨지기 때문에 발생한다. 산사태는 그 자체뿐 아니라, 무너진 흙더미와 계곡에 있던 돌이 빗물과 섞이면서 시간당 20~40㎞의 빠른 속도로 흐르는 토석류가 되면 더 위력적이다. 우면산 산사태처럼 토석류가 도시 생활권에서 발생하면 막대한 인명과 재산 피해가 발생한다.

산사태 및 토석류의 피해를 줄이기 위한 산림과학 기술은 크게 세 가지로 나눠 볼 수 있다. '산사태에 강한 숲으로 가꾸는 기술'과 '산사태를 저지할 수 있는 사방시설물 설치 기술', 마지막으로 '피해를 예상해서 안전한 장소로 대피하는 기술'이다.

먼저, 산사태에 강한 숲은 체계적인 솎아베기와 가지치기를 통해서 만들어진다. 숲의 산사태 방지 효과는 말뚝 효과와 그물 효과로 나뉜다. 말뚝 효과는 암반층까지 내려간 나무의 굵은 뿌리가 말뚝과 같은 역할을 하는 것이고, 그물 효과는 가는 뿌리들이 서로 얽혀 흙이 붕괴되지 않도록 붙잡는 것을 말한다. 이러한 말뚝 효과와 그물 효과가 최대한 발휘될 수 있도록 하는 것이 숲 가꾸기 작업이다.

두 번째, 사방댐은 산사태로 밀려 내려오는 흙과 돌을 계곡에 가둠으로써 하류의 주택과 농경지 피해를 막아준다. 사방댐의 효과는 이미 여러 차례 입증돼 지역 주민들에게 큰 호응을 얻고 있다. 현재 우리 산에는 6745개의 사방댐이 설치되어 있으며, 올해도 785개의 사방댐을 추가 설치할 계획이다. 세 번째, 산사태로 인한 인명 피해를 줄이는 길은 시설물 설치뿐 아니라, 빠른 정보시스템을 구축해 위험을 사전에 경고하는 것이다. 막기 어렵다면 피하는 것이 가장 현명한 방법이다. 현재 운영되고 있는 산사태 위험 조기경보 시스템은 산사태 위험 등급별 지도와 산사태 예보시스템이 있다.

그 밖에 정보통신기술(ICT)을 이용한 산사태 조기감지 시스템도 개발 중인데, 이는 도시지역처럼 산사태 피해위험이 상대적으로 높은 곳에 특히 필요하다. 이 시스템은 산사태 위험지에 설치된 감지센서와 첨단 ICT인 USN(Ubiquitous Sensor Network)을 이용해 재해담당 공무원이나 지역주민에게 산사태 위험 정보를 직접 전달하는 방식을 사용한다. 이 시스템이 완성되면 박근혜 정부가 지향하는 안전사회 실현이 가능해질 것이다.

국민의 안전은 국민행복의 첫 번째 덕목이다. 산사태는 때와 장소를 가리지 않고 발생하며 누구나 피해를 볼 수 있다. 집중호우로 말미암은 산사태 발생 자체를 막기는 어렵다. 하지만, 사전에 대비한다면 피해 규모를 크게 줄일 수 있다. 특히 자신을 스스로 보호하는 안전의식 고취와 함께 산사태 징후를 발견하면 즉각 신고하고 대피하는 지혜가 요구된다. 이런 인식을 바탕으로 정부와 연구기관, 국민이 협력한다면 장마철 산사태 위협에서 더 자유로워질 것으로 기대한다. 바로 지금이 그때이다.

― 서울신문

산림 재해, 우리의 노력으로 막을 수 있다

　민족 대이동이 있던 지난 설 연휴 기간에도 전국의 산불방지대책본부는 비상근무를 하였다. 농림부장관과 산림청장께서도 산림청 상황실을 방문하여 휴일도 잊은 채 근무하고 있는 직원들을 격려하였다. 봄철에 주로 발생하던 산불은 최근 들어 거의 연중 발생하고 있다. 때문에 봄철과 가을철에만 산불조심 기간으로 하던 것을 이제는 사계절 모두를 산불조심기간으로 해야 할 형편이다. 지난 1월에도 총 36건의 산불이 발생하였고 예년의 경우 설 연휴기간에도 4.3건의 산불이 발생했다.

　산불은 고대부터 가뭄과 홍수 못지않은 재앙으로 여겨졌다. 산불이 숲과 나무를 태워 민둥산이 되면 조금만 비가 내려도 산사태나 홍수가 발생하여 농사를 망치게 되고 이로 인한 식량부족은 사람들의 생존을 위협했기 때문이다. 한 번 발생하면 그 피해가 막대한 까닭에 조선시대에도 산불을 낸 자는 엄하게 처벌했다. 방화자, 실화자뿐만 아니라 관리자까지도 처벌하고 문책했는데, 이 같은 제도는 '70~'80년대 치산녹화가 한창

이던 시절까지 이어져 산불이 발생하면 그 규모에 따라 사장, 군수를 문책하고 심지어 직위해제까지 시켰다.

오늘날과 같은 기후변화시대에 발생하는 산불은 '유일한 탄소 흡수원'으로 인정받고 있는 숲을 거대한 탄소 배출원으로 만들기도 한다. 국립산림과학원의 연구결과에 따르면 1ha의 산림이 불에 타면 약 54톤의 이산화탄소가 배출되는데, 이는 중형 승용차 7대가 1년 동안 내뿜는 양이라고 한다. 이외에도 온실가스 효과가 훨씬 강한 메탄(CH_4), 일산화탄소(CO), 일산화질소(NO), 질소화합물(NOx) 등 이산화탄소를 제외한 온실가스($Non-CO_2$)를 배출한다는 점에서 그 피해를 짐작케 한다.

한편, 산림에 발생하는 재해는 산불만이 아니다. 소나무재선충병 피해 또한 심각하다. 1988년 부산에서 시작한 소나무재선충병은 제주도와 남해안 지역 소나무를 비롯하여 중부 내륙 깊숙이 잣나무 임지(林地)까지 그 피해가 확산되고 있다. 지금까지 전국 90여 개 시·군·구에서 발생해 현재는 69개 시·군·구에 심각한 피해를 주고 있다. 작년 한 해 소나무재선충병으로 인한 고사목(말라 죽은 나무)이 무려 174만 그루에 이른다. 따라서 올해에도 특별한 조치를 하지 않는다면 소나무재선충병의 피해는 전국에 만연해 소나무를 초토화시킬 것이라는 우려의 목소리가 높다. 뿐만 아니라 참나무시들음병 확산 역시 피해목은 조금씩 줄어들고 있으나 피해발생지역은 계속 확대되고 있는 실정이다.

산불과 산림병해충 피해는 끝이 아니라 새로운 재해(災害)의 시작이다. 산림재해로 망가진 숲이 다시 제 모습을 찾기 위해서는 50년 이상의 긴 세월이 필요하다. 우리나라에서 발생한 산불은 그 원인은 다양하지만 대부분 사람에 의해 발생한다. 이것은 바꿔 말하면 국민 각자가 조심하면 산불을 예방할 수 있다는 뜻이기도 하다, 소나무재선충병 피해 또한 재선충에 감염된 소나무의 무단 이동이나 감염이 의심되는 소나무를 발견하는 즉시 관할 시·군·구에 신고하고 현장에서는 겨우내 진행된 감염목 처리와 4월부터 시작되는 항공방제 및 지상 약제 살포만 철저히 한다면 막을 수 있는 재해라 할 수 있다.

산림은 국가 발전의 성장 동력이며 나아가 국민의 행복과 복지를 창조하는 원천이다. 우리 눈앞에 놓인 산림의 2대 재해는 중앙부처나 지자체 차원의 정책적인 힘만으로는 막을 수 없다. 정부와 국민이 일치단결하고 협력하여 '우리의 산림은 우리가 지킨다'는 각오로 임할 때만이 막을 수 있음을 잊지 말아야 할 것이다.

– 국민대학교 특임교수

소나무 구출 작전, 푸른 빛을 지켜라

소나무는 사시사철 푸른빛을 잃지 않기 때문에 예로부터 지조와 절개의 상징으로 통했다. 또한 오래 사는 나무이기 때문에 십장생 중의 하나로 장수를 상징하기도 한다. 그런데 최근 이 소나무가 붉은빛으로 변하는 현상이 나타나, "소나무도 단풍이 드나요?"라는 질문을 받은 적이 있다. 이는 소나무에 단풍이 든 것이 아니라 소나무가 말라죽는 병, 즉 '소나무재선충병'에 감염된 것이다. 이 병은 솔수염하늘소의 몸에 기생하는 재선충이 소나무에 침입해 소나무가 말라 죽는 병이다.

소나무재선충병은 지금까지 전국 90개 시·군·구에서 발생해, 현재는 남부지역을 중심으로 69개 시·군·구에 심각한 피해를 주고 있다. 2014년 현재 소나무재선충병 피해 고사목만 해도 218만여 본에 이른다. 전문가들이 조사한 자료에 따르면, 2013년 제주도 고사목의 86.7%가 소나무재선충 감염목으로 확인됐다. 따라서 특별한 조치를 취하지 않는다면 소나무재선충병의 피해는 전국에 만연해 산림을 초토화시킬 것이라는 우려의 목소리가 높다.

1988년 10월 '소나무재선충병'이라는 낯선 이름이 처음 등장했다. 정부는 이 병이 우리 금수강산 소나무 숲에 무서운 재앙으로 다가올 것임을 예상했다. 당시 중앙정부 및 지자체는 국민들에게 소나무재선충병을 알리고 경각심을 심어주는 데 앞장섰다. 또한 정부는 의원 입법을 통해 국내에서는 처음으로 특정 병해충을 대상으로 한 「소나무재선충병 방제특별법」을 제정해 2005년 9월부터 시행했다.

이런 노력에도 불구하고 점점 더 고온 건조해지는 기후는 소나무재선충병을 악화시키고 있다. 국립산림과학원 분석 자료에 따르면 2014년 3월의 평균온도는 7.6℃로 최근 3년(2011~2013년)의 평균온도 4.5℃에 비해 3.1℃ 높았고, 여름 평균기온도 예년에 비해 높을 것으로 예측된다. 이러한 기후 조건은 소나무재선충 매개충인 솔수염하늘소와 북방수염하늘소의 이동에 유리한 환경을 만들게 된다. 또한 기후변화로 인해 여름철 강수량도 점차 줄어드는 추세이므로 소나무에 건조 스트레스를 유발할 가능성이 높다. 이런 기후환경은 소나무재선충에 대한 소나무류의 내성이 약화돼 피해가 확대될 것으로 예상된다. 즉 고온 건조 현상으로 매개충의 발생이 예년에 비해 급증했고, 그 활동 시기는 길어지는 등 매개충 번식에 유리한 환경이 형성되었다.

산림청에서는 소나무재선충병 피해 확산을 막기 위해 여러 방안을 내놓았다. 우선 항공방제를 확대해 감염원인을 차단할 수 있다. 매개충의 활동시기인 4월 하순부터 8월까지 항공방제를 5회 실시한다. 항공방제가 불가능한 지역은 지상약제 살포를 통해 매개충 밀도 감소에 총력을 기울일 것이다. 그리고 하반기 소나무재선충병 방제를 위한 예산확보를 추진한다. 또한 방제현장 지원을 위한 지역별 피해고사목 발생 예측, 피해

유형별 방제 방법 정립, 피해고사목의 재활용을 위한 지속적인 연구 등이 이루어져야 할 것이다. 이를 통해 소나무재선충병을 최대한 억제하면서, 이미 고사된 피해목은 또 다른 자원으로 활용할 수 있게 된다.

산림은 국가의 성장 동력이며, 나아가 국민의 행복과 복지를 창조하는 원천이다. 우리는 소나무를 솔나방, 솔잎혹파리, 솔껍질깍지벌레의 피해로부터 지켜낸 저력이 있다. 소나무재선충병도 정부를 중심으로 온 국민이 관심을 갖고, 방제에 총력을 기울인다면 그 저지가 불가능하지만은 않을 것이다. 조기예찰·초동방제 원칙을 바탕으로 발생 지역과 피해 수종에 맞는 장기적인 방제 전략을 수립하고, 적기적소에 적용·관리한다면 소나무재선충병 피해를 줄일 수 있을 것이다.

우리 선조들이 이뤄놓은 울창한 숲, 산림강국의 명예가 지금 소나무재선충병으로 위기를 맞고 있다. 병해충 피해는 또 하나의 산림재해이다. 산사태나 산불 같은 무생물적 요소가 아닌 생물적 요인에 의한 재해는 인간이 생각하지 못하는 다양한 요인들이 작용하므로 보다 심사숙고해서 방제에 힘써야 한다. 10년 후, 20년 후를 생각하는 장기적이고 지속적인 대책 마련이 시급하다.

남부지역에서 시작한 소나무재선충병이 현재 중부내륙의 깊숙한 잣나무 임지까지 확산되어, 고요한 숲에 요란한 헬기 소음이 울리고 있다. 이는 '소나무 구출작전'을 성공시키기 위한 절박한 울림이기도 하다. 모든 산림관계자가 힘을 모아 소나무재선충병을 방제한다면 2~3년 이내에 관리 수준으로 피해 규모를 축소시킬 수 있을 것이다. 따라서 정부와 온 국민이 일치단결하고 협력해서 효율적인 방제 방안을 제시하고, 일선 현장에서 차질 없이 방제 작업을 실시한다면 우리의 귀중한 푸른 소나무림을 지킬 수 있을 것이다. — 농어민신문

소나무와 참나무, 우리가 그들을 지켜야 한다

　소나무와 참나무는 우리나라 산림에 가장 흔한 나무로 전체 산림의 48%를 차지한다. 예로부터 우리 민족은 소나무, 참나무와 함께 하는 삶을 살아왔다. 아이가 태어나면 선산에 소나무를 심었고, 사람이 죽으면 소나무를 잘라 관을 만들어 떠나보냈다. 특히, 조선시대 소나무는 궁궐을 짓고 전함을 만드는 데 중요한 국가자원이었다. 그래서 봉산(封山), 금산(禁山), 송산(松山)과 같은 제도를 만들어 철저히 보호하였다.

　한편 소나무는 먹거리로도 사용돼 허기를 달래는 구황식물, 봄철엔 노란 송홧가루를 모아 만든 송화다식, 가을엔 송편을 찌는 솔잎 깔개로 이용하였고 귀한 송이버섯이 나는 곳도 소나무 숲이다. 소나무는 척박한 땅, 흙 한줌 없을 것 같은 바위 사이에도 뿌리를 내리고, 사계절 언제나 푸름을 유지하므로 무병장수와 지조, 그리고 절개의 상징으로 인식되었다. 그래서 소나무는 으뜸으로 여겨졌고 한자로는 나무 중의 귀족 '송'(松)으로 불렸다.

소나무와 더불어 우리 생활에서 떼려야 뗄 수 없는 나무가 참나무이다. 나무 중에서도 진짜 나무라는 뜻에서 참나무라고 이름 지어졌다. 우리 숲에 살고 있는 참나무는 상수리나무, 굴참나무, 떡갈나무, 신갈나무 등 여섯 종류가 있는데 모두 다양한 쓰임새를 가진다. 상수리나무의 도토리는 묵으로 만들어져 식탁에 올랐고, 굴참나무 껍질은 굴피집을 짓는 데, 떡갈나무 잎은 천연방부제로 음식을 보관하는 데 쓰였다. 이외에도 화력이 세고 연기가 나지 않는 참숯, 와인의 향을 깊게 하는 참나무(oak) 술통, 무늬가 아름다운 참나무 가구, 영지버섯, 표고버섯 모두 참나무에서 비롯된다. 이처럼 우리 민족의 사랑을 많이 받아 온 소나무와 참나무가 최근 병해충 피해로 고통을 받고 있다.

요즈음 산에 오르자면 노란 비닐로 나무를 감아 놓았거나 녹색 비닐로 덮인 무더기가 군데군데 쌓여 있는 모습을 볼 수 있다. 그 주위에는 '소나무재선충병 또는 참나무시들음병 피해를 받은 벌채목으로 반출 및 접근을 금한다'라는 경고 표시가 눈에 띈다.

소나무 재선충병은 경북, 경남, 제주 지역을 중심으로 급속하게 번지고 있는데 일단 감염되면 나무가 100% 말라 죽기 때문에 소나무 에이즈라고도 불린다. 아직까지 재선충을 직접 박멸하는 방법은 없고 재선충의 매개충 역할을 하는 솔수염하늘소를 방제 대상으로 한다. 즉, 매개충의 확산경로를 차단하기 위한 약제 살포와 유충을 제거하기 위한 고사목 벌채 및 훈증이라는 방법을 사용하는 게 최선이다. 2013년 현재 남부 지방을 중심으로 57개 시·군에 걸쳐 5,300㏊의 소나무림이 재선충병으로 신음하고 있다.

여기에 더하여 참나무시들음병이 서울, 경기 등 수도권을 중심으로 확산하고 있다. 참나무시들음병은 '라펠리아' 병원균에 의한 피해로 '광릉긴

나무좀'을 매개충으로 한다. 이 매개충이 참나무에 침입하여 곰팡이를 감염시키는데 감염된 곰팡이는 나무속에 퍼져 도관을 막는다. 도관이 막힌 나무는 수분과 양분이 차단되면서 시들어 고사하고 만다.

소나무와 참나무에 나타나는 병해충 피해는 산사태나 산불 같은 무생물적 요소가 아닌 생물적 요인에 의한 재해이기에 생각하지 못한 다양한 요인들이 복합적으로 작용한다. 따라서 신속하고 즉각적인 방제뿐만 아니라 10년 후, 20년 후를 생각하는 장기적이고 지속적인 광범위한 대책 마련도 필요하다. 이미 경상북도는 범도민 소나무재선충병 박멸 결의대회를 개최했고, 경상남도는 방제가 부진한 시·군에 대해서 예산과 인사에 불이익을 주겠다고 하며, 제주도는 소나무재선충병과의 전쟁을 선포하고 해병대 장병까지 나서서 방제에 총력을 기울이고 있다.

이같이 소나무재선충병과 참나무시들음병의 방제는 비단 관련 기관, 관련자들만의 문제가 아니다. 선대가 이뤄 놓은 울창한 숲을 우리 세대가 누리고 있고 후대에게 물려줄 자산의 일부를 우리 세대가 사용하고 있기 때문이다. 11월부터 이듬 해 4월까지가 병해충 피해목을 제거하는 데 적기라고 할 수 있다. 국민 모두가 관심과 지혜를 모아 우리의 소중한 자원인 소나무와 참나무를 지켜야 한다.

– 서울신문

숲, 생물다양성의 보고

'꽃은 참 예쁘다. 풀꽃도 예쁘다. 이 꽃 저 꽃 예쁘지 않은 꽃은 없다.'
한 초등학생이 쓴 '예쁘지 않은 꽃은 없다'라는 시의 한 구절이다. 어린
아이의 눈과 입, 마음을 통해 '모든 생명은 귀하다'라는 진리를 다시금 깨
닫게 된다. 하찮게 보이는 이름 모를 꽃들도 저마다의 역할이 있고 아름
답다는 것을 어른들은 왜 이따금씩 잊고 사는 건지…. 이 땅에는 아름답
지 않은, 귀하지 않은 생명은 없는데 말이다.

우리가 살고 있는 지구에는 다양한 생명들이 서로 영향을 주고받으며
살고 있다. 이처럼 다양한 생명이 유기적 복합체를 이루고 있는 상태를
'생물다양성'이라고 한다. 우리가 삶을 유지하면서 필요한 모든 것을 생
물다양성을 통해 제공받는다고 해도 과언이 아니다.

지구 면적의 31%를 차지하고 있는 산림생태계는 육지 생물의 75%
가 살고 있어 그야말로 생물다양성의 보고라 할 수 있다. 여기서 우리
는 임산물을 비롯해 기후 조절, 물질 순환, 환경 정화 등 다채로운 생태

계 서비스를 제공받고 있다. 유엔환경계획(UNEP)의 범지구적 프로젝트인 '2010 생태계와 생물다양성의 경제학 보고서'는 이 같은 내용을 여실히 보여주고 있다. 보고서에 따르면 산림생태계의 생물다양성 보전 효과는 3조 7,000억 달러를 넘는다. 뿐만 아니라 6,400억 달러 규모에 달하는 제약 시장의 25~50%가 동·식물 유전자원으로부터 파생된다고 한다. 이처럼 생물다양성은 그 존재만큼이나 경제적 가치도 대단하다는 것을 알 수 있다.

그러나 이러한 생물다양성은 산업화, 난개발, 산림훼손, 서식처 파괴, 과도한 야생동식물 포획 및 채취 등 인간의 욕심 때문에 크게 위협받고 있다. 유엔 식량농업기구(FAO)가 집계한 결과, 최근 세계에서 해마다 1,300만 ha(우리나라 산림면적의 2배)의 숲이 파괴되어 사라지고 있다. 과거 8,000년간 지구상에서 숲의 45%가 사라졌고, 이 중 대부분이 지난 세기에 사라졌다. 여기에 기후변화와 오존층 파괴는 생물 종에 대한 멸종위협을 가하고 있다. 이러한 위협으로 생물종이 감소되고 생물다양성이 훼손되면 결국 인류의 존속까지도 위협받게 된다. 우리가 생물다양성 감소 문제에 관심을 두어야 하는 이유가 바로 여기에 있다.

국제사회도 지구의 생물다양성 보전 필요성에 대한 공감대가 형성된 바 있다. 1992년 리우에서 개최된 유엔환경개발회의에서는 생물다양성협약을 채택하고 생물다양성 보전 및 지속가능한이용을 위해 협력하기로 했다. 우리나라는 1994년에 154번째 회원국으로 가입하였고 전 세계적 활동에 동참하고 있다. 2014년 제12회째를 맞이하는 생물다양성협약 당사국 총회가 바로 우리나라, 평창에서 열린다. 2014년 10월 6일부터 2주 동안 192개국 2만여 명이 모이는 본 총회에서는 2010년에 선정한 글로벌 목표인 '2020년 생물다양성 전략계획 및 아이치 목표'의 달성을 위해 과학 기술 협력, 재원 확보, 개도국 역량 강화 등 핵심 수단별로 묶어서'평창로드맵'을 채택할 계획이라고 한다. 아울러 생물유전자원 이용으로 발생하는 이익을 공정하고 평등하게 공유하기 위한 나고야의정서가 10월 12일이면 발효될 것으로 이번 총회 기간 중에 '나고야의정서 당사국회의'도 함께 열릴 예정이다.

산림청은 이번 총회에서 '산림생태계복원 이니셔티브'를 발의할 계획이다. 국토 면적의 3분의 2가 산지인 우리나라는 과거 극심하게 황폐해진 민둥산을 전 국민의 힘으로 단기간에 녹화시켜 산림생태계의 다양성을 증진시킨 경험이 있다. '산림생태계복원 이니셔티브'는 바로 이러한 우리의 성공적인 경험과 기술을 개발도상국과 공유해 건강한 산림생태계로 복원시키고자 하는 것이다. 이를 통해 장차 개발도상국의 생물다양성 증진과 보전에 우리나라가 기여하는 바를 확대시키는 '그린외교'를 펼칠 수 있으리라 기대한다.

생물다양성에 대해 관심을 기울이는 것은 사라져가는 것들에 대한 최선의 예의를 표하는 것에 그치지 않는다. 우리가 무심코 지나친 '생명의 가치'를 재발견하고 '함께 어우러져 사는 세상'을 도모한다는 데 의미가 있는 것이다. 이번 총회를 계기로 열악한 산림생태계 때문에 빈곤에 시달리는 악순환을 겪고 있는 개도국이 산림 복원과 함께 경제 발전의 선순환이 이루어지는 데 우리나라가 좋은 모델이 되길 바란다.

– 서울신문

우리 식물 주권 바로잡기

'내가 그의 이름을 불러주기 전에는 그는 다만 하나의 몸짓에 지나지 않았다. 내가 그의 이름을 불러 주었을 때, 그는 나에게로 와서 꽃이 되었다.' 김춘수 시인의 시(詩) 「꽃」의 한 구절이다. 의미 없는 존재에서 '이름'을 부르자 비로소 서로에게 의미가 된다는 것. 이처럼 이름을 부른다는 것은 상대의 '존재' 자체에 의미를 부여하는 일이다. 사람이 이러한데 식물이야 더 무슨 말이 필요하겠는가. 식물에게 제대로 된 이름을 찾아 주는 일, 2015년 광복 70주년을 맞아 우리는 더 늦기 전에 여전히 일본이름에 묶인 식물들의 주권 회복을 위해 노력해야 한다.

식물 이름에는 '학명'과 '일반명'이 있다. '학명'은 전 세계가 규칙에 따라 공식적으로 쓰는 이름으로, 한 종(種)에 하나의 이름만 붙는다. 또한 「국제식물명명규약」에 따라 선취권이 있기 때문에 처음 붙여진 이름을 바꿀 수 없다. 반면, '일반명'은 나라마다 저마다의 언어로 부르기 때문에 한 종의 식물이라도 여러 개의 이름을 가질 수 있다. 일반명은 사람들

341

이 많이 부르고 널리 알려지면 고착되기 때문에 그 식물이 분포하는 지역의 모습을 떠올릴 수 있는 단어나 특징적인 색깔 등으로 다양하게 표현된다. 이것이 지금부터라도 한반도 자생식물에게 붙여진 잘못된 영어이름을 바로잡아 우리 식물의 정체성을 확립하고 그 가치를 알리는 노력을 시작해야 하는 이유다.

우리나라 도처의 산기슭 양지 바른 곳에서 자라는 두릅나무 영어이름은 '재패니즈 안젤리카-트리(Japanese angelica-tree)'이고, 광릉요강꽃의 영어 이름은 '재패니즈 레이디스 슬리퍼(Japanese lady's slipper)', 울릉도에서만 자라는 섬잣나무는 '재패니즈 화이트 파인(Japanese white pine)'이라고 한다. 버젓이 우리 땅에서 자라는 우리 식물이 외국에서는 일본의 식물로 인식되고 있는 것이 현실이다.

무엇보다 안타까운 것은 우리 국민들이 가장 사랑하고, 백두에서 한라까지 한반도 전역에 가장 많이 자라고 있는 소나무의 영어 이름이다. 한반도의 역사와 그 탄생을 함께 했다고 해도 과언이 아닌 대한민국의 소나무는 줄기가 붉어서 '적송(赤松)'이라 부르기도 하고, 주로 내륙지방에서 자란다고 '육송(陸松)'이라고 부르기도 한다. 그런데 소나무의 영어 이름을 찾아보면 '재패니즈 레드파인(Japanese Red Pine)', 즉 '일본 붉은 소나무'라고 나온다. 일본이 먼저 세계에 소개했기 때문에 그 영어 이름이 '일본적송'이 된 것이다. 애국가에 '남산 위에 저 소나무 철갑을 두른 듯'으로 등장할 만큼 우리 민족의 굳은 절개와 지조를 상징하는 '소나무'를 설명하면서 '재패니즈 레드파인'이라고 해야 하니 참으로 안타까운 일이 아닐 수 없다. 이 땅의 식물들이 국제무대에서 '일본'의 꼬리표를 달고 있는 현실은 광복 70주년이라는 뜻깊은 해인 2015년 우리가 반드시 풀어야 할 숙제다.

이러한 현실에 산림청 국립수목원에서 광복 70주년을 맞아 우리나라에 자생하는 식물의 주권을 확보하는 방법의 하나로 우리 자생식물 4,173종에 붙여진 영어 이름을 재검토하였다. 제대로 된 영어 이름은 식물분류학회 전문가들과 함께 국가수목유전자원목록심의회의 검토를 거쳐 확정되었다. 이번 사업을 통하여 그동안 일본이나 다른 나라의 식물로 인식되었던 우리 식물들에게 제대로 된 이름을 찾아주고, 이름조차 갖지 못했던 식물들에게는 그들의 특징을 상징하는 영어 이름을 붙여 주었다. 식물의 주권을 이제야 찾아주고, 무명의 설움을 이제야 달래줄 수 있게 되었다니, 참으로 다행스럽고 의미 있는 일이 아닐 수 없다. 이제야 대한민국의 식물들이 국제사회에서 자신을 제대로 소개할 수 있게 된 것이다.

　물론 이름만 '한국산'이라고 바꾸고 새로 지어주기만 하는 것이 무슨 소용인가. 불러주기 위해 지어주고 고쳐준 이름인 만큼, 우리부터 더 많이 불러주고 사용해야 세계가 우리 식물의 이름을 기억해주고 불러주며 사랑해 줄 것이다. 우리에게 비로소 하나의 '의미'로 다가올 수 있게 된 제대로 된 그 이름. 이미 지어진 학명을 바꿀 수는 없지만 일반명인 영어 이름은 널리 쓰이면 쓰일수록 세계적인 이름이 될 것이다. 대한민국 소나무, "코리안 레드파인(Korean Red pine)을 소개합니다."

- 서울신문

용암숲, 곶자왈

제주공항에 도착해 문을 나서면 한결 따뜻한 공기와 길을 따라 늘어선 야자나무들이 방문객들을 반갑게 맞아 준다. 제주도 하면 연상되는 것들은 어떤 것이 있을까. 한라산, 올레길, 사려니숲, 해녀, 감귤 등…. 하지만 제주에는 숨겨 놓은 보물이 하나 있다. 제주도민들은 잘 알고 있지만 외지인들은 잘 모르는 곳이다. 바로 '곶자왈'이 그것이다. '곶'은 숲을, '자왈'은 잡목과 가시덤불이 얽혀 있는 것을 의미하는 두 개의 제주어가 합성돼 만들어진 단어다. 곶자왈은 화산 활동에 의해 형성된 용암지대 위에 숲이 형성된 곳을 의미한다. 우리나라에서 녹나무류와 가시나무류로 대표되는 상록활엽수림이 자연적으로 숲을 이룬 유일한 곳이다.

왜 곶자왈이 제주도의 보물일까? 과거 곶자왈은 주로 땔감이나 얻고 방목하는 장소로 사용돼 왔다. 하지만 현재는 다양한 분야에서 가치를 주목받고 있다. 첫 번째 가치는 곶자왈이 생물다양성의 보고(寶庫)라는 것이다. 곶자왈의 면적은 110㎢로 제주도 전체의 6%에 불과하지만 그 안에는 제주도에 분포하는 식물종의 약 46%(142과 896종)가 살고 있다. 특히 지구상에서 선흘곶자왈 지역에서만 발견되는 '제주고사리삼'을 비롯해 국제자연보호연맹(IUCN)의 적색목록 평가기준 멸종위기 식물 36종이 살고 있다. 또 희귀 야생동물인 팔색조, 긴꼬리딱새, 비바리뱀 등이 살고 있으며, 환경지표종이라고 할 수 있는 운문산 반딧불이가 대규모로 발견되기도 했다. 둘째, 한반도 최남단인 제주도에 있는 곶자왈은 기후변화에 의한 산림생태계 변화를 가장 먼저 관찰하고 연구할 수 있는 전초기지라고 할 수 있다. 21세기 이전에는 발견되지 않았던 아열대 지역 남방계 식물인 빌레나무가 곶자왈에서 발견됐다. 이는 곶자왈의 산림생태계가 기후변화의 영향을 고스란히 받으며 변화하고 있다는 의미이기도 하다.

셋째, 용암의 흐름에 의해 생성된 곶자왈은 지형과 지질 연구에 좋은 소재가 된다. 곶자왈 내 용암동굴, 주상절리, 튜물러스(내부에 있는 용암이 굳은 표면을 부푼 빵 모양으로 들어 올려 만든 구조) 등 다양한 형태와 독특한 구조들은 학술적 가치뿐 아니라 지질공원으로서의 활용도가 매우 높다. 곶자왈은 또한 비가 내릴 경우 지표면에 내린 빗물이 대부분 땅속으로 스며들기 때문에 제주 지역의 수원 함양 기능을 하고 있다. 마지막으로 곶자왈은 인문사회적인 가치가 크다. 곶자왈은 과거부터 꾸준히 제주도민의 삶의 현장이자 터전이었으며, 여전히 제주민들의 삶 속에 깊숙이 자리하고 있다. 철기시대의 토기부터 구한말 시대의 숯가마와 가마터, 근·현대 시대의 유적 등 곶자왈과 그 주변에 살았던 제주도민들의 유무형의 역사 자원들이 다양하게 전승돼 오고 있다.

소중한 곶자왈이 개발 수요에 노출돼 위기를 맞고 있다. 곶자왈 전체 면적의 60% 이상이 사유지이기에 '지하수 자원 보전지구 등급'이나 '생태계 등급'에 의해 어느 정도는 제한을 받지만 언제든 개발할 수 있다. 지금도 골프장, 관광지, 도로, 송전탑, 채석장 등 대규모 개발이 급속히 진행되고 있다. 이는 곶자왈의 고유한 속성이 완전히 파괴될 수 있다는 것을 의미한다. 그뿐만 아니라 지난해부터 제주 지역에 확산되고 있는 소나무재선충병의 손해도 입을 우려가 매우 크다.

이러한 개발과 소나무재선충병 피해는 단순한 자연 파괴를 넘어 제주 도민뿐 아니라 우리와 다음 세대들의 삶에 큰 피해를 주게 될 것이 분명하다. 다행히 몇 년 전부터 제주 지역 언론과 환경단체들이 곶자왈 보존운동을 전개하고 있으며, '곶자왈 한 평 사기 운동' 등 공유화 사업도 추진 중이다. 또 제주특별자치도는 지난해부터 소나무재선충병과의 전쟁을 선포하고 방제 작업에 총력을 기울이고 있다. 산림청과 제주도는 2011년부터 지금까지 353ha의 곶자왈 사유지를 매입해 국유화*하기도 했다. 정부가 예산을 들여 곶자왈을 사는 이유는 곶자왈을 보호하고 가꾸어 미래 세대에 지속 가능하고 소중한 자산으로 물려줘야 하기 때문이다. 이제는 모두가 제주도의 보물 곶자왈을 지키고 후세대에 소중한 자산으로 물려주도록 관심을 갖고 노력해야 할 때다. 제주도에 가면 겨울에도 녹색의 숲을 볼 수 있는 곶자왈과 그 안의 다양한 보물들을 경험할 수 있을 것이다.

– 서울신문

---

* 산림청에서는 2009년부터 2021년까지 산림의 공익기능 확보와 국유림 경영관리 효율성 증대를 목적으로 곶자왈 사유지 500여ha를 매입

인간의 첫 번째 숲 파괴,
길가메시 서사시The Epic of Gilgamesh

인류 역사에서 가장 먼저 문명이 발달한 4개 지역을 세계 4대 문명이라고 한다. 첫 번째가 지금의 중동 이라크 지역 티그리스 · 유프라테스 강 유역에서 전개된 메소포타미아 문명이고, 동북부 아프리카 나일 강 유역의 이집트 문명, 중국 황허 강 유역의 황허 문명, 인도의 인더스 · 갠지스 강 유역의 인더스 문명이 그 것이다. 이들 문명은 도구의 발달과 농업의 발전에 따라 원시사회의 성격이 고대국가 형태로 변화되어 갔다.

재배농업의 발전으로 잉여생산물이 발생하였고, 사적 소유가 생겨나면서 사회 구성원간의 평등 관계가 무너졌다. 이는 철기, 청동기의 사용이 농업발전에 결정적 계기가 되었고, 사적 소유는 여러 계급을 탄생시켰다. 이와 함께 정치적 지배자가 등장하여 마침내 고대 국가가 성립되었다.

4대 문명 중에서도 BC 6000년경부터 약 1000여 년 정도 번성했던 인류 역사상 가장 오래된 문명이 메소포타미아 문명이다. 이 문명은 중동 지역 티그리스 강과 유프라테스 강을 중심으로 형성된 바빌로니아, 아시리아 문명을 일컬으며, 넓게는 서남아시아까지 전체 문명을 아우른다. 이 지역은 다른 지역과 달리 개방된 지정학적 여건으로 인해 이민족의 침입이 많았으며, 왕국 교체 또한 빈번했다. 대표적인 유물로는 신전 건축물인 지구라트(ziggurat)와 '눈에는 눈, 이에는 이'라는 동해(同害)복수법(復讎法)으로 최초의 성문법인 함무라비(Hammurabi) 법전, 쐐기(설형,楔形) 문자 등이 있다.

메소포타미아 문명을 일으킨 수메르인의 문학작품은 주로 신화(神話)를 토대로 한 것이 많다. 여러 시가(詩歌)와 전설(傳說)은 도시의 건설이나 유명한 왕에 관한 것으로서 신과의 연관성을 설명하는 데 중점을 두었다. 이러한 이야기는 우르크의 제3왕조 기간 동안 서사시로 쓰여져 점토판에 기록되었다. 그 중 가장 유명한 것은 우르크 왕이었던 약 BC 3000년경 길가메시에 관한 서사시이다.

먼 옛날 유프라테스 강가에 있던 우르크시(市)에는 길가메시라는 용맹한 왕이 있었다. 그는 전쟁은 잘 하였으나 자기의 백성들을 억압하고 괴롭혔다. 이에 백성들은 길가메시의 폭정을 참다못해 신들에게 기도를 올렸다. '신들이여! 우리를 불쌍히 여기시어 저 포악한 길가메시 왕을 혼내주십시오.'

백성들의 원성을 듣자 신들은 길가메시보다 더 강하고 용감한 인간을 만들어 길가메시의 오만한 버릇을 고치도록 하였다. 신들은 점토로 엔키두라는 인간을 만들어 짐승들이 사는 숲으로 보내 자라게 했다. 엔키두는 짐승들과 함께 숲에서 생활하면서 강하고 용감하게 성장했다.

한편 엔키두의 소식을 들은 길가메시는 한 가지 꾀를 내었다.

'엔키두는 짐승들과 같이 자랐으니 여자와 사랑을 나누는 게 얼마나 좋은지 아직 모를 것이다. 그놈이 여자에 빠지면 자기가 할 일이 무엇인지를 잊고 말테지.' 라고 생각한 길가메시는 사랑의 신전 창녀인 미녀를 엔키두가 사는 숲으로 보냈다. 그 미녀는 며칠을 기다렸다가 엔키두를 만났다.

"엔키두님! 제가 예쁘지 않으세요? 마음에 드시면 저를 사랑해 주세요." 엔키두는 난생 처음 보는 미녀의 유혹에 그만 넘어가고 말았다. 그리하여 엔키두는 여섯 낮과 일곱 밤을 미녀와 사랑을 나누며 꿈같은 세월을 보냈다. 그러자 신들은 이 사실을 알고 미녀로 하여금 엔키두가 제정신을 차리도록 하였고, 정신을 차린 엔키두는 일어나 길가메시와 힘을 겨루기 위해 우르크로 향했다.

엔키두가 우르크에 도착했을 때 그 곳에서는 축제가 벌어지고 있었다. 시가지는 많은 사람들로 몹시 시끄러웠다. 그때 징소리와 피리소리가 울리면서 장엄한 행렬이 나타났다. 그것은 신전에 제사를 올리러 가는 길가메시의 행렬이었다. 제사 행렬은 시가지를 지나 신전 앞에 당도했다. 길가메시는 신전 안으로 들어가려고 하였다. 그때 갑자기 군중 속에서 엔키두가 나와서 왕인 길가메시를 가로막았다. "길가메시여! 당신은 백성들을 괴롭혔소. 내가 신들을 대신하여 당신을 벌할 것이니, 나의 도전을 피하지 마시오."

그러자 길가메시는 도전을 쾌히 승락하고 엔키두와 대결을 시작했다. 두 사람의 대결은 용호상박(龍虎相搏)이었다. 마치 젊은 황소처럼 엎치락뒤치락 한참 동안 결투를 계속했다. 문들이 박살나고 벽들이 흔들렸다. 드디어 길가메시가 무릎을 꿇었고 이어서 엔키두도 쓰러졌다. 그러자 길가메시는 엔키두에게 호감을 갖게 되었다.

"엔키두! 우리가 더 이상 이렇게 싸울 필요가 없다. 나는 당신이 마음에 들었다. 당신은 나의 맞수이자 친구이다. 우리 싸움을 멈추고 서로 친구가 되자." 엔키두도 사실 길가메시와 대결을 하면서 같은 생각을 하고 있었다. "좋다! 나도 당신이 마음에 들었다."

그 후로 두 영웅은 서로 힘을 합하여 갖가지 모험을 하게 되었다.

그 첫 번째 모험은 신들의 정원인 숲으로 들어가는 것이었다. 이것이 인류 역사에서 숲을 망가트린 최초의 기록이다.

메소포타미아 문명은 티그리스, 유프라테스 강 가운데 지역인 '비옥한 초생달' 지역에서 시작되었다. 길가메시 서사시에는 인간의 행위가 땅에 미치는 영향과 생태 과정에 대한 이해(범우사, 길가메시 서사시 제2장 숲속 여행)를 담고 있다. 지금부터 약 5000년 전 메소포타미아 남부 도시국가 우루크 시의 왕은 길가메시였다. 그는 자신의 도시를 건설함으로써 후세에 이름을 남기고 싶어 했다. 그러기 위해서는 건설에 필요한 많은 양의 목재가 필요했고 다행히 남부 지역에는 광활한 원시림이 있었다. 지금도 레바논 삼나무는 유명하다.

당시 '비옥한 초승달 지역' 주변에는 끝없는 삼나무 숲(杉木山)이 펼쳐져 있었다. 숲은 햇빛이 들어가지 못할 정도로 빽빽했다. 그런 숲속에 들어가 삼나무를 베어버리겠다고 하자 우루크 시민들은 두려움에 떨었다. 길가메시가 등장하기 전에는 어떤 인간도 그 숲에 들어가 보지 못했다.

당시 수메르 최고의 신(神)이었던 엔릴(Enlil)은 거인(巨人) 훔바바 (Humbaba)에게 숲을 지키라고 명령했다. 엔릴은 인간들의 야망이 너무 커서 인간이 숲에 발을 들여다 놓으면 신들의 정원인 숲이 훼손될 것을 알았다. 인간은 결코 문명의 한계를 모르는 법인 것을 신은 알았다.

이윽고 길가메시는 삼나무를 베어 넘기겠다고, 친구가 된 엔키두와 함께 바로 숲을 지키고 있는 훔바바를 죽이러 삼나무 숲으로 들어갔다. 훔바바를 죽이면 숲은 인간의 손에 들어와 마음껏 나무를 벨 수 있을 것이기 때문이었다. 결국 길가메시는 숲을 지키던 홈바바를 죽이고 말았다. 그리고 삼나무를 베기 시작했다. 그러자 화가 난 엔릴은 인간들에게 저주를 내렸다. '인간이 먹을 양식은 불이 먹을 것이고, 인간이 마실 물은 불이 삼킬 것이다.'[*]

결국 나무를 베어낸 숲은 가뭄에 시달렸고, 숲을 파괴한 대가로 남부 메소포미아 지역에 재앙이 닥쳤다. 밀 농사를 잘하던 농지는 가뭄에 생산량이 줄어들었고, 또한 강물이 줄어든 농지는 바닷물이 역류해 들어와 토양의 염분농도가 높아져서 밀 농사를 짓지 못하게 되었다.

이때부터 시작된 인간과 숲이 벌인 전쟁은 세대를 이어가며 지구에서 반복되었다. 그래서 인류의 첫 번째 세계 4대 문명도 사라진 것이다.

– 임우회지

[*] 참고자료
1. 따님, 숲의 서사시, 존 펄린, 송명규 옮김, 2002
2. 범우사, 길가메시 서사시 N.K. 샌다즈, 이현주 옮김, 2019
3. 유투브, 플라톤아카데미(재)TV, 인류 최초의 서사시(주원준)
4. 인터넷, 네이버 지식백과

또 하나의 남은 과제

산림정책을 소개할 때면 자주 인용하는 글귀가 있다. 19세기 프랑스 작가 샤토 브리앙의 "문명 앞에는 숲이 있었고, 문명 뒤에는 사막이 남는다"라는 말이다. 2010년 서울에서 열렸던 세계산림과학자대회(IUFRO)에서 고은 선생님께서는"인류의 고향은 숲이다. 인류는 지난 4,000년간 문명이라는 이름으로 숲을 파괴해 왔으며, 이 때문에 자연재앙이 끊임없이 일어나고 있다. 이것은 우리가 문명이라는 미명(美名) 아래 숲을 파괴한 것에 대한 댓가이며, 이로부터 사면(赦免)을 받으려면 우리는 필사적으로 숲을 복원해야 된다"고 했다.

인류 문명과 숲은 불가분의 관계이다. 지금으로부터 3,000~4,000년 전에 번성했던 세계 4대 문명의 발상지는 현재 모두 사라져 버렸고 대부분이 사막으로 변했다. '문명의 붕괴'를 쓴 제레드 다이아몬드라는 미국의 생물학자와 '숲의 서사시'라는 책을 쓴 미국의 존 펄린은 4대 문명 이외에 이스터문명이나 중앙아메리카의 마야문명, 그리고 그리스·로마문명이 사라진 것도 숲이 파괴됐기 때문이라고 진단했다.

숲을 보면 그 나라의 품격, 혹은 국격(國格)을 알 수 있다. 소위 잘 사는 선진국이라고 하는 독일이나 핀란드, 일본, 캐나다와 같은 나라들은 숲이 잘 관리되고 있다. 반면 몽골이나 케냐 등 아프리카 국가나 미얀마 등 인도차이나 반도 국가들의 숲은 다 망가져 버려 사막이 됐거나 사막화가 급속히 진행되고 있다. 안타깝게도 지금 북한의 산림 또한 그렇다.

우리나라의 숲은 조선시대 중기까지는 잘 지켜지고 관리되었다. 조선시대 중반까지는 국용 목재로 쓰일 우량한 소나무를 보호하기 위해 벌채를 금지하는 금송(禁松)정책과 바닷가 연해 30리 지역과 한양 도성의 소나무림을 보호하기 위해 입산을 금지하는 금산(禁山)제도가 있었다. 조선 후기에는 건축용재, 선박용재, 관곽용재 등 특정 용도의 목재를 안정적으로 공급받기 위해 우량 소나무 숲을 지정, 관리하는 봉산(封山)정책을 시행했다.

하지만 조선후기에 와서는 인구가 1,000만 명 수준으로 증가하면서 한양 주변뿐만 아니라 전국 마을 주변의 숲이 상당히 훼손되었다. 1894년 이사벨라 비숍(고종의 자문 역할도 함)은 '조선과 그 이웃나라 사람들'이라는 책을 통해 "부산에서 서울까지 오는데 마을 주변의 산에는 나무가 하나도 없었다"라고 썼다. 당시 한반도의 많은 숲이 이미 망가졌다는 것을 알 수 있다. 결국 조선이 망한 것도 산림 황폐와 무관하지 않을 것이다.

일제강점기 우리의 숲은 더욱 파괴되었다. 일제는 백두산, 압록강·두만강 유역, 지리산, 울릉도 등 울창한 산림을 마구 개발해 목재자원을 수탈했다. 제1차 세계대전 후에는 복구를 위해, 또 제2차 세계대전 준비를 위해 우량한 산림을 무차별적으로 벌채했다. 1948년에 대한민국 정부가 수립됐으나 바로 이어진 1950년 6·25전쟁으로 인해 산림복구사업은 시작조차 하지 못했다.

정부는 헐벗은 산지를 녹화하지 않고서는 국가 발전을 기대할 수 없다는 판단 아래 1962년 '제1차 경제개발계획'과 함께 '산림복구계획'을 추진했으나 기대할 만한 성과는 거두지 못했다. 하지만 다행스럽게도 1973년부터 시작된 치산녹화사업은 성공적이었다. 그래서 제1차 치산녹화 사업을 계획보다 4년 앞당긴 1978년에 마무리하고, 제2차 치산녹화사업 역시 1년 앞당겨 1987년에 마무리했다. 이는 세계 산림 역사에 큰 족적을 남겼으며 우리의 자랑거리이다. 유엔 FAO(식량농업기구)는 한국을 세계에서 유례없는 짧은 기간 동안에 국토녹화를 달성한 국가로 평가한 바 있다.

하지만 이와 반대로 북한의 산림은 계속 황폐해져 왔다. 1970년대 남한이 화전을 정리하고 본격적인 치산녹화사업을 추진할 때, 북한은 오히려 자연개조사업이라는 명분으로 식량난 해결을 위한 다락밭을 조성했고 뙈기밭이라는 이름으로 산지개간을 확대했다.

1990년대 초 북한은 외부적으로 북한 경제를 지원하던 소련과 동유럽 국가 등 사회주의 정권(독일 통일 1990년 10월, 베를린 장벽 붕괴 1898년)의 붕괴와 내부적으로 1994년 김일성의 사망으로 인해 심각한 위기에 빠졌습니다. 또 연이은 자연재해가 식량난, 에너지난, 경제난으로 이어졌습니다. 이른바 '고난의 행군' 시기를 겪어야 했다. 2000년대에 들어서는 솔나방, 솔잎혹파리와 같은 산림병해충 발생지역이 확대됐고 불법적인 화전, 기후변화로 인한 고온 현상과 가뭄 등으로 북한 전역에 많은 산불이 발생했다. 그 결과 북한은 2007년 세계 128개국 중 두 번째로 기후변화에 취약한 국가로 평가되기도 했다. 이후 홍수, 가뭄 등 자연재해로 인해 인구 10만 명 당 2.33명이 사망하면서 기후변화에 가장 취약한 국가가 되었다.

이렇듯 북한 산림은 황폐화되면서 가뭄과 홍수가 매년 반복되고 있고, 이는 농지 매몰과 토양 유실로 이어져 식량 부족 현상을 점차 심화시키고 있다. 뿐만 아니라 계속 발생되는 산사태로 인해 그나마 있는 도로나 공장 등 산업시설에도 피해를 주고 있어 산림황폐화는 경제난을 가중시키는 중요한 원인이 되고 있다.

그동안 유엔 등 국제사회에서도 북한 산림문제를 다뤄 왔지만 주로 생물다양성 보전이나 병해충 방제, 주민생활 향상, 식량생산에만 집중해 왔다. 최근 유럽국가 중심의 국제기구는 북한에 대해 임농복합경영 계획, 식량, 기후변화에 따른 재난방지, 그리고 탄소배출권과 관련한 조림 CDM사업과 REDD사업으로 관심을 확대하고 있다. 하지만 국제적인 지원사업의 규모로 볼 때 북한은 다른 동남아 개발도상국가와 비교해 아주 빈약한 수준이다. 그래서 국제사회로부터 주목을 받지 못하고 있는 것으로 생각된다. 앞으로 북한 산림복구를 위한 대북지원사업과 함께 국제사회의 지원 규모를 늘려나가는 것이 필요한 상황이다.

북한 산림복구 사업의 성공 여부는 북한 지역주민의 참여를 어떻게 유도하느냐에 달려 있다고 해도 과언이 아니다. 강요에 의한, 지시에 의한, 전 군중적 동원에 의한 나무심기는 소용이 없다. 이런 방식으로 나무심기 사업을 하면 활착률이 매우 낮아 결국 2~3년 후에는 심은 나무 모두 죽고 말 것이다. 우리는 이미 1960년대에 이러한 경험을 했고 이를 '황폐의 윤회'라고 부르기도 했다. 이처럼 지역주민의 진정한 마음을 얻어야만 나무심기는 성공할 수 있다. 아무리 식량이나 연료를 함께 지원한다 해도 주민 스스로가 나무를 심으면 장차 좋아질 것이라는 확신이 들어야만 제대로 심는다.

통일 비용을 낮추기 위한 북한 산림복구 지원 문제는 이미 어느 정도 국민적 공감대가 형성됐다고 판단된다. 그러므로 앞으로 민간단체, 지자체, 산림청, 통일부 등이 참여해 지속성 있는 대북 산림복구 지원 시스템을 구축하고, 농업분야, 에너지 분야 등과 협업해 북한 산림복구의 성공 모델을 만들어가는 것이 중요하다. 이로써 남한만의 녹화 성공이 아닌 진정한 의미의 한반도 생태계를 복원하는 것이 우리에게 남겨진 또 하나의 과제이다. 이제 남북한이 함께 세계사에 길이 남을 또 하나의 기적을 만들어야 한다.

— 임우소식

한반도의 격格을 위한 문학적 노력

여름이 숲에 들어가는 계절이다. 그 어떤 물감으로도 여름 숲의 결이 잘 표현되기 어렵다. 겉으로 보이는 숲과 숲의 속은 색채감과 결이 달라서 진한 초록 하나만으로 여름을 담고 있는 숲을 제대로 표현하기 어렵기 때문이다. 깊은 숲에서 숨도 깊게 쉬어 본다. 이걸 누리기 위해 얼마나 많은 지혜와 정책이 필요했나 싶다.

예술 분야에 자연과 특히 숲은 기본적 소재가 되고 역사적으로 보더라도 숲을 사랑하는 많은 문학 작가들이 숲에 대해 꿰뚫고 남긴 글들이 많다. 특히 산림정책을 소개할 때면 자주 인용하는 글귀가 있다. 19세기 프랑스 낭만주의 작가 샤토 브리앙이 "문명 앞에는 숲이 있었고, 문명 뒤에는 사막이 남는다"라고 한 말이다. 왜 19세기 프랑스에서 살았던 그가 이런 말을 했을까? 17세기 영국에서 시작된 산업혁명은 영국의 산림을 황폐시켰다. 영국은 17세기부터 유리공업, 제철공업이 확산되면서 산림이 급속하게 줄어들기 시작했다. 이 때문에 영국 왕들도 산림을 보호하는 정책을 발표했지만 대세는 거스르지 못했다. 샤또 브리앙은 이런 추세가 프랑스로 넘어오자 프랑스의 산림도 급격히 망가지는 것을 보고 경고 발언을 한 것이다.

다행히 영국이나 프랑스는 문명까지 소멸되지는 않았으나 현재 산림면적 비율이 전 세계 30%인것에 비하면 유럽은 18%, 영국은 11%(영국은 2차 세계대전 직후 산림비율이 5%에 불과 했으나 전후 대대적인 조림사업의 결과 지금은 11%까지 회복되었다), 프랑스는 28%에 불과하다.

지난 2010년 서울에서 열렸던 제23차 세계산림과학대회(IUFRO)에서 고은 시인께서는 "인류의 고향은 숲이다. 인류는 지난 4,000년간 문명이라는 이름으로 숲을 파괴해 왔으며, 이 때문에 자연재앙이 끊임없이 일어나고 있다. 이것은 우리가 문명이라는 미명(美名) 아래 숲을 파괴한 것에 대한 대가이며, 이로부터 사면(赦免)을 받으려면 우리는 필사적으로 숲을 복원해야 된다"고 역설한 바 있다.

이런 작가들의 표현은 매우 정갈하면서도 뼈가 있으며, 숲의 중요성과 국가의 격을 이해하는데 깊은 인상을 준다.

인류 문명의 역사는 숲의 역사와 맥을 같이 한다. 나무와 목재의 역사라고도 할 수 있다. 20세기 이전 나무는 지금의 석유와 같은 존재였다. 늘 새로운 목재 자원을 시급히 찾아내야 하는 상황이 역사를 통해 대규모 인구 이동의 원인이 되었다. 산업혁명을 주도했던 영국이 북 아메리카로 진출한 이유도 영국 내 목재 자원이 바닥났기 때문이라고 한다. 로마가 중북부 유럽과 스페인 지역을 식민지로 만든 이유도 울창한 산림이 그곳에 있었기 때문이었다.

세기를 거슬러 올라가 보면 인류 역사와 숲은 불가분의 관계가 있었다. 지금으로부터 3,000~4,000년 전에 번성했던 세계 4대 문명의 발상지는 현재 모두 사라져 버렸고 대부분이 사막으로 변했다. 『문명의 붕괴』를 쓴 제레드 다이아몬드라는 미국의 생물학자와 『숲의 서사시』라는 책을 쓴 미국의 존 펄린은 4대 문명 이외에 이스터문명이나 중앙아메리카의 마야문명, 그리고 그리스·로마문명이 사라진 것도 숲이 파괴됐기 때문이라고 진단한 바 있다.

이런 진단을 가벼이 여길 수 없는 것은 숲을 보면 그 나라의 품격, 혹은 국격(國格)을 알 수 있기 때문이다. 소위 잘살고 선진국이라고 하는 독일이나 핀란드, 일본, 캐나다와 같은 나라들은 숲이 잘 관리되고 있다. 반면 몽골이나 케냐 등 아프리카 국가나 미얀마 등 인도차이나 반도 국가들의 숲은 다 망가져 버려 사막이 됐거나 사막화가 급속히 진행되고 있다. 그런데 안타깝게도 지금 북한의 산림 또한 그렇다.

우리나라의 숲은 조선시대 중기까지는 잘 지켜지고 관리되었다. 조선시대 중반까지는 국용 목재로 쓰일 우량한 소나무를 보호하기 위해 벌채를 금지하는 금송(禁松)정책과 바닷가 연해 30리 지역과 한양 도성의 소나무림을 보호하기 위해 입산을 금지하는 금산(禁山)제도가 있었다. 조선후기에는 건축용재, 선박용재, 관곽용재 등 특정 용도의 목재를 안정적으로 공급받기 위해 우량 소나무 숲을 지정, 관리하는 봉산(封山)정책을 시행했었다.

하지만 조선후기에 와서는 한반도 인구가 1,000만 명 수준으로 증가하면서 한양 주변뿐만 아니라 전국 마을 주변의 숲이 상당히 훼손되었다. 1894년 이사벨라 비숍(고종의 자문 역할도 함)은 『조선과 그 이웃나라 사람들』이라는 책을 통해 "부산에서 서울까지 오는데 마을 주변의 산에는 나무가 하나도 없었다"라고 썼다. 당시 한반도 숲은 이미 망가졌다는 것을 알 수 있다. 결국 조선이 망한 것도 산림 황폐와 무관하지 않을 것이다.

일제강점기에 우리의 숲이 더욱 파괴된 것은 더 말할 나위가 없다. 일제는 백두산, 압록강·두만강 유역, 지리산, 울릉도 등 울창한 산림을 마구 개발해 목재자원을 수탈했다. 제1차 세계대전 후에는 복구를 위해, 또 제2차 세계대전 준비를 위해 우량한 산림을 무차별적으로 벌채했다. 해방이 되고 또 1948년 대한민국 정부가 수립됐으나 바로 이어진 1950년 6·25전쟁으로 인해 산림복구사업은 시작조차 하지 못했다.

전쟁을 극복하고 경제 안정을 위해 당시 정부가 가장 먼저 시작한 일이 산림정책이라 할 수 있다. 헐벗은 산지를 녹화하지 않고서는 국가 발전을 기대할 수 없다는 판단 아래 '1962년 제1차 경제개발계획'과 함께 '산림복구계획'을 추진했으나 기대할 만한 성과는 거두지 못했다. 하지만 다행스럽게도 1973년부터 시작된 치산녹화사업은 성공적이었다. 그래서 제1차 치산녹화 사업을 계획보다 4년 앞당긴 1978년에 마무리하고, 제2차 치산녹화사업 역시 1년 앞당겨 1987년에 마무리했다.

이는 세계 산림 역사에 큰 족적을 남겼으며 우리의 자랑거리임에 틀림이 없다. 유엔 FAO(식량농업기구)는 한국을 세계에서 유례없는 짧은 기간 동안에 국토녹화를 달성한 국가로 평가했고, 또 한국의 성공 사례를 개도국에 전파하고 있으며 이를 경제적 측면에서 한강의 기적에 버금가는 업적으로 인정하고 있다.

하지만 이와 반대로 북한의 산림은 계속 황폐해져 왔다. 1970년대 남한이 화전을 정리하고 본격적인 치산녹화사업을 추진할 때, 북한은 오히려 자연개조사업이라는 명분으로 식량난 해결을 위한 다락밭을 조성했고 뙈기밭이라는 이름으로 산지개간을 확대했다.

1990년대 초 북한은 외부적으로 북한 경제를 지원하던 소련과 동유럽 국가 등 사회주의 정권의 붕괴와 내부적으로 1994년 김일성의 사망으로 인해 심각한 위기에 빠졌다. 또한 연이은 자연재해가 식량난, 에너지난, 경제난으로 이어졌다. 이른바 '고난의 행군' 시기를 겪어야 했다. 2000년 대에 들어서는 솔나방, 솔잎혹파리와 같은 산림병해충 발생지역이 확대됐고 불법적인 화전, 기후변화로 인한 고온현상과 가뭄 등으로 북한 전역에 많은 산불이 발생했다. 그 결과 북한은 홍수, 가뭄 등 자연재해로 인해 인구 10만 명 당 2.33명이 사망하면서 기후변화에 취약한 국가 1위를 차지했다.

이렇듯 북한의 산림은 황폐화되면서 가뭄과 홍수가 매년 반복되고, 이는 농지 매몰과 토양 유실로 이어져 식량 부족현상을 점차 심화시키고 있다. 뿐만 아니라 계속 발생되는 산사태로 인해 그나마 있는 도로나 공장 등 산업시설에도 피해를 주고 있어 산림황폐화는 경제난을 가중시키는 중요한 원인이 되고 있다.

그동안 유엔 등 국제사회에서도 북한 산림문제를 다뤄 왔지만 주로 생물다양성 보전이나 병해충 방제, 주민생활 향상, 식량생산에만 집중해 왔다. 최근 유럽국가 중심의 국제기구는 북한에 대해 임농복합경영 계획, 식량, 기후변화에 따른 재난방지, 그리고 탄소배출권과 관련한 조림 CDM사업과 REDD사업으로 관심을 확대하고 있다. 하지만 국제적인 지원사업의 규모로 볼 때 북한은 다른 동남아 개발도상국가와 비교해 아주 빈약한 수준이다.

특히 지난 2020년 초부터 시작된 코로나 팬데믹 이후 북한의 국경 봉쇄와 북한 핵 개발로 인한 남북관계 경색 및 유엔경제제재로 인하여 국제사회로부터의 지원이 완전히 끊긴 상황으로 앞으로 북한 산림복구를 위한 대북지원사업과 함께 국제사회의 지원 규모를 늘려나가는 것이 필요한 실정이다.

다만 북한 산림복구 사업의 성공 여부는 주민 참여를 어떻게 유도하느냐에 달려 있다고 해도 과언이 아니다. 강요에 의한, 지시에 의한, 전 군중적 동원에 의한 나무심기는 소용이 없다. 이런 방식으로 나무심기 사업을 하면 활착률이 매우 낮아 결국 2~3년 후에는 심은 나무 모두 죽고 말 것이다. 우리는 이미 1960년대에 이러한 경험을 했고 이를 '황폐의 윤회'라고 부르기도 했다. 이처럼 지역주민의 진정한 마음을 얻어야만 나무심기는 성공할 수 있다. 아무리 식량이나 연료를 함께 지원한다 해도 주민 스스로가 나무를 심으면 장차 좋아질 것이라는 확신이 들어야만 제대로 심는다.

통일 비용을 낮추기 위한 북한 산림복구 지원 문제는 이미 어느 정도 국민적 공감대가 형성됐다고 판단된다. 그러므로 앞으로 민간단체, 지자체, 산림청, 통일부 등이 참여해 지속성 있는 대북 산림복구 지원 시스템을 구축하고, 농업, 에너지 분야 등과 협업해 북한 산림복구 성공 모델을 만들어가는 것이 중요하다. 문학을 하는 작가 역시 이 분야에 깊은 관심을 가질 필요가 있다. 역사를 꿰뚫어 보며 글로써 산림문화를 일구어가는 필요성과 가치를 설득해 나가는 역할에 중요한 위치를 갖고 있기 때문이다. 이런 노력으로써 남한만의 녹화 성공이 아닌 진정한 의미의 한반도 생태계를 복원하는 것이 우리에게 남겨진 또 하나의 과제이다. 이제 남북한이 함께 세계사에 길이 남을 또 하나의 기적을 만들어야 한다. 문학인들이 이 기적에 영향력 있는 역할을 할 수 있기를 기대해 본다.

- 산림문학

다가올 통일 준비, 북한산림복구가 먼저

"식량난 해소를 위해서 다락밭을 만들었고, 땔감용으로 나무를 모조리 베어내 산이 헐벗게 됐으며, 심지어 중국 접경 지역의 울창했던 산림도 식량과 교환하기 위해 마구 베어내 없어졌습니다. 학교에서는 나무를 심고 길러야 가뭄과 홍수를 극복할 수 있다고 가르치지만 당장 급한 현실 때문에 소용이 없습니다." 북한 양강도 혜산(惠山) 출신 새터민 방송인 김은아씨의 증언이다. 그녀는 어려서부터 보아온 고향의 산림이 하루아침에 황폐해진 이유를 생생하게 설명해주었다. 사실 혜산시는 말 그대로 '산의 혜택을 받은 곳'인데 이제는 그 이름이 무색할 지경이 되었다.

북한 산림의 황폐화는 그녀의 증언뿐 아니라, 국립산림과학원에서 1998년부터 위성영상을 통하여 모니터링한 결과로도 증명되었다. 2008년 기준 북한의 전체 산림면적은 899만 ha로, 그 중 황폐산지가 전체 산림의 32%인 284만 ha에 이른다고 한다. 또한 지난 5년 동안 평양, 개성, 혜산, 봉산, 고성 등 5개 지역 산림을 정밀 관찰한 결과 개간산지가 무입목지(無立木地 : 나무가 서 있지 않은 땅)나 나지(裸地 : 나무나 풀이 전혀 없는 땅)로 전환되는 등 황폐의 정도가 심각한 것을 확인할 수 있었다. 이것은 전 세계 산림 황폐화 순위 3위를 차지할 만큼 심각한 수준으로, 앞으로 복구사업을 실행할 때 일반 조림이 아닌 사방(砂防)복구가 필요한 면적이 확대되는 것임을 의미하는 동시에, 복구비용 또한 크게 늘어날 것으로 예상된다. 이것이 북한의 산림녹화사업을 통일 전에 해야 하는 이유이다.

얼마 전 북한 내각 부총리 최영건이 산림녹화관련 지시가 현실과 동떨어졌다며 불만을 나타내다 총살됐다는 소식이 있었다. 앞서 지난 2015년 1월에도 북한 산림녹화를 담당하고 있는 임업성 부상이 녹화사업이 부진하다는 이유로 처형되었다고 한다. 그렇다면 현실과 동떨어진 지시란 대체 무엇이었을까? 김정은 위원장은 지난해 2014년 11월 평양 중앙양묘장에서 '고난의 행군' 시기에 산림이 황폐화된 것을 지적하고, 군인들에게 나무를 심어 조기에 복구할 것을 지시했다고 한다. 이는 북한도 과거 잘못된 다락밭 조성정책을 인정하면서 10년 안에 벌거숭이산을 모조리 수림화(녹화의 북한식 표현)한다는 것으로, 황폐된 산지 168만 ha에 65억 그루의 나무를 심겠다는 것이다. 이 수치는 연평균 6억5천만 그루에 해당하는 것으로, 올해 우리나라가 심은 5천만 그루의 13배에 달한다. 현재 북한은 현실과 동떨어진 거창한 녹화계획만 내놓고 해마다 봄, 가을철만 되면 군인과 인민들을 동원해 수백만 그루의 나무를 심고 있다고 한다. 그러나 그 나무들이 잘 자라고 있다는 증거는 어디에서도 찾아볼 수 없는 실정이다. 어쩌면 구호로만, 숫자로만 심는 것이지 실제로 산에 묘목이 심어지고 있는지는 모를 일이다.

다행스러운 것은 이러한 북한 산림 황폐화를 우리 민족이 그저 보고만 있지는 않다는 사실이다. 얼마 전 (사)한반도녹색평화운동(KGPM)은 함경북도 두만강 인근 지역에서 '광복 70주년, 분단 70년, 통일화합 나무심기 발대식'을 가졌고 이에 필요한 묘목과 씨앗을 보낸다고 한다. 또한 재미교포 기독교인들이 주축이 된 원그린코리아운동(OGKM)이라는 단체도 북한의 산림복구를 위해 그 동안 수백만 그루의 나무를 심었고, 앞으로도 더 심어나갈 계획이라고 한다.

민간단체의 움직임뿐만 아니라, 산림청에서도 북한 측의 요청을 받아 우리 전문가들이 금강산 병해충 피해 현장을 방문하여 소나무 숲 피해를 조사하였고, 지난 2015년 9월 중순 방제 약제와 기자재 지원과 함께 우리 전문가들의 기술 지원으로 시범 방제작업을 하였다. 아울러 2015년 10월 초 남북강원도협회 관계자들도 북한을 방문하여 병해충 방제용 분무기, 방제복, 마스크 등의 물품을 전달하고 공동시범사업도 하였다.

이 가을, 모처럼 찾아온 이산가족 상봉과 함께 남북교류의 불씨가 살아나고 있다. 이번 기회에 기후변화센터 아시아녹화기구(Green Asia Organization) 등 민간단체가 추진하는 조림과 혼농임업(混農林業 : 농업과 임업을 겸하는 형태) 시범사업뿐만 아니라 올가을 조림부터 북한 산림복구 지원사업이 본격적으로 추진되기를 기대해 본다.

－ 서울신문